Das Buch

»Max von der Grün verbindet seine eigene Biographie mit zeitgeschichtlicher Dokumentation zu einer interessanten Synthese. Vom Geburtsjahr 1926 an wird neben der Geschichte des Kindes Max und seiner Familie Schritt für Schritt und Jahr für Jahr die Entwicklung des Nationalsozialismus beschrieben. Die Auswahl der ungemein zahlreichen Dokumente gibt dem Leser einen umfassenden Einblick in alle Lebensbereiche der Weimarer Republik und des Dritten Reiches. Der Autor erzählt in bewußt schlichtem Stil ausführlich auch nebensächlich erscheinende Kleinigkeiten, um das Bild der damaligen Zeit nicht als Kolossalgemälde, sondern als gestochen scharfe Photographie entstehen zu lassen ... Das Buch sollte wegen seines redlichen und gerechten Bemühens um die Wahrheit über das ›Tausendjährige Reich‹ zur Pflichtlektüre im Geschichtsunterricht werden.« (Süddeutsche Zeitung)

Der Autor

Max von der Grün wurde am 25. Mai 1926 in Bayreuth geboren, absolvierte eine kaufmännische Lehre, war Soldat und drei Jahre in amerikanischer Kriegsgefangenschaft. Von 1948 bis 1951 im Baugewerbe, von 1951 bis 1964 im Bergbau tätig, lebt er seitdem als freier Schriftsteller in Dortmund.

D0911110

Max von der Grün:
Wie war das eigentlich?

Kindheit und Jugend im Dritten Reich

Mit einer Dokumentation im Text
von Christel Schütz
und einem Nachwort von Malte Dahrendorf

Deutscher
Taschenbuch
Verlag

Abkürzungen:

ADGB	Allgemeiner Deutscher Gewerkschaftsbund
Afa-Bund	Allgemeiner freier Angestelltenbund
BDM	Bund Deutscher Mädel
Gestapo	Geheime Staatspolizei
HJ	Hitler-Jugend
KPD	Kommunistische Partei Deutschlands
KZ	Konzentrationslager
MR	Ministerialrat
NS	Nationalsozialismus
NSDAP	Nationalsozialistische Deutsche Arbeiterpartei
ORGR	Oberregierungsrat
PG	Parteigenosse (der NSDAP)
RMdI	Reichsministerium des Innern
SA	Sturmabteilung
SS	Schutzstaffel
SD	Sicherheitsdienst
SPD	Sozialdemokratische Partei Deutschlands

Ungekürzte Ausgabe
September 1995
© 1995 Deutscher Taschenbuch Verlag GmbH & Co. KG,
München
Erstveröffentlichung: Darmstadt und Neuwied 1979
Gestaltungskonzept: Max Bartholl, Christoph Krämer
Umschlagfotos: Ullstein Bilderdienst (rechts),
Bildarchiv Preußischer Kulturbesitz, Berlin
Gesamtherstellung: C. H. Beck'sche Buchdruckerei,
Nördlingen
Printed in Germany · ISBN 3-423-12098-3

Natürlich kann man sich seine Eltern, und die Zeit, in die man hineingeboren wird, nicht aussuchen.

Ich kam 1926 auf die Welt und habe mich oft gefragt, wie war das eigentlich damals, acht Jahre nach dem Ersten Weltkrieg, den die Deutschen verloren? Der Kaiser mußte abdanken und floh nach Holland, die Republik wurde 1918 ausgerufen, die in die Geschichte als die Weimarer Republik einging. Geboren wurde ich in Bayreuth, im Stadtteil St. Georgen. Vom Fenster unserer Wohnung sah man auf das Zuchthaus. Meine Mutter war 25 Jahre alt und Dienstmagd, wie es damals hieß, mein Vater war 26 Jahre alt und Schuhmachergeselle. Meine Mutter verdiente 20 Reichsmark im Monat, bei freier Kost und freiem Wohnen, dafür arbeitete sie 12–14 Stunden am Tag, im Sommer und Herbst zur Ernte manchmal noch länger. Jeden zweiten Sonntag hatte sie frei, aber in der Erntezeit mußte sie auch auf ihren freien Sonntag verzichten. Mein Vater arbeitete in Schuhmacherwerkstätten auf Abruf. Wenn er Glück hatte, bekam er drei oder sogar vier Tage Arbeit in der Woche, meistens aber nur zwei Tage, und ihr gemeinsam verdientes Geld reichte nicht aus, um sich eine Wohnung zu mieten.

Als ich geboren wurde, wollte meine Mutter ihre Arbeit nicht verlieren, und so wuchs ich bei meiner Großmutter im Fichtelgebirge (unweit der tschechischen Grenze, 60 km nördlich von Bayreuth) auf, mit allen Onkeln und Tanten, die noch im Haus waren und erst später heirateten. Sie waren, wenn sie überhaupt Arbeit hatten, in der Porzellanindustrie beschäftigt.

Hatten meine Eltern im Jahr meiner Geburt schon von Hitler gehört? Ich bezweifle es, und wenn doch, dann haben sie ihn, wie die meisten Deutschen, nicht ernst genommen. Für sie war er ein Verrückter und Schreihals, der eine neue Partei gegründet hatte und viel Wind machte, um neue Mitglieder zu gewinnen. Er schimpfte auf andere und versprach natürlich das Blaue vom Himmel herunter.

»Adolf Hitler war der Sohn eines österreichischen Zollbeamten. Mit vierzehn Jahren verlor er den Vater. Nachdem er einige Jahre die Realschule in Linz besucht hatte, versuchte er vergeblich, zum Studium an der Wiener Kunstakademie aufgenommen zu werden. Als das mißlang, verzichtete er auf eine ordentliche Berufsausbildung und verdiente sein Brot von 1909 bis 1913 in Wien mit Gelegenheitsarbeiten, wobei er in einem Armenhospital wohnte. In diesen Jahren bildete sich seine Gesinnung. Von einem berühmten Dasein als Maler und Architekt träumend, fühlte er sich trotz seines ärmlichen Daseins nicht als Proletarier. Unter dem Einfluß von zwei Wiener Volksbewegungen wurde er von einem Haß gegen Gewerkschaften und Sozialisten sowie vom Antisemitismus ergriffen.

Bei Kriegsausbruch 1914 war er in München. Er meldete sich kriegsfreiwillig. In der Truppe fand er erstmalig den Rückhalt und die Ordnung, die er bisher nicht gekannt hatte. Als Meldegänger an der Westfront erhielt er das EK II und EK I. Bei Kriegsende lag er gasblind in einem Lazarett in Pommern, wo er ›beschloß, Politiker zu werden‹. [. . .] Im Auftrag der bayerischen Reichswehrführung wurde er als politischer Agent (V-Mann) zur Propagandatätigkeit innerhalb und außerhalb der Truppe geschult und eingesetzt. In dieser Tätigkeit stieß er zur Deutschen Arbeiterpartei, deren Ausbau und Organisation er übernahm und die in Bayern bald eine wachsende Zahl von Anhängern gewann.

1920 gab er der Bewegung den Namen Nationalsozialistische Deutsche Arbeiterpartei. Im Programm der Partei von 1920 verbanden sich nationale Forderungen (Gleichberechtigung Deutschlands, Erwerb von Kolonien, Anschluß Österreichs) mit ausgesprochen sozialistischen Gedanken (Verstaatlichungen, Bodenreform, Gewinnbeteiligung der Arbeiter, Brechung der Zinsknechtschaft). Damit waren alle Schichten angesprochen. Auch war der Antisemitismus als Forderung im Parteiprogramm enthalten (die Juden sollen die Staatsbürgerrechte verlieren).«

[Krautkrämer/Radbruch, Wandel der Welt]

Mein Vater erzählte mir, ihn habe Hitlers Nationalsozialistische Deutsche Arbeiterpartei (NSDAP) erst beunruhigt, als die Schlägereien in Wirtshaussälen bei Kundgebungen und Wahlveranstaltungen zunahmen, wo man Andersdenkende skrupellos und brutal niederknüppelte, niederschrie und aus dem Saal warf. Der Schlachtruf der Nazis: »Und willst du nicht mein Bruder sein, so schlag ich dir den Schädel ein«, wurde nur zu oft in die Tat umgesetzt.

Ein Arbeiter verdiente zu dieser Zeit in der Woche durch-

schnittlich 33,90 Reichsmark; das Existenzminimum für eine
zweiköpfige Familie aber betrug 45,60 Reichsmark. Die Arbeitszeit hatte sich seit 1918, dem Ende des Ersten Weltkrieges, nicht verringert, im Gegenteil, sie war gestiegen. Die
großen Arbeiterparteien hatten im Jahre 1926, im Jahr meiner
Geburt, 940 500 zahlende Mitglieder; davon entfielen auf die
KPD, die Kommunistische Partei Deutschlands, 134 248 und
auf die Sozialdemokraten (SPD) 806 268 Mitglieder. Bis zum
Jahre 1933 sank die Zahl der zahlenden Mitglieder der KPD,
während die der Sozialdemokraten beinahe an die Millionen-
grenze stieg.
In den freien Gewerkschaften waren fast vier Millionen Arbeiter organisiert, die christlichen Gewerkschaften hatten
über 600 000 Mitglieder. 1926 wurde Joseph Goebbels, der
sich 1922 den Nationalsozialisten angeschlossen hatte, Gauleiter in Berlin. Gauführer wurde man in der Regel dann,
wenn man eine neue Ortsgruppe der NSDAP gründete und
organisierte. Der größte Teil der Gauleiter war nach dem
Ende des Ersten Weltkriegs nicht zu Beruf oder Studium
zurückgekehrt, sondern hatte sich in verschiedenen Front-
kämpferbünden und Freikorps aktiv betätigt. Viele waren bei
dem Versuch, in das Berufsleben zurückzufinden, gescheitert,
abgebrochene Berufsausbildungen waren beinahe die Regel,
und nur wenige, wie Joseph Goebbels, hatten ein abgeschlos-

senes Hochschulstudium hinter sich. Goebbels sollte, nach Hitlers Willen, die Arbeiterviertel für den Nationalsozialismus erobern.

Ebenfalls im Jahr 1926 erschien ein Buch, das später den Nazis haargenau ins Konzept paßte: »Volk ohne Raum« von Hans Grimm. Grimm fordert in seinem Buch die Arbeitenden auf, sich der nationalen Sache anzuschließen, und sich auf die Eroberung neuen Lebensraumes einzustellen. Dieses Buch wurde, neben Adolf Hitlers »Mein Kampf«, das ideologische Handbuch schlechthin und, als Hitler an der Macht war, in den Schulen Pflichtlektüre.

Das also war die Zeit, in die ich hineingeboren wurde. Ein Kind armer Eltern, die nur eine große Sorge kannten: wie werden wir morgen satt? Aber auch das Sattwerden, und das wußten sie nicht, war ja eine politische Frage. Es herrschte Armut in Deutschland, wir hatten noch kein elektrisches Licht, an der Decke hing eine Petroleumlampe, die nur in dringenden Fällen angezündet werden durfte, weil wir mit jedem Pfennig rechnen mußten. Wir hatten für vier Familien im Haus ein einziges Plumpsklo, also ohne Wasserspülung. Meine Großmutter oder eine Nachbarin schütteten jeden Tag mindestens einmal einen Eimer heißes Wasser in die Abflußröhre und streuten Kalk hinein, damit es an heißen Tagen nicht so stank. Aber es stank trotzdem.

Fleisch gab es nur jede zweite Woche einmal. Die Hauptmahlzeiten bestanden aus gewässerten Salzheringen. Ich bekam als Kind immer nur den Schwanz, zum Ausgleich dafür aber viel Kartoffeln. Das machte satt, das heißt, der Bauch wurde voll. Später, als ich schon zur Schule ging, hielt ich mir Stallhasen, manchmal bis zu 30 Stück, die ich entweder verkaufen konnte oder wir schlachteten selbst einen, damit mal wieder Fleisch auf den Tisch kam.

Die Öfen in den Wohnungen wurden überwiegend mit Holz gefeuert, das wir im Handwagen aus dem nahen Wald holten. Die Holzstöße in den Gärten und Höfen verrieten, ob und wie die Leute für den Winter vorgesorgt hatten. Die Winter im Fichtelgebirge waren lang und kalt.

Auf Parteiveranstaltungen sprach Adolf Hitler von der Zukunft der Deutschen, vom großen deutschen Volk, das erst dann frei sein würde, wenn es sich von den Juden freigemacht habe.

Das waren deutliche Worte, die man auch damals schon nachlesen konnte. Hitlers Buch »Mein Kampf« gab es schon seit 1925, das Programm seiner Partei war bereits 1920 veröffentlicht worden. Darin hieß es: »Wir fordern Land und Boden (Kolonien) zur Ernährung unseres Volkes und Ansiedlung unseres Bevölkerungsüberschusses.«

»Staatsbürger kann nur sein, wer Volksgenosse ist. Volksgenosse kann nur sein, wer deutschen Blutes ist, ohne Rücksichtnahme auf Konfession. Kein Jude kann daher Volksgenosse sein.«

Die »Juden-Frage« war von Anfang an ein wesentlicher Bestandteil der nationalsozialistischen Ideologie. Die Judenverfolgung und schließlich die Judenvernichtung waren keine »Entartung« des Nationalsozialismus, sondern gehörten notwendig zu seiner Weltanschauung.

> »Nun war zweifellos Adolf Hitler nicht der Erfinder des Antisemitismus, der vielmehr eine jahrhundertealte weltgeschichtliche Erscheinung darstellt. Hitler war aber der Ideologe, der dem Antisemitismus die bislang schärfste Wendung ins Biologische gab und als Politiker entschlossen war, aus diesem rassisch verstandenen Antisemitismus die letzte Konsequenz zu ziehen.« [. . .]
>
> »Schon in der Theorie verband Hitler die Aufgabe einer Eroberung neuen Lebensraumes im Osten mit dem Gedanken einer physischen Ausrottung des europäischen Judentums, dessen Mutterboden ja gerade jene osteuropäischen Gebiete darstellten, die Hitler für Deutschland erobern wollte. Und so sprach er denn kurz vor der Entfesselung des Krieges nochmals öffentlich aus, was er schon in ›Mein Kampf‹ prophezeit hatte, daß ein kommender Krieg nicht die Vernichtung Deutschlands, wohl aber die Vernichtung des Judentums in Europa bringen würde.« [Walther Hofer]

Hitler forderte weiter eine »deutsche« Presse. Alle Mitarbeiter an Zeitungen sollten Deutsche (Nicht-Juden) sein, und die Weichen für die spätere Bücherverbrennung stellte er schon mit den Worten: »Wir fordern den gesetzlichen Kampf gegen eine Kunst- und Literaturrichtung, die einen zersetzenden Einfluß auf unser Volksleben ausübt, und die Schließung von Veranstaltungen, die gegen vorstehende Forderung verstoßen.«

Er allein wollte bestimmen, was als Kunst und Literatur zu

gelten hatte. Er forderte die absolute staatliche Zensur. Hitler hatte sich das Hakenkreuz als Symbol gewählt. Ein indogermanisches Zeichen, das schon früher auf den Stahlhelmen der sogenannten Freikorps aufgetaucht war. Die Fahne zeigte auf rotem Grund ein weißes Feld, auf dem sich schwarz das Hakenkreuz abhob.

»Schon bevor Hitler 1933 an die Macht kam, setzte seine Partei bei jeder Gelegenheit ihre Fahne im Stil moderner Reklamestrategie als ›Warenzeichen‹ ein. Bei Parteitagen und Aufmärschen, die häufig waren, bei Versammlungen und Wahlveranstaltungen: Immer war die Fahne und zusätzlich auf Armbinden das Hakenkreuz zu sehen. Und die Zeit war günstig, der Bevölkerung mit dem immer gleichen Abzeichen das Programm der NSDAP nahezubringen. Nach dem Ersten Weltkrieg hatten die Sieger im Friedensvertrag von Versailles Deutschland mit hohen und drückenden Zahlungsverpflichtungen belegt. Vom deutschen Reichsgebiet waren im Osten und Westen Teile abgetrennt worden, auch solche mit mehrheitlich deutscher Bevölkerung. Das verletzte den Nationalstolz.« [Gerold Anrich]

Deutschland trat 1927 dem internationalen Schiedsgerichtshof in Den Haag (Holland) ohne Vorbehalt bei. Das war wichtig, weil das deutsche Reich mit diesem Schritt erstmals nach dem Ersten Weltkrieg wieder internationale Achtung erfuhr, indem es sich internationalen Regeln unterwarf.

Doch im Innern des Landes gärte es. Die Hetze gegen Künstler, deren Produkte sich nicht mit dem falsch verstandenen nationalen Denken vereinbaren ließen, begann schon früh. Zu allen Zeiten haben sich Reaktionäre, die den Lauf der Geschichte zurückdrehen wollten, in erster Linie an Künstlern, Dichtern und Journalisten zu rächen versucht. Diese standen immer – und stehen heute wieder (wenn man an Heinrich Böll denkt, dem man nachsagt, Sympathisant von Terroristen zu sein) in der Schußlinie derer, die künstlerische Aussagen nur gutheißen, wenn sie sich mit der eigenen politischen Anschauung decken. Was nicht in ihr politisches Weltbild paßte, das war, wie man heute sagt, »Nestbeschmutzung«. Damals kannte man das Wort noch nicht, sondern nannte es: »Diffamierung des deutschen Volkes« – wobei die Rechten für sich in Anspruch nahmen, daß allein sie das deutsche Volk darstellten.

Die Nationalsozialisten prägten zu diesem Zweck Begriffe wie »Entartete Kunst« und, noch schlimmer, »Nichtarische Kunst«.

Zu allen Zeiten wurde an der Geschichte herumgestrickt, damals wie heute. Jeder legte sich Geschichte so zurecht, wie sie seinen politischen Vorstellungen entsprach. In den Zwanziger Jahren versuchte man, Erklärungen für die militärische Niederlage von 1918 zu finden. Da aber die alten Militaristen und rechten Politiker nicht zugeben konnten, daß sie Millionen Menschen durch ihre Politik sinnlos in den Tod gehetzt hatten, fand man eine andere Erklärung für die Niederlage Deutschlands: der politisch linksstehende Teil der Bevölkerung in der Heimat sei dem »im Felde unbesiegten Frontheer« gleich einem Dolchstoß in den Rücken gefallen. Das Wort »Dolchstoß« wurde zum politischen Begriff. Es wurde zum Lieblingsschlagwort Hitlers, daß »die Heimat den Soldaten in den Rücken gefallen sei«.

Im Volk als Kriegsheld geachtet, wegen seiner Verbindung

zum Reichspräsidenten Hindenburg (mit dem er seit der Schlacht bei Tannenberg gegen die Russen die militärischen Operationen geleitet hatte), war der General Erich Ludendorff, der einer der übelsten Kriegstreiber gewesen war. Er wollte schon 1923 mit Hitler die Demokratie in Bayern stürzen.

Proklamation

an das deutsche Volk!

Die Regierung der Novemberverbrecher in Berlin ist heute für abgesetzt erklärt worden.

Eine

provisorische deutsche Nationalregierung

ist gebildet worden, diese besteht aus

Gen. Ludendorff
Ad. Hitler, Gen. v. Lossow
Obst. v. Seisser

Das Schlagwort »Novemberverbrecher« wurde von den Rechten als politisches Kampfmittel gegen diejenigen verwendet, die die Erfüllung des Versailler Vertrages und den parlamentarischen Verfassungsstaat bejahten.

1926 gründete Ludendorff den »Tannenberg-Bund« zum Kampf gegen die »überstaatlichen Mächte«, wie er die Freimaurer, Juden, Jesuiten und Marxisten nannte. Hitler hatte sich von Ludendorff helfen lassen, wie er sich von allen helfen ließ, von denen er glaubte, daß sie ihm den Weg zur Macht ebnen konnten. Ludendorff galt den Rechten in der Republik als der richtige Mann, und so sagten sie sich, wenn er mit Hitler paktiere, könne Hitler doch gar nicht so schlecht sein.

1927 erschien auch die endgültige Fassung des »Programms der NSDAP«. Es war jedem zugänglich und jeder hatte die Möglichkeit, sich darüber seine Gedanken zu machen. Es war durchaus nicht so, daß die Nazis je ein Geheimnis aus ihren Absichten gemacht hätten.

Die politisch Uninteressierten, die sich darauf bezogen, mit ihren eigenen Angelegenheiten genug zu tun zu haben, haben das Programm bestimmt nicht gelesen. Und damals wie heute sagen sie, wenn politische Katastrophen hereinbrechen, sie hätten nichts davon gewußt oder geahnt.

Ich weiß von meiner Mutter, daß die unterschiedlichen Meinungen über Adolf Hitler, dessen Wirken seit 1927 nicht mehr zu übersehen war, oft quer durch die Familien gingen. Die einen waren für ihn, weil er Arbeit, und Deutschland »Größe« versprach, die anderen waren gegen ihn; nicht etwa weil sie sein Programm kannten und ablehnten, nein, sie waren instinktiv gegen ihn, ohne ihre Ablehnung begründen und in Worte fassen zu können. Aber aus den Worten Hitlers konnte man schon früh heraushören, was er wollte: nämlich die absolute Herrschaft nicht nur über Deutschland, nicht nur über ganz Europa, was die Unterjochung anderer Völker einschloß, sondern über die ganze Welt.

Meine Großmutter, meine Mutter und ihre Geschwister haben das, wie viele andere, nicht erkannt, nur mein Großvater blieb skeptisch, und manchmal sagte er leise, daran erinnere ich mich genau: »Der Mann bringt Unglück.«

Meine Großmutter erzählte, daß vielen Bauern damals der Grund und Boden unter den Füßen wegversteigert wurde, weil sie nicht mehr in der Lage waren, ihre Steuern oder die hohen Hypothekenzinsen zu bezahlen. Zwei meiner Onkel wurden 1928 arbeitslos. Manchmal hatten sie Glück, und konnten sich für ein oder zwei Tage in der Woche verdingen, dann mußten sie aber mit dem Lohn zufrieden sein, der ihnen angeboten wurde, um meiner Großmutter wenigstens ein paar Mark als Kostgeld geben zu können. Auch sie hatten natürlich nicht die Möglichkeit, sich ein eigenes Zimmer zu mieten, sondern schliefen zu Hause in einer notdürftig ausgebauten Kammer unter dem Dach.

In diesem Jahr gab es in Deutschland einen Rekord ganz eigener Art: die Höchstzahl der gleichzeitig Streikenden betrug 723 415. Obwohl die Arbeiter sich bewußt waren, welches Risiko sie mit dem Streik auf sich nahmen, überwog doch die Verbitterung, daß man ihnen ihren gerechten Lohn vorenthielt, während die Unternehmen schon wieder kräftige Gewinne abwarfen.

Dabei sah es in der deutschen Politik gar nicht so übel aus, denn bei den Reichstagswahlen erreichten die beiden großen Arbeiterparteien SPD und KPD zusammen 42% aller Stimmen, und die SPD stellte auch den Reichskanzler Hermann Müller. Noch war die SPD stärkste Partei mit über neun Millionen Wählern, während die Nationalsozialisten nur 800 000 Stimmen erhielten. Deutschland hatte ein funktionsfähiges Parlament, und es sah alles nach einer dauerhaften, stabilen Demokratie aus. Deutscher Geist wurde in der Welt wieder geachtet, deutsche Wissenschaftler genossen Weltruf, auf dem Gebiet der Architektur wurde Deutschland führend, und die Reichshauptstadt Berlin war zu einem kulturellen Weltzentrum geworden.

Im August 1928 wurde der »Briand-Kellog-Pakt« vom Deutschen Reich unterzeichnet, was ebenfalls dazu beitrug, das Ansehen Deutschlands vor der Weltöffentlichkeit zu vergrößern. Die vertragschließenden Länder erklärten darin, daß sie den Krieg zur Lösung ihrer Probleme und Konflikte verurteilten.

Art. I. Die Hohen Vertragschließenden Parteien erklären feierlich im Namen ihrer Völker, daß sie den Krieg als Mittel für die Lösung internationaler Streitfälle verurteilen und auf ihn als Werkzeug nationaler Politik in ihren gegenseitigen Beziehungen verzichten.

Art. II. Die Hohen Vertragschließenden Parteien vereinbaren, daß die Regelung und Entscheidung aller Streitigkeiten oder Konflikte, die zwischen ihnen entstehen könnten, welcher Art oder Ursprungs sie auch sein mögen, niemals anders als durch friedliche Mittel angestrebt werden soll.

[Ursprünglich unterzeichnet von den USA, Frankreich, Belgien, Deutschland, Großbritannien, den britischen Dominions und Irland, Italien, Japan, Polen und der Tschechoslowakei. Bis Ende 1929 traten dem Pakt 54 Staaten (darunter am 6. 9. 1928 die UdSSR) bei.]

Ende des Jahres wurde Alfred Hugenberg (1865–1951) Vorsitzender der »Deutschnationalen Volkspartei«. Von da an wurde im Reichstag scharfe nationalistische Oppositionspolitik betrieben. Hugenberg war ein ganz strammer Nationalist, der von 1909 bis 1918, also auch in den entscheidenden Kriegsjahren, Vorsitzender des Krupp-Direktoriums war. Nach dem Ersten Weltkrieg gründete er Zeitungen und Filmgesellschaften, wie z. B. die UfA und übte dadurch einen großen Einfluß auf die Öffentlichkeit aus. Er war es auch, der schließlich alle rechten Parteien in Deutschland zusammenfaßte, und mit Hitler 1931 die Harzburger Front bildete. Ein Beispiel aus seiner Zeitung »Der Tag« mag die volksverhetzende Tendenz belegen:

»Wir hassen mit ganzer Seele den augenblicklichen Staatsaufbau, seine Form und seinen Inhalt, sein Werden und sein Wesen. Wir hassen diesen Staatsaufbau, weil in ihm nicht die besten Deutschen führen, sondern weil in ihm ein Parlamentarismus herrscht, dessen System jede verantwortungsvolle Führung unmöglich macht ... Wir hassen diesen Staatsaufbau, weil er uns die Aussicht versperrt, unser geknechtetes Vaterland zu befreien und das deutsche Volk von der erlogenen Kriegsschuld zu reinigen, den notwendigen Lebensraum im Osten zu gewinnen, das deutsche Volk wieder frei zu machen, Landwirtschaft, Industrie, Gewerbe und Handwerk gegen den feindlichen Wirtschaftskrieg zu schützen und wieder lebensfähig zu gestalten. Wir wollen einen starken Staat,

16 in dem die verantwortungsvolle Führung der Beste hat und nicht verantwortungsloses Bonzen- und Maulheldentum führt.«

Meine Mutter hatte in der Nähe von Bayreuth eine Stelle als Dienstmagd gefunden, wo ihr vom Dienstherrn gestattet wurde, mich, den Dreijährigen, mit auf den Hof zu nehmen. Mein Vater war auf Wanderschaft (auf der Walz, nannte man das) und klopfte bei Schuhmachern um Arbeit an. Manchmal bekam er auch für ein, zwei oder drei Tage Arbeit, bezahlt wurde jedoch wenig. Meist arbeitete er nur für Essen, Trinken und für eine Schlafstelle. Das Essen wiederum war dürftig genug, schließlich hatten diese Schuhmacher mit eigener Werkstatt selbst nicht viel.

Im Sommer und Herbst wurde es erträglicher, da konnte man in den Wald gehen, Beeren pflücken und sie für ein Spottgeld an Händler verkaufen. Für ein Pfund Blaubeeren wurden drei bis fünf Pfennige, für ein Pfund Preiselbeeren acht bis zwölf Pfennige, für ein Pfund junger Steinpilze zehn bis zwanzig Pfennige bezahlt. Pilze und Beeren gab es in den Wäldern meiner Heimat reichlich.

Ich wuchs mit den Kindern des Bauern auf, und weil ich ein zusätzlicher Esser war, wurde meiner Mutter ein Teil ihres verdienten Geldes wieder abgezogen. Es war damals noch üblich, daß Dienstboten so etwas wie einen Jahresvertrag hatten, der zwischen Bauer und Dienstboten per Handschlag geschlossen wurde. An eine andere Arbeitsstelle zu wechseln, war nur »Maria Lichtmeß«, also am 2. Februar jeden Jahres möglich.

Meine Mutter besaß nur ein Paar Lederschuhe für die Kirche am Sonntag oder für den Tanz im Wirtshaussaal, sonst lief sie das ganze Jahr ohne Strümpfe in Holzschuhen.

Die Arbeit auf dem Hof richtete sich nicht nach der Uhr, sondern nach Sonne und Regen, Sommer und Winter. Sechzehn Stunden am Tag zu arbeiten war, insbesondere in der Erntezeit nichts Außergewöhnliches. Die Bauern hatten noch keine Traktoren und kaum Maschinen, alle Feldarbeit wurde mit Pferden gemacht. Die Kinder des Bauern, nicht älter als neun Jahre, mußten auf den Feldern, im Stall und im Haus mitarbeiten. Niemand scherte sich um das Verbot von Kinderarbeit. Je mehr Kinder man hatte, desto mehr Arbeitskräfte, die nichts kosteten.

Durch der Reue niederes Tor
Wandern wir zum Glücke

Ein Eisenbahnwaggon als Wohnraum für eine achtköpfige Familie.

Im Frühjahr 1929 nahmen die politischen Unruhen zu. Im März verbot der preußische Innenminister öffentliche Versammlungen und Umzüge unter freiem Himmel. Trotz Aufrechterhaltung dieses Verbots durch den Berliner Polizeipräsidenten Zörgiebel, SPD, folgten am 1. Mai etwa 200 000 Arbeiter dem Aufruf der KPD zu einer friedlichen Demonstration, obgleich SPD und Gewerkschaften dazu aufgerufen hatten, sich an das Verbot zu halten. Es kam zu blutigen Ausschreitungen der Polizei gegenüber den Demonstranten. Nach offizieller Darstellung waren natürlich die Demonstranten an dem Blutbad schuld und die Polizisten unbeteiligt. Man sprach von Barrikadenkämpfen der Demonstranten untereinander, aber Augenzeugenberichte und Pressemeldungen hörten sich anders an. Es ist erwiesen, daß die Polizei sogar auf Menschen schoß, die nur aus den Fenstern schauten oder sich über Balkone beugten, belegt ist, daß sogar Hausfrauen, die nur zum Einkaufen gingen, erschossen wurden; insgesamt fanden 31 Menschen den Tod, die Zahl der Verletzten ging in die Hunderte, über 1200 Arbeiter wurden verhaftet.

Seit 1890 war der 1. Mai der internationale Festtag der Arbeiter. Der 1. Mai 1929 wurde zur blutigsten Maifeier in der Geschichte der deutschen Arbeiterbewegung.

Der Schriftsteller Erich Weinert (1890–1953, Mitbegründer der Zeitschrift »Linkskurve«) schrieb über diesen 1. Mai das nachfolgende ironische Gedicht.

Erich Weinert
Das Wunder vom 1. Mai 1929

Die Schupo stand voll Todesmut
Im Kampf mit den roten Verbrechern;
Die schossen nämlich in toller Wut
Von allen Löchern und Dächern.
Doch die Schupo stand und wankte nicht.
So steht es im Polizeibericht.
Viel tausend Kugeln sausten vorbei,
    Doch die Polizei
    Blieb ruhig dabei
Und machte höflich die Straße frei.

Da sprach der Kommandeur von Berlin,
Man hörte die Stimme beben:
»Nun müssen wir doch die Pistolen ziehn,
Sonst bleibt kein Schupo am Leben!
Doch bitte schießt nicht auf Menschen! Ihr wißt,
Daß ein Schreckschuß ebenso wirkungsvoll ist.«
Nun schoß man ein Schüßchen oder zwei.
    Und die Schießerei
    War bald vorbei.
So vornehm benahm sich die Polizei.

Und als man dann das Schlachtfeld besah,
Da waren viel Tote zu melden;
Und hundert Verwundete lagen da.
Da haben die Schupohelden
Den letzten Rest ihrer Mannschaft gezählt.
Und siehe – kein einziger Schupo fehlt!
Hundert Proleten in einer Reih!
    Von der Polizei
    War keiner dabei!
Das war das Wunder vom Ersten Mai.

1929 erlebte die Welt die Weltwirtschaftskrise. Sie begann mit dem Börsenkrach in New York. Der zunehmenden Produktion von Verbrauchsgütern folgte keine Zunahme der Kaufkraft der Bevölkerung, so daß man zu einer Produktionsdrosselung gezwungen war, was wiederum Entlassungen zur Folge hatte. Die Aktienkurse sanken. Viele Leute verkauften ihre Aktien, um überhaupt noch etwas zu retten, Banken brachen zusammen, und waren nicht mehr in der Lage, Spareinlagen an ihre Kunden auszubezahlen. Die Amerikaner waren dadurch gezwungen, ihre Geldanlagen aus Europa abzuziehen und das führte insbesondere in Deutschland, wo die Amerikaner am stärksten investiert hatten, zur Katastrophe.

Im Dezember gab es im Deutschen Reich 1$\frac{1}{2}$ Millionen Arbeitslose, einen Monat später schon 2$\frac{1}{2}$ Millionen, wieder einen Monat später 3$\frac{1}{2}$ Millionen. Und so wie die Arbeitslosenzahlen anstiegen, mehrten sich auch die Konkurse, insbesondere von Gewerbetreibenden und Kleinbetrieben.

Die Folge war, daß Millionen Tonnen Lebensmittel nicht verkauft werden konnten, weil die Leute kein Geld hatten, um Nahrungs- und Genußmittel zu kaufen. So wurden etwa in Holland Kartoffeln einfach als Dünger verwendet, in Brasilien belud man Schiffe mit Kaffee, fuhr hinaus aufs Meer und kippte die Bohnen in das Wasser und in Kanada wurde Weizen verbrannt. Und das, obwohl Millionen Menschen in der Welt hungerten.

Die Ballade von den Säckeschmeißern

1. O, mich zieht's nach einem fernen Lande,
   wo die schlanke Tropenpalme prangt,
   in Brasilien am Rio Grande
   werden Kaffeesackschmeißer verlangt.
   Es gibt zu viel Kaffee auf der Welt
   und dafür pro Zentner zu wenig Geld.
   Drum wird, so will es das Weltgewissen,
   die halbe Ernte ins Meer geschmissen.
   Immer rin, mein Junge,
   das hat einen Sinn, mein Junge.
   Da steckt was hinter, mein Junge,
   das wird ein Winter, mein Junge.
   Drum sag ich's allen feiernden Familien:

Marsch, marsch nach Hamburg
auf den ersten besten Kahn!
Auf, auf nach Brasilien –
und rin mit dem Mokka in den Ozean.

2. Und hat der Menschenhai am Rio Grande
an seinem nassen Kaffee profitiert,
werden wir aus diesem reichen Lande
gleich nach Kanada exportiert.
Es gibt zuviel Weizen auf der Welt
und darum pro Tonne zu wenig Geld.
Die Nahrung könnte zu billig sein:
Drum muß der Weizen ins Feuer rein.
Immer rin, mein Junge,
Das hat einen Sinn, mein Junge.
Da steckt was hinter, mein Junge,
das wird ein Winter, mein Junge.
Proleten, packt eure Habe,
die reiche Ernte hat uns
die Preise verhunzt.
Brotfrucht ist Teufelsgabe.
Drum rin mit die Schrippen in die Feuersbrunst!

3. Sie werfen den Weizen ins Feuer,
sie schmeißen den Kaffee ins Meer.
Doch wann werfen die Säckeschmeißer
die fetten Räuber hinterher?
Siehst du, da steckt was hinter, mein Junge,
siehst du, das wird ein Winter, mein Junge,
wie er in deinem Leben nie wiederkehrt,

[Text: Julian Arendt, Ernst Busch
Melodie: Hanns Eisler
Aus dem proletarischen Film »Kuhle Wampe«].

Ein weiteres wichtiges Ereignis im Jahr 1929 war die Ernennung Heinrich Himmlers zum »Reichsführer der SS«.
SA und SS waren die Privattruppen der NSDAP.
Die SA = Sturmabteilung war als politischer Kampfverband 1921 von Hitler ins Leben gerufen worden. Nach der Wiedergründung der NSDAP 1925 wurde sie als uniformierte (braunes Hemd, Hakenkreuzarmbinde) und bewaffnete Polizeitruppe ausgebaut. Als Bürgerkriegsarmee und Schlägertruppe fand sie besonders während der Weltwirtschaftskrise Zulauf

durch Arbeitslose und sozial Entwurzelte. Bereits 1930 hatte sie fast 200 000 Mitglieder. Nach der Machtübernahme erreichte die SA ihre größte Bedeutung, als sie durch Ausübung von Terror die Organisationen der Arbeiter zerschlug. Zahlreiche SA-Männer machten sich bei der »Reichskristallnacht« und im Bereich der Konzentrationslager vielfacher Verbrechen schuldig. Später nahm die Bedeutung der SA zugunsten der SS ab.

Die SS = Schutzstaffel war 1925 als Eliteorganisation der NSDAP entstanden, und war mit Schutz- und Sicherungsaufgaben der Partei und ihres Führers Hitler betraut. 1929 hatte die SS 280 Mitglieder: Bewerber mußten mindestens 1,80 m groß sein und einen Stammbaum bis ins Jahr 1750 nachweisen. Die SS verfügte später über eigene Schulen (Napola, Junkerschulen) und Erholungsstätten. Die SS wurde entscheidend durch Heinrich Himmler geprägt.

Heinrich Himmler (1900–1945) war 1923 der NSDAP beigetreten, und hatte am Hitler-Putsch teilgenommen. Er galt nach Hitler und neben Hermann Göring als mächtigster Repräsentant des nationalsozialistischen Herrschaftssystems. In den folgenden Jahren baute er das Terrorsystem von SS und Gestapo (Geheime Staatspolizei) aus, indem er staatliche und Parteiorgane verband. Himmlers Volkstumspolitik fand ihren Höhepunkt in der radikalen Durchsetzung der »Endlösung der Judenfrage«.

Kaffee wird als Brennstoff in einer Brauerei in Rio de Janeiro benutzt.

Die schnell steigenden Arbeitslosenzahlen brachten der deutschen Regierung kaum noch zu bewältigende Probleme. Eine sonst eher nebensächliche Frage, nämlich die Finanzierung der Arbeitslosenversicherung und damit des gesamten Staatshaushaltes führten zum Sturz der Regierung Hermann Müller. Mit dem Kabinett Hermann Müller war nicht nur die Große Koalition gestürzt, sondern die letzte vom Parlament getragene Regierung der Weimarer Republik.

Hitler, der sich in öffentlichen Reden für die deutschen Arbeiter stark machte, verhandelte längst heimlich mit den Industriellen an Rhein und Ruhr. Diese wußten, daß Hitler das Deutsche Reich, wenn er an der Macht war, in die »nationale Erneuerung« führen wollte, von der sie sich die Erfüllung ihrer eigenen Wünsche und Interessen versprachen.

»Wenn auch die Unterstützung Hitlers durch deutsche Industrielle nicht überschätzt werden darf – Hitler war keineswegs, wie es die kommunistische Partei damals und heute behauptet, ein ›Produkt‹ der deutschen Schwerindustrie –, so muß doch auf die beträchtlichen Zahlungen einzelner Industriemagnaten hingewiesen werden. Kirdorf zahlte zwischen 1930 und 1933 600 000–700 000 Reichsmark an die NSDAP; Flick und Vögler förderten die Partei ab 1932, Sir Henry Deterding, der Herr des Shell-Konzerns, schon ab 1930. Hugenberg ließ Hitler von den ihm zufließenden politischen Geldern der großen Industriekonzerne jährlich etwa ein Fünftel zukommen. Schacht knüpfte für Hitler Verbindungen zur Kommerz- und Privatbank sowie zur Deutschen Bank. Sie alle finanzierten, in der Hoffnung, mit Hitler besser über die Schwierigkeiten der Wirtschaftskrise hinwegzukommen, die großen Wahlkämpfe der Partei, namentlich des Jahres 1932. Thyssen, schon vor 1923 mit der NSDAP verbunden, ermöglichte Hitler darüber hinaus den Bau des Braunen Hauses in München.«   [A. Hillgruber]

In Deutschland gab es in diesem Jahr schon 4,4 Millionen Arbeitslose. Viele Frauen mußten daher für den Unterhalt ihrer Familien aufkommen. Wie groß die Armut in Deutschland war, ist für junge Leute, denen der Konsum heute eine Selbstverständlichkeit geworden ist, kaum noch zu begreifen. Der Bericht einer achtundvierzigjährigen Frau mag die damals herrschende Armut verdeutlichen.

»Durch Arbeitslosigkeit meines Mannes bin ich zu der Erwerbstätigkeit gezwungen. Um nicht in allzu große Notlage zu geraten, muß ich zum Haushalt meiner Familie, welche aus meinem Mann, drei Kindern im Alter von 3 bis 13 Jahren und mir besteht, beitragen. Mein Wohnort liegt im Kreise Zeitz, die Arbeitsstelle ist eine Wollkämmerei, in welcher ich Putzerin bin. Da ich fast eine Stunde Bahnfahrt habe, stehe ich früh um $^1/_2$ 5 Uhr auf. Der Zug fährt 5.10 Uhr ab, kommt 5.55 Uhr am Arbeitsort an. Da unsere Arbeitszeit um 6 Uhr beginnt, muß ich vom Bahnhof bis zur Fabrik einen Dauerlauf machen, um zur rechten Zeit zur Stelle zu sein. Dort putze ich bis 14.15 Uhr Krempelmaschinen. Der Zug, mit welchem ich fahren kann, fährt erst 17.13 Uhr. Ich muß mich so lange auf dem Bahnhof aufhalten. Bin um 18 Uhr zu Hause. Nun gibt es noch daheim zu schaffen. Das Essen fertig zu kochen, für den nächsten Tag vorzubereiten, bei den Kindern die Sachen nachsehen, ob sie noch ganz und sauber sind. Wenn man den ganzen Tag nicht da ist, wird noch ein bißchen mehr gebraucht, weil die kleinen Schäden nicht so beachtet werden können. Am Abend ist man auch von der langen Zeit müde und abgespannt, und die Sachen, Wäsche und Strümpfe, müssen sonntags ausgebessert werden. Manchmal muß ich noch meinen Schlaf opfern, da ich Partei- und Arbeiterwohlfahrtsversammlungen besuche und letztere sogar als Vorsitzende leiten muß. Am Sonnabend bin ich um dieselbe Zeit zu Hause. Da gehe ich erst einmal in den Konsumverein einkaufen, um für die ganze Woche Lebensmittel zu haben. Alle vier Wochen habe ich große Wäsche für meine Familie allein zu waschen. Am Abend vorher mache ich dazu alles soweit fertig, um Sonntagmorgen beizeiten anfangen zu können. Sonst beginnt der Sonntag um 7 Uhr. Da gibt es zu tun mit dem Reinemachen der Wohnung und dem Ausbessern der Kleidungsstücke. Dabei wird das Mittagessen bereitet. Um 14 Uhr beginnt dann für mich der Sonntag. Er wird mit dem Besuch einer Arbeiterveranstaltung oder mit einem Spaziergang beendet. So geht es tagaus, tagein, Woche für Woche, der Tag der Arbeiterfrauen. Proletarierlos.«   E. B., L., 48 Jahre.

Hitler sprach ständig von Arbeitsbeschaffung, und daß er die Arbeitslosen von der Straße bringen wollte. Dieses Versprechen war einer der Gründe, warum bei den Reichstagswahlen von 1930 Hitler und seine Partei praktisch als Sieger hervorgingen. Das Wahlergebnis vom 14. 9. 1930 brachte im Reichstag folgende Machtverschiebung: während die SPD kaum

Sitze verlor, wuchs die kommunistische Partei von 54 auf 77 Sitze an, und die Nationalsozialisten kletterten sogar von 12 auf 106 Sitze.

Der enorme Aufschwung der NSDAP bedeutete nicht, daß Millionen von Wählern die NS-Weltanschauung vertraten, sondern vor allem die Verneinung der bestehenden Verhältnisse.

Hitler und seine Freunde feierten diesen Wahlsieg als »Durchbruch«. Viele Wähler der bürgerlichen Rechtsparteien, vor allem die Deutschnationalen, hatten sich aus Enttäuschung über deren Politik den Nationalsozialisten zugewandt. Das parlamentarische System war nun in seinen Grundfesten erschüttert.

In einem Privattelegramm der »Frankfurter Zeitung« nach der Reichstagswahl wird die politische Situation beschrieben:

»... Soweit man bis in die frühen Morgenstunden urteilen kann, haben sich über ein Dutzend Millionen von deutschen Wählern gegen das herrschende parlamentarische System und gegen die Politik ausgesprochen, die bisher durch die Mittel der Demokratie betrieben worden ist. Über ein Drittel der Abgeordneten kommt für eine Regierungsarbeit überhaupt nicht in Frage – sie sind der Feind jeder parlamentarischen Regierung. Das ist ein schlimmer Zustand.«

Die Naziabgeordneten brachten einen bis dahin nie gekannten Ton in das Parlament: rüde, obszön, brutal. Redner der Opposition und auch der Regierungskoalition wurden niedergeschrien, es gab sogar Prügeleien und jede parlamentarische Arbeit wurde praktisch blockiert.

Aber nicht nur die Arbeitslosenzahlen waren mitentscheidend für den Stimmungsumschwung zugunsten Hitlers, auch der »Ulmer Reichswehrprozeß« trug dazu bei.

Vor dem Reichsgericht in Leipzig, dem höchsten deutschen Gericht, vergleichbar dem heutigen Bundesgerichtshof in Karlsruhe, waren drei Offiziere der Ulmer Reichswehrgarnison wegen »nationalsozialistischer Zersetzungsarbeit« in der Reichswehr des Hochverrats angeklagt, und zu achtzehn Monaten Festungshaft verurteilt worden. Adolf Hitler, der als Zeuge nach Leipzig geladen war, erklärte in seiner Aussage, die eigentlich eine propagandistische Rede war, er werde nur mit legalen Mitteln die Macht anstreben. Er werde weder einen Putsch noch einen Staatsstreich unternehmen, doch ließ er keinen Zweifel daran, daß er dann mit der Weimarer Republik Schluß machen und alle internationalen Verträge zerreißen werde. »Dann«, so sagte er wörtlich »werden Köpfe rollen«. Dieses, später »Legalitätseid« genannt, war Musik in den Ohren der Bürgerlichen, die sich nie mit der jungen Weimarer Republik abgefunden hatten, und stets nach einem »starken Mann« Ausschau hielten.

> »Ich habe in der ganzen Zeit die Auffassung vertreten, daß jeder Versuch der Zersetzung der Reichswehr Wahnsinn wäre. Wir haben alle kein Interesse daran, daß die Reichswehr zersetzt werde [. . .]
> Für diese Fragen gelten ausschließlich meine Befehle. Meine gesamten politischen Gegner und der Staat können meine Reden und Anweisungen kontrollieren. Überdies steht über allen meinen Befehlen der Grundsatz: Wenn die Anordnung gegen die Gesetze verstößt, darf sie nicht ausgeführt werden. Ich habe bei Nichtbefolgung meiner Befehle auch stets augenblicklich durchgegriffen. Zahlreiche Parteigenossen sind deshalb ausgeschlossen, zu ihnen gehört auch Otto Strasser. Otto Strasser hat tatsächlich mit dem Gedanken der Revolution gespielt. Ich habe mich damit niemals einverstanden erklärt [. . .]
> Ich darf Ihnen aber versichern: wenn die nationalsozialistische Bewegung in ihrem Kampf siegt, dann wird auch ein nationalsozialistischer Staatsgerichtshof kommen, und der November 1918 wird seine Sühne finden, und es werden auch Köpfe rollen! [. . .]
> Vorsitzender: Wie denken Sie sich die Errichtung des Dritten Reiches?
> Hitler: Die Verfassung schreibt nur den Boden des Kampfes vor, nicht aber das Ziel. Wir treten in die gesetzlichen Körperschaften ein und werden auf diese Weise unsere Partei zum ausschlaggebenden Faktor machen. Wir werden dann allerdings, wenn wir die verfassungsmäßigen Rechte besitzen, den Staat in die Form gießen, die wir als die richtige ansehen.
> Vorsitzender: Also nur auf verfassungsmäßigem Wege?
> Hitler: Jawohl.«

Die Zuhörer im Gerichtssaal spendeten Hitler Beifall. Deutschland war für das Ausland nicht zuletzt durch diese Worte Hitlers innenpolitisch kein stabiles Land mehr. Das internationale Kapital fürchtete Hitler und zog Kapitalbeteiligungen aus Deutschland zurück. Die Folge war, daß die

Arbeitslosigkeit noch weiter anstieg, und das Elend weiter zunahm.

Kurt Tucholsky, dem vorgeworfen worden war, er habe in einem Gedicht die deutschen Soldaten »Schweine« genannt, gab in seiner Antwort eine exakte Schilderung des vergifteten politischen Klimas in Deutschland:

Und da gebe ich denn zu, diese Dinge bei ihrem wahren Namen genannt zu haben. Es heißt in einem Gedicht: ›Drei Minuten Gehör!‹:

Ihr wurdet geschliffen. Ihr wurdet gedrillt.
Wart ihr noch Gottes Ebenbild?
In der Kaserne – im Schilderhaus
wart ihr niedriger als die schmutzigste Laus.
Der Offizier war eine Perle,
aber ihr wart nur ›Kerle‹!
Und noch im Massengrab wart ihr die Schweine,
die Offiziere lagen alleine.

Man muß schon von Hitler mit einem Industrie-Scheck vor den Kopf gehauen sein, um nicht zu begreifen, was hier gesagt ist.
Ihr wart die Schweine –
nämlich für die, die euch so genannt haben!
Und wer hat euch so genannt?
Die deutschen Offiziere.
Nicht einer, Hundert, Tausend, Zehntausend . . . für sie gehörte es zum guten Ton, von den ›Kerlen‹, den ›Schweinen‹ zu sprechen.
Ich halte mit meinen pazifistischen Gesinnungsfreunden die Bezeichnung ›Frontsoldat‹ an sich noch für keinen Ehrentitel. Die Frontsoldaten aller Nationen haben sich ihr schreckliches und sinnloses Erlebnis nicht ausgesucht; man hat sie mit einer Gewalt dazu gepreßt, die, kommt sie von den Bolschewiken, die Welt aufheulen läßt. Es gab unter diesen Frontsoldaten: echte Helden, nachgemachte Helden, anständige Kerle, Stumpfböcke, Verbrecher, verkleidete Fabrikbesitzer, arme Luder – alles gab es.
Aber Deutsche, die so auf Deutschen herumhacken, wie das die Nazis in die deutsche Politik eingeführt haben (denn sie haben es getan und nicht die Kommunisten) – so etwas hats nicht gegeben.
In Wiesbaden bin ich nach der Vorlesung an den Nazis vorbeigefahren; sie standen da und stießen ihren Original-

Schlachtruf aus: »Huuu –!« und sie warfen mit Steinen und alten Brocken und waren überhaupt furchtbar mutig. Ich war nämlich einer und sie waren eine Herde. Ich sah in ihre Augen: verhetzt, verdummt, verbrüllt . . . und keine Idee dahinter.

Jedem Pazifisten die Ehre abschneiden; hinter den Republikanern her sein wie die Wölfe; das politische Leben vergiften; Minister mit Personalstunk bekämpfen; Straßen durchbrüllen und Fensterscheiben zerschmeißen; nach einem mißglückten Putsch von nichts wissen und alles abschwören; vor Gericht kneifen . . . wie nennt man solche Leute –?

Was die deutschen Frontsoldaten angeht –: *sie* sind keine Schweine gewesen.

Tucholsky (1890–1935, Selbstmord in Schweden) war einer der bedeutendsten linksstehenden Publizisten der Weimarer Republik. Er schrieb unter verschiedenen Pseudonymen, vor allem in der Zeitschrift »Die Weltbühne«. Er hatte scharf beobachtet: die SA-Männer waren nur in der Masse mutig, allein waren sie feige, da sie keine politischen Argumente hatten. Ihr Instrument war die Gewalt, nach dem bekannten Motto: »Und willst du nicht mein Bruder sein, so schlag ich dir den Schädel ein.«

Tucholsky war nicht der einzige, der die braune Gefahr erkannte und beschrieben hat, und der vor Hitler warnte, weil er dessen Ziele längst durchschaut hatte. Viele deutsche Schriftsteller sahen die Katastrophe und schrieben offen darüber.

Auch die kommunistische Partei hatte Hitler als Gefahr Nummer eins erkannt, das Politbüro des Zentralkomitees der Kommunistischen Partei Deutschlands veröffentlichte im Jahre 1930 eine Resolution gegen den Faschismus.

»IV. Der Kampf gegen den Faschismus muß als politischer Massenkampf auf breitester Grundlage geführt werden [. . .] V. Dieser Kampf muß auf ideologischem Gebiet geführt werden durch die rücksichtslose Entlarvung der betrügerischen Phrasen des Faschismus über seinen angeblichen ›Kampf gegen den Young-Plan‹, seinen angeblichen ›Kampf gegen den Kapitalismus‹, seine angebliche ›Arbeiterfreundlichkeit‹. Gegenüber diesen Phrasen muß die Partei die tatsächliche Politik des Faschismus enthüllen [. . .] VI. [. . .] Die beginnende Zersetzung unter der werktätigen Gefolgschaft der faschistischen Bewegung, die zweifellos zunimmt, macht eine Differenzierung zwischen den faschistischen Führern und den irregeführten Massen ihrer Anhänger notwendig. Daher ist die schematische Anwendung der Losung ›Schlagt die Faschisten, wo ihr sie trefft!‹ im gegenwärtigen verschärften Stadium des Kampfes unzweckmäßig. Die Hauptlosung muß in der gegenwärtigen Situation der politische und wehrhafte Massenkampf des Proletariats und aller Werktätigen gegen den Faschismus mit dem Ziele seiner vollständigen Vernichtung sein.«

[Aus der Resolution des Politbüros des ZK der KPD vom 4. Juni 1930]

Mitte des Jahres mußte ich wieder zu meinen Großeltern ins Fichtelgebirge zurück. Es hatte Streit mit dem Bauern gegeben, weil meine Mutter nicht wollte, daß ich als Fünfjähriger auf den Wiesen mit einem Rechen Heu wendete oder den Kuhstall ausmistete.

Einer meiner Onkel trug inzwischen eine Hakenkreuzbinde am Arm, eine Uniform konnte er sich nicht leisten. Er hatte sich der SA angeschlossen. Ein anderer Onkel war Mitglied der SPD geworden, während meine Großmutter nach wie vor mit den Deutschnationalen sympathisierte.

In der Wohnstube hing ein großes Bild vom Reichspräsidenten von Hindenburg. Auf mich wirkte er mit seinem großen Schnurrbart furchteinflößend, und ich fühlte mich in dem Zimmer dauernd beobachtet.

Aber beide, sowohl der sozialdemokratische Onkel als auch der nationalsozialistische waren arbeitslos, oder wie man heute sagen würde, Gelegenheitsarbeiter.

In unserer Familie wurde viel darüber gestritten, ob die Nazis oder die Sozis die besseren Deutschen wären. Das nahm manchmal groteske Formen an: gab es sonntags kein Fleisch, dann sagte mein Nazionkel, daran wären die Sozis, diese vaterlandslosen Gesellen schuld, gab es Fleisch, dann sagte mein Nazionkel, das werde es jeden Tag geben, wenn Hitler erst einmal an der Macht wäre. Diese »Argumentation« konnte man auch umdrehen. Aber es war nicht so, daß sich etwa meine Onkels geprügelt hätten, schließlich waren sie Brüder, und nur innerhalb der eigenen vier Wände brüllte man sich an. Die Großmutter schlichtete den Streit oft und doch blieb jeder bei dem Deutschlandbild, wie es seine Partei propagierte.

Mein Großvater hielt sich meist aus diesen Auseinandersetzungen heraus. Nur wenn es ihm zu bunt wurde, sagte er manchmal ironisch: »Ich weiß nur, daß drei Pfund Rindfleisch eine gute Suppe geben.«

Mein Großvater war Pferdekutscher bei einem Bauunternehmer. Damals gab es kaum, zumindest nicht in ländlichen Gegenden, Fuhrunternehmen mit Lastwagen. Pferdegespanne beherrschten das Straßenbild. Ich war immer froh, wenn ich mit in den Pferdestall durfte. Wenn ich manchmal aufgeregt den Motorrädern hinterher sah, sagte mein Großvater: »Denk dran Bub, Pferde riechen, Autos stinken.«

In Deutschland stellte man in diesem Jahr die Weichen politisch noch mehr nach rechts. Die »Harzburger Front« wurde gebildet aus NSDAP, Deutschnationalen und Stahlhelm. Hugenberg als Initiator bildete damit eine Einheit der Rechten gegen die Republik. Hitler war dabei sein wichtigster Partner. Die »Harzburger Front« forderte: »... entschlossen, unser Land vor dem Chaos des Bolschewismus zu bewahren, unsere Politik durch wirksame Selbsthilfe aus dem Strudel des Wirtschaftsbankrotts zu retten ... erklären wir: wir sind bereit, im Reich und in Preußen in nationalgeführten Regierungen die Verantwortung zu übernehmen ... wir verlangen die Wiederherstellung der deutschen Wehrhoheit und Rüstungsausgleich ...« Solche Sprüche kamen beim Volk gut an, denn zu diesem Zeitpunkt gab es inzwischen schon 5,66 Millionen Arbeitslose. Vor Fabriken, Arbeitsämtern, Läden und sonstigen öffentlichen Gebäuden standen die Menschen Schlange um Arbeit zu bekommen, auch wenn es nur für ein paar Tage oder gar nur für ein paar Stunden war, jede Arbeit wurde angenommen.

Als Gegenstück zur »Harzburger Front« bildete sich die »Eiserne Front«. Eine Vereinigung von Sozialdemokraten, Gewerkschaftlern, Arbeitersportvereinen und dem Reichsbanner Schwarz-Rot-Gold; also eine Linksvereinigung, die die Kommunisten allerdings nicht mit einbezog.

Die Kommunisten besaßen im »Roten Frontkämpferbund« eine eigene Organisation, die nach ihrem Verbot im Mai 1929 illegal weitergeführt wurde. 1930 hatte er über 100 000 Mitglieder (davon 50% Angehörige der KPD), und wurde von Ernst Thälmann geführt. Es ist offen, ob die Geschichte einen anderen Verlauf genommen hätte, wenn sich beide Gruppierungen vereint hätten. Dieser Linksblock hätte jedenfalls die Mehrheit gehabt, und damit die Möglichkeit, Hitler mit parlamentarischen Mitteln von der Machtübernahme fernhalten zu können.

Zur Gründung der »Eisernen Front« äußert sich Carl von Ossietzky nicht ohne skeptische Vorbehalte:

»Eiserne Front
Ein neues Schlagwort soll jetzt, nach Beendigung des weihnachtlichen Burgfriedens, seine Wirkung erweisen. Die ›Ei-

serne Front‹ der Republikaner formiert sich. Die SPD, das Reichsbanner, Gewerkschaften verschiedener Richtung, republikanische Bünde, sie alle wollen sich zur Abwehr des Faschismus zusammenschließen. Die Front ist lang, daran ist kein Zweifel, wie tief sie geht, welches ihre ideellen Reserven sind, das läßt sich noch nicht leicht abschätzen. Einige Abschnitte der Front, dort wo Arbeiter stehen, verdienen wohl wirklich eisern genannt zu werden, andre sind aus biegsamerem Stoff gemacht und einige nicht besser als Pfannkuchenteig. Auf Ausdauer, auf Nachschub kommt alles an. Die Politik steht in einer Epoche von Materialschlachten.

Es ist nicht leicht, zu einer Bewegung kritisch Stellung zu nehmen, der jedes gute Glück zu wünschen ist. Der einzelne, der zur Aktivität gegen den Faschismus gewillt ist, darf nicht entmutigt werden.« [. . .]

»Es ist eine Illusion, den Faschismus ›abwehren‹ zu wollen. Man muß ihn auf seinem eigenen sozialen Terrain angreifen. Wenn die Parteien der Arbeiterklasse das endlich begriffen haben, erst dann werden wieder proletarische Kräfte in Deutschland entstehen, die Geschichte machen, anstatt sie zu bremsen.«

Carl von Ossietzky (1889–1938) war Schriftsteller und ein leidenschaftlicher Pazifist und Humanist. Ab 1927 leitete er die Zeitschrift »Die Weltbühne«. 1936 erhielt er den Friedensnobelpreis, den er auf Befehl Hitlers nicht annehmen durfte. Zwei Jahre später starb er an den Folgen seiner Haft in deutschen Konzentrationslagern.

Hitler hatte bei der Gründung der »Harzburger Front« verkündet: ». . . Niemand wünscht den Frieden mehr, als die nationale Opposition, wenn aber im harten Wettkampf die Interessen der Welt sich gegenseitig kreuzen, kann kein Volk verzichten, seine eigenen Kräfte in die Waagschale zu werfen. Kein Staatsmann kann den Frieden im Zustand der Wehrlosigkeit erhalten . . .« Bis ans Ende hat Hitler immer von Frieden geredet. Im ersten Satz sprach er von Frieden, im zweiten von Aufrüstung, im ersten von Versöhnung, im zweiten von Krieg, im ersten von Bündnis, im zweiten von Verrat, und trotzdem lief ihm fast ein ganzes Volk nach.

Die meisten, zum Teil auch meine Familie, waren sich wahrscheinlich über die Folgen nicht im klaren, die Ernst Niekisch 1931 in seinem Buch »Hitler, ein deutsches Verhängnis« prophetisch beschrieb. Sie jubelten denen zu, die ihnen Arbeit und Brot versprachen. Hitlers Schriften lasen sie nicht, sie stellten das Radio ab, wenn er sprach, aber viele liefen ihm deshalb nach, weil er von den »Großen«, den Fabrikherren und Industriellen getragen wurde. Bei diesen war Hitler längst salonfähig geworden. Seine Politik versprach Produktion, also Profit. Durch sein Bündnis mit den Industriebossen setzte er sich über die Interessen der deutschen Arbeiter hinweg. Industrie und Hochfinanz waren auf Hitlers Kurs eingeschwenkt. Das beste Beispiel dafür ist eine Rede, die der Industrielle Carl Friedrich von Siemens bei einem Essen der »General Electric Company« in New York am 27. 10. 1931 hielt. Er stellte Adolf Hitler den Amerikanern als einzige Alternative für Deutschland hin, mit dem man in Zukunft paktieren müsse.

»... Kommunismus und Hitler-Bewegung wachsen stark, aber zwischen beiden ist folgender grundsätzlicher Unterschied: der erste will seine Ziele durch revolutionäre Maßnahmen, das heißt Barrikaden und Bürgerkrieg, erreichen; wenn es dazu kommt, wird die Entscheidung auf der Straße fallen. Der andere will sein Ziel durch gesetzliche Maßnahmen, das heißt durch den Stimmzettel, verwirklichen. Doch will er sich dagegen sichern, daß die Ereignisse der November-Tage 1918, wo die Revolutionäre keinen Widerstand auf der Straße fanden, nicht wiederkehren. Die militärische Macht des Staates ist zu schwach, um die Feuer zu löschen, wenn sie an vielen Stellen in Deutschland gleichzeitig ausbrechen sollten. [...]
Es wird nicht genügend gewürdigt, daß es die Selbstlosigkeit seiner Bewegung und die hohen nationalen Ideale sind, welche namentlich die Jugend aller Klassen zu seiner Fahne ziehen. [...]
Die Wurzel der Hitlerschen Bewegung ist der Kampf gegen den Sozialismus, das heißt gegen den Marxismus [...] Sie in den Vereinigten Staaten, [...] werden besser als irgendein anderer verstehen, daß ein gesundes und kräftiges Deutschland notwendigerweise ein geeintes nationales Deutschland sein muß [...]
Hitlerismus, oder – wie wir es nennen – Nationalsozialismus, ist in keiner Beziehung eine monarchistische Bewegung. Nach meiner Ansicht gehört die Monarchie in Deutschland für immer der Geschichte an. Aber er ist gegen die ungezügelte Vorherrschaft des Parlamentarismus gerichtet, wie sie leider in unserer Verfassung vorgesehen ist. Das deutsche Volk [...] ist für diese Form der Demokratie nicht reif [...]«

Der Pakt von Schwerindustrie und NSDAP ist Gegenstand
des Industrieromans »Union der festen Hand« von Erik Reger
(1893–1954). Dieses Buch, eines der wichtigsten literarischen
Dokumente der Weimarer Republik, schildert am Beispiel der
Krupp-Werke die Geschichte der Arbeiterbewegung und ihrer großindustriellen Gegenspieler von 1918 bis 1929. Obwohl der Autor das Buch »Dem deutschen Volk« gewidmet
hatte, und es mit dem angesehenen »Kleistpreis« ausgezeich-
net wurde, fand es 1931 bei einem breiten Leser-Publikum so
gut wie kein Echo.
Seit kurzem ist dieses Buch wieder erhältlich. Es kann dazu
beitragen, ein Stück Geschichte kennenzulernen: die Geschichte der Besiegten, also des Volkes. Denn die Geschichte
des Volkes wird auch von Schriftstellern geschrieben, nicht
nur von Historikern, denn die Schriftsteller gehören auch zu
den Besiegten, zumindest sind sie keine Sieger. Nicht selten
waren sie Verfolgte, Ausgestoßene, Verfemte, Geprügelte.
Regers Buch hätte vielleicht vielen die Augen öffnen können,
wenn es die Leser gefunden hätte, die der Autor sich
wünschte. Ich kann nicht mehr genau sagen, was und ob in
unserer Familie gelesen wurde. Mein Vater las zumindest die
Bibel. Er hatte sich einer religiösen Gruppe angeschlossen, die
sich »ernste Bibelforscher« nannte, und die nach dem Zweiten
Weltkrieg als »Zeugen Jehovas« bekannt wurde. Sie waren
und sind entschiedene Militärdienst- und damit Kriegsdienst-
verweigerer. Wer damals aber das Gewehr ablehnte, galt als
Staatsfeind.
Hitler hat sie später alle in Konzentrationslager gesteckt
– auch meinem Vater sollte dieses Schicksal nicht erspart
bleiben.
Mein Großvater las den Bauernkalender. Bücher gab es kaum
bei uns, wenn, dann waren es billige Liebesromane. Zeitungen
aber wurden verschlungen. Man riß sie sich morgens beim
Frühstück aus der Hand, jedoch weniger um sich politisch zu
informieren. Das geschah nur am Rande durch die Schlagzeilen. Nein, jeder wollte nur die Stellenangebote durchgehen,
um zu sehen, ob für ihn etwas dabei war. Wurde eine Stelle
angeboten, die dem erlernten Beruf entsprach, schwangen sich
meine Onkel und Tanten auf ihre Fahrräder, um als erste
vorzusprechen. Nicht selten fuhren sie 20–30 km weit, um
dann festzustellen, daß schon Hunderte vor dem Tor warteten

oder aber die Stelle längst vergeben war.

Ihnen blieb wiederum nur das Warten auf den nächsten Tag, auf die nächste Zeitung, und alles begann wieder von vorn. Jahrelang.

Nur mein Großvater hatte Arbeit, ein ruhiger und bedächtiger Mann. Er war so ruhig wie seine beiden schweren Gäule, die er jeden Morgen um sieben aus dem Stall holte.

Eigentlich hätte ich in diesem Jahr in die Schule kommen müssen, da aber der Schulbeginn damals zu Ostern war, und ich Ende Mai geboren bin, wurde ich um ein Jahr zurückgestellt. Mir selbst, meinen Eltern und Großeltern machte das wenig aus. Hinter den Häusern begann unmittelbar der Wald, wo wir Kinder uns auskannten. Wir wußten, wo wir sicher waren und wo Gefahren lauerten. Es war eine friedliche Kinderwelt, die Freiheit schien uns grenzenlos. Sorgen kannten wir nicht, und die Sorgen der Eltern oder Großeltern begriffen wir noch nicht. Auch wenn zu Hause Not herrschte, wartete immer ein Stück Brot mit selbstgemachter Butter, ein Topf Milch oder eine dünne heiße Suppe auf uns. Mehr hätten wir nicht beansprucht, da wir nichts anderes kannten.

Wenn ich wir sage, dann meine ich, daß ja nicht nur bei uns zu Hause Armut herrschte, sondern bei allen in unserer Nachbarschaft.

Im Sommer trugen wir Jungen nur Lederhosen, die man nicht zu flicken brauchte, aber weil sie nie gewaschen oder gereinigt wurden, begannen sie bald zu stinken. Wir trugen Holzschuhe, die mein Vater mir schnitzte, im Sommer liefen wir barfuß. Nach der Weisheit armer Leute schütze eine ledrige Hornhaut an den Füßen besser als Schuhe. Wir spürten die Steine auf den Wegen nicht mehr, und nicht die Stoppeln auf den Feldern, wenn wir bei der Ernte mithelfen mußten. Wir Kinder bekamen von den Bauern für unsere Arbeit Kartoffeln, Milch oder Eier, die wir sonst hätten bezahlen müssen. Die Häuser der Reichen – das waren für uns die Fabrikdirektoren, Rechtsanwälte und Ärzte – hatten wir immer nur von außen gesehen.

Meine Tante arbeitete als Dienstmädchen bei dem Direktor einer Porzellanfabrik. Wenn sie Ausgang hatte und nach Hause kam, erzählte sie von dem Leben der Reichen. Für mich waren das Wunderdinge, ihre Erzählungen kamen gleich nach dem Märchen vom Schlaraffenland. Sie erzählte von verschiedenen Weinsorten, die zu verschiedenen Speisen serviert wurden, sie sprach von Pasteten, Fasanen, Wachteln, Weißbrot, und ich stellte mir immer wieder vor, ich würde mit an dem Tisch sitzen, auf dem meine Tante all diese Kostbarkeiten ausbreitete. Ich bewunderte meine Tante, ich verehrte sie, und beschloß, sie zu heiraten, wenn ich älter geworden war.

Es war wie im Märchen, und immer, wenn ich an der Villa des Direktors vorbei mußte, die in einem weitläufigen Garten durch Bäume und Sträucher versteckt lag, dachte ich, dort drinnen sei das Schlaraffenland, in das man aber nur dann hineinkam, wenn man sich erst einmal durch einen Berg von Kuchen gegessen hatte. Was ich natürlich gern auf mich genommen hätte.

Dieser Direktor, bei dem meine Tante Dienstmädchen war, ist Ende der dreißiger Jahre in einem KZ umgekommen. Er war Jude.

Der Friede trog, die Freiheit trog. Im fernen Berlin gingen zwar noch nicht die Lichter aus, aber die dunklen Wolken wurden immer zahlreicher und sie hielten sich immer hartnäckiger.

Das Deutsche Reich hatte in diesem Jahr den höchsten Stand an Arbeitslosen, nämlich 6 128 429, deren Schicksal und Elend fast unbeschreiblich waren.

Täglich meldeten sich Millionen bei den Arbeitsvermittlungen, um wenigstens vorübergehend ein paar Mark zu verdienen. Überall im Reich gab es öffentliche Küchen, vor denen die Arbeitslosen mit ihren Frauen und Kindern standen und auf eine dünne Suppe warteten. Das war oft die einzige warme Mahlzeit während des ganzen Tages.

In seinem Roman »Kämpfende Jugend« von 1932 beschreibt Walter Schönstedt die Stimmung unter den Arbeitslosen.

»Auf dem Nachweis für ungelernte Arbeiter des Bezirks Kreuzberg war ein unaufhörliches Kommen und Gehen. Im Hausflur stand dick und wichtig der Portier Langscheidt. Im dritten Stock wurde gestempelt, im vierten war der Aufenthalts- und Arbeitsvermittlungsraum. Die Luft war überall stickig und verbraucht. Die Fenster waren nur in ihrem oberen Teil geöffnet. [. . .]

»Heute wird's wohl keene Arbeet mehr geben, is ja schon elf Uhr.‹

›Sag mal, Gustav, hast du schon mal gearbeitet?‹

›Ick? Solange wie ick aus der Schule raus bin noch nich. Als Schulrabe ja. Ick wer wohl ooch keene mehr kriejen‹, sagte er ruhig. Und halb lachend, halb bedauernd fuhr er fort: ›Und als

ich zehn Jahre alt war, hat der Alte jesagt: ›Gustav, du wirst
mal Rechtsanwalt!‹ Heute bin ick zu Hause bloß noch det
›Sticke Mist‹.‹

Kater kaute an einem Streichholz. ›Det sin wir ja alle‹, sagte er
so ganz nebenbei. ›Aber laß man. Wern wir eben Verbrecher.
Eeen andern Beruf jibs ja für uns nich mehr. Schade, daß du
nich Rechtsanwalt bist, da hätt ick een billigen Verteidiger . . .‹

Ein Mann mit schwarzer Hornbrille und schwarzem Lüsterjak-
kett kam in den Saal. Alles sprang auf. Der Mann stellte sich
auf das Podium und sah sich von oben die Leute an.

›Na los doch, Mensch! Laß uns nich so lange warten!‹

›Immer ruhig, junger Mann, nicht wahr?‹

Die Erwerbslosen standen dicht gedrängt um ihn herum und
sahen zu ihm auf wie zu einem Lehrer, der interessante
Geschichten zu erzählen hat. Er begann laut:

›Zwei Mann Zettel verteilen, Speisehaus Friedrichstraße‹.

›Wieviel? Wieviel Mark die Stunde?‹

›Das steht nicht bei. Jedenfalls handelt sich's um ein Speisehaus, und ein Mittagessen wird schon abfallen.‹

›Oho! Det kenn wir, det Mittagessen! Pellkartoffeln und Soße!
Da jeht keener hin!

›Was wollen Sie denn schon wieder? Sie können doch die
Leute nicht von der Arbeit abhalten! – Also los: Wer will
hingehen? Lohn nach Vereinbarung.‹

Zwei alte Männer meldeten sich. Sie gaben ihre Stempelkar-
ten ab und gingen still lächelnd fort. Spinne machte ein
verächtliches Gesicht und stieß Gustav an: ›Zettel verteiln!
Det soll nu für unsereens Arbeet sin! Arbeitsburschenstellen
kommen überhaupt nicht mehr raus. Dreck verfluchter!‹

Jemand lachte ganz laut. Niemand drehte sich nach ihm um.
Sechzig Erwerbslose warteten auf Arbeit. Aber keiner hatte
Hoffnung. Der Mann mit der Brille tat immer wichtiger. Er
wühlte geschäftig zwischen den Papieren in seiner Hand und
kramte eine neue Vermittlungskarte vor. Es wurde wieder
ruhig und die Augen der Wartenden wurden gespannt.

›Zwei Mann zum Teppichklopfen. Sie müssen das schon öfter
gemacht haben. Stunde achtzig Pfennig. Es handelt sich um
je zwei Stunden.‹

Zehn, zwölf Leute drängten sich zur Mitte und hielten ihre
Karten in die Luft. ›Hier!‹ – ›Icke!‹ – ›Icke!‹ . . .

›Halt, nur zwei Mann. Wer ist länger als anderthalb Jahr
arbeitslos?‹

Das waren fast alle, die sich gemeldet hatten. Der Mann
suchte zwei junge Leute aus und empfahl ihnen, gleich hinzu-
gehen: Großbeerenstraße 58, bei Frau Schnacke.

›Paß off det Jeld off, det aus die Teppiche fällt!‹ rief man den beiden nach.

Der Kreis um den Ausrufer wartete noch.

›Kommt denn heute noch wat raus?‹

›Ja, das weiß ich nicht. Sie können ja warten. Sie haben ja so viel Zeit!‹

›Du alter Tintenklohn, det denkste dir ja bloß. Los, schwinge deine Scheißständer un kiek nach, ob neue Arbeet da ist! . . .‹

›Denkste wohl, weil du die Ruhe weg hast, haben wir ooch Zeit, wat? Ick muß noch nach de Wohlfahrt zum Kottbusser Damm!

Enttäuscht schlich jeder zu seinem Platz zurück. Sie wurden ja immer enttäuscht. Immer und überall. Enttäuscht und gedemütigt. Sie wurden herumgejagt mit nutzlosen Formularen, von einem Amt zum anderen, von Behörde zu Behörde. Manchmal nur wegen eines Stempels. Nur wenige murrten. Sie fraßen alles in sich hinein. Und das alles schwoll an zu einer gewaltigen Portion Haß und Wut.«

SA und SS terrorisierten immer brutaler die Menschen in Stadt und Land. Es gab regelrechte »Rollkommandos«, die plötzlich auftauchten, Andersdenkende niederschlugen und wieder unerkannt entkamen. Die Polizei war meist machtlos, und außerdem gab es nicht wenige Polizeioffiziere, die versteckt oder auch ganz offen mit den Nazis sympathisierten. Auch mein SPD-Onkel kam eines Tages mit einer klaffenden Wunde an der Stirn nach Hause. Meine Großmutter verband ihn und schimpfte ihn als Raufbold aus, denn für sie stand fest, daß nicht die Nazis schlugen, sondern nur die Sozis.

Gegen den braunen Terror setzte sich schließlich die Reichsregierung zur Wehr. Sie verbot im April 1932 die SA und die SS, die schon eine Art Bürgerkriegstruppe geworden waren. Die Reichsregierung hatte das Verbot durch eine Notverordnung erlassen.

Mit Hilfe des Artikels 48 der Verfassung konnten Notverordnungen durchgesetzt werden, das hieß, die Regierung konnte eine vom Reichspräsidenten unterzeichnete Verordnung ohne Zustimmung des Reichstages, also des Parlaments, erlassen. Heinrich Brüning, der Reichskanzler und Führer der Zentrumspartei, regierte vorwiegend mit Notverordnungen.

Die Nazis trugen auf Grund des Verbots nun nicht mehr braune oder schwarze Hemden sondern weiße. Ihr Terror blieb jedoch derselbe.

Nach dem Verbot von SA und SS schrieb der ehemalige
deutsche Kronprinz an den republikanisch gesinnten Reichs-
wehr- und Innenminister Groener: »Es ist mir unverständ-
lich, wie gerade Sie als Reichswehrminister das wunderbare
Menschenmaterial, das in der SA und SS vereinigt ist und das
dort eine wertvolle Erziehung genießt, zerschlagen helfen.«
Wer es noch nicht wußte, dem mußte es seit diesem Tage klar
sein, wo die entmachteten Nachkommen des deutschen Kai-
serhauses standen: Bei Hitler und dem Militär – und dem
»wunderbaren Menschenmaterial«. Für Militaristen waren
und sind Menschen immer nur Material.
Intrigen stürzten den Minister Groener, und mit ihm mußte
auch Reichskanzler Brüning gehen. Franz von Papen wurde
Reichskanzler und bildete am 1. 6. ein Kabinett der »nationalen Konzentration«. Das Verbot von SA und SS wurde bereits
am 14. 6. wieder aufgehoben und der Terror der Nazis begann
brutaler denn je.
Nach Aufhebung des SA- und SS-Verbots änderten die Nazis
ihre Taktik. Sie versuchten nun in die Arbeiterviertel einzudringen, in die sogenannten roten Hochburgen, denn dort
wählte die Mehrheit kommunistisch oder sozialdemokratisch.
Die Folgen waren Straßenschlachten, die beinahe bürger-
kriegsähnlichen Charakter hatten. Allein in Hamburg-Altona
gab es bei Zusammenstößen am 17. Juli 19 Tote und 285 Verletzte. Man nannte diesen Tag später den »Blutsonntag« von
Altona.
Die Nazis schreckten auch vor Mord nicht zurück. Folgendes
Beispiel steht stellvertretend für die Methoden.
In einem Polizeibericht vom 10. 8. 1932 heißt es: »In der
Nacht zum Mittwoch wurde in Potempa der kommunistisch
gesinnte, 35 Jahre alte Konrad Pietrzuch ermordet. Gegen
11.30 Uhr drangen mehrere uniformierte SA-Leute, die in
einem Personenkraftwagen nach Potempa gekommen waren,
in das unverschlossene Zimmer ein, in dem Konrad Pietrzuch,
sein Bruder Alfons und seine Mutter schliefen. Mit dem Ruf
›Raus aus dem Bett, ihr verfluchten Kommunisten! Hände
hoch!‹ zerrten sie Konrad Pietrzuch, der zusammen mit seinem Bruder Alfons in einem Bett schlief, von seinem Lager
und mißhandelten ihn schwer. Konrad Pietrzuch flüchtete in
eine Kammer neben dem Zimmer. Sein Bruder Alfons erhielt
einen Schlag auf den Kopf und trug eine stark blutende

Wunde davon. Einer der Täter stieß die Kammertür auf und gab aus seiner Pistole einen Schuß in die Kammer ab. Darauf verließen die Täter das Haus. Die Mutter Pietrzuch begab sich darauf in die Kammer und fand ihren Sohn in einer Blutlache liegend tot auf. Einer der Täter wurde gleich nach der Tat festgenommen.«

Und was geschah weiter? Am 22. 8. 1932 wurden durch ein Sondergericht in Beuthen die fünf faschistischen Mörder zum Tode verurteilt. Sechs Wochen später begnadigte man sie zu lebenslanger Haft!

Nach dem Urteil schickte Hitler den Mördern ein Telegramm: »Meine Kameraden! Angesichts dieses ungeheuren Bluturteils fühle ich mich Euch in unbegrenzter Treue verbunden. Eure Freiheit ist von diesem Augenblick an eine Frage unserer Ehre. Der Kampf gegen eine Regierung, unter der dies möglich war, unsere Pflicht.«

Nach der Machtergreifung Hitlers wurden alle fünf freigelassen und mit einem Orden dekoriert, der sinnigerweise »Blutorden« hieß.

Die großbürgerliche Zeitung »Hamburger Nachrichten«, wohlgemerkt, keine Nazizeitung, schrieb über das Urteil von Beuthen: »Was in Beuthen abgeurteilt wurde, war ja kein Gewaltakt gegen einen deutschen Volksgenossen, sondern die Beseitigung eines polnischen Halunken, der zudem noch Kommunist war. Also ein zwiefacher Minusmensch ... Hat man denn in deutschen Richterkreisen immer noch nicht begriffen, daß es sich im Osten um den Grenzkampf zwischen germanischen Edelmenschen und polnischen Untermenschen, um den Daseinskampf des deutschen Volkes handelt.« Es sei hier noch einmal gesagt, das schrieb nicht ein Nazihetzblatt, sondern eine bürgerliche Zeitung, die als seriös galt. Von diesen Worten bis zur Massenvernichtung von »Untermenschen« durch die »germanischen Edelmenschen« war nur noch ein Schritt. Ob die »Untermenschen« nun Juden waren, Russen, Polen, Zigeuner, Franzosen, Holländer, Ungarn, Rumänen – Recht auf Leben hatte nur der »Herrenmensch«.

Die siebenjährige Amtszeit des Reichspräsidenten Hindenburg war in diesem Jahr abgelaufen. Es mußte neu gewählt werden, und zwar direkt vom Volk – nicht wie nach der Verfassung der Bundesrepublik von der Bundesversammlung. Hitler wollte, ja er mußte kandidieren, wenn er an die Macht

wollte. Er war aber noch immer kein deutscher Staatsangehöriger, sondern Österreicher.

Doch auch dafür wußten die Nazis Rat.

In Niedersachsen gab es seit 1931 die erste NS-Regierung. Diese ernannte Hitler zum Regierungsrat des Landes Braunschweig und machte ihn damit zum deutschen Staatsbürger. Mit Gesetzen sind die Nazis nie zimperlich umgegangen. Sie haben sich ihre Gesetze so zusammengebastelt oder bestehende Gesetze so zurechtgebogen, wie sie es brauchten. Rechtsbeugung war für die Nazis weder ein Verbrechen noch ein Vergehen. Alles war »legal« verlaufen, der Weg nach oben war nun auch in dieser Hinsicht geebnet.

Hitler, der vorgab, für Recht und Ordnung einzutreten, ließ jedoch keinen Zweifel an seinen Zielen: »Die Gegner werfen uns vor, und mir insbesonders, daß wir intolerante und unverträgliche Menschen seien. Wir wollten gar nicht mit anderen Parteien arbeiten ... Ich habe hier eines zu erklären: Die Herren haben ganz recht, wir sind intolerant! Ich habe mir ein Ziel gestellt, nämlich die dreißig Parteien aus Deutschland hinauszufegen.«

Das bedeutete: den Einparteienstaat, die Ausschaltung jeglicher Opposition und letzlich die Diktatur.

Bei den Reichspräsidentenwahlen erhielt im ersten Wahlgang kein Kandidat die erforderliche absolute Mehrheit. Im zweiten Wahlgang erhielt Hindenburg 19,4 Millionen Stimmen und Hitler 13,4 Millionen Stimmen.

Da aber die Nazis mit 230 Abgeordneten im Reichstag saßen, wollte man sie an der Regierung beteiligen. Hitler lehnte es ab, nur Vizekanzler zu werden. Er wollte die ganze Macht und nicht nur zweiter Mann hinter Franz von Papen sein.

Auch Papen mußte bald darauf seinen Hut nehmen und der militante General von Schleicher wurde am 2. Dezember Reichskanzler. Als sein Versuch scheiterte, ein neues politisches Bündnis mit den Nationalsozialisten, den Gewerkschaften und der SPD zu schließen, trat er zurück.

Acht Wochen nach Schleichers Amtsantritt war Adolf Hitler Reichskanzler.

In diesem Jahr kam ich Ostern in die Schule.

Es gibt noch ein Bild, das mich mit einer großen Schultüte zeigt, die bei uns Zuckertüte hieß. Meine Zuckertüte war zu zwei Dritteln mit Papier vollgestopft. Nur oben lagen ein wenig Obst, Schokolade und Bonbons.

In der Klasse wollte natürlich jeder jedem in die Zuckertüte sehen. Ich lehnte ab, ein paar andere Jungen auch. Wir schämten uns, weil man tiefer als eine Handbreit nicht hineinsehen durfte, ohne das Papier zu bemerken.

Meine Großmutter hatte mich in die Schule begleitet. Weder mein Vater noch meine Mutter hatten dafür Zeit. Meine Mutter bekam von ihrem Dienstherrn nicht frei und mein Vater lief irgendwo auf der Suche nach Arbeit herum.

Das war schon bitter für mich. Die anderen Kinder waren mit ihren Eltern gekommen oder doch wenigstens mit einem Elternteil. Einige Väter, die ihre Sprößlinge in die Schule begleiteten, kamen in der braunen Uniform der SA, denn wenige Wochen vorher war Adolf Hitler Reichskanzler geworden.

Er hatte die Macht ergriffen. Das Wort »Machtergreifung« blieb einer der stehenden Ausdrücke im Dritten Reich. Viele Reden Hitlers begannen hinfort mit der Einleitung: »Seit der Machtergreifung ...« Er sah sich als eine geradezu übermenschliche Persönlichkeit, und stellte sich dem Volk als gottgesandt vor. Die Propaganda nützte diesen Nimbus weidlich aus. Worte wie: »Der von Gott gesandte Adolf Hitler, dessen Minister seine Apostel sind«, waren keine Seltenheit.

Hitlers größte Stärke war seine rhetorische Begabung. Schon früh hatte er in den Kneipen und Biersälen von München sein Redetalent geübt, das buchstäblich die Basis seiner politischen Karriere bildete. Sein »heiliger Ernst«, seine volksverführenden, volkstümlichen Worte, verbunden mit sarkastischem Spott und dem feierlichen Gehabe eines politischen Missionars verschafften ihm eine ungeheure Breitenwirkung. Er sprach aus, was seine Zuhörer insgeheim dachten, er wußte ihre Vorurteile und Sehnsüchte zu bekräftigen, und entließ sie in dem Glauben, einer neuen Wahrheit teilhaftig geworden zu sein.

Am 30. Januar 1933, nachdem Hitler vom Reichspräsidenten

von Hindenburg zum Reichskanzler ernannt worden war, marschierten die braunen Marschkolonnen der SA mit Fackeln durch die nächtlichen Straßen. Sie sangen ihre Siegeslieder, aber auch ihre Marsch- und Haßlieder. Viele Menschen stellten Teekerzen in die Fenster, die damals Hindenburglichter hießen.

Wie stark die SA-Gruppe in unserer Stadt war, weiß ich nicht genau. Aber daß mein SA-Onkel am Abend ebenfalls mit seinen Parteifreunden durch unseren Ort zog, daran erinnere ich mich. Ich stand mit den Nachbarjungen am Straßenrand und sah wie mein Onkel singend und mit einer Fackel in der Hand, vorbeimarschierte. Vielleicht war ich sogar stolz auf meinen Onkel, wer weiß, er trug nicht mehr nur die Armbinde, sondern eine braune Uniform, in der er mir richtig feierlich vorkam.

Was man zu Hause in der Familie dazu sagte, weiß ich nicht, wahrscheinlich war meine Großmutter ebenso stolz wie meine Tante, die eine fanatische Hitler-Anbeterin war. Und mein Onkel sagte später oft stolz zu mir: »Maxl, jetzt kommt die neue Zeit.« Bis er von meinem Großvater einmal einen Dämpfer bekam: »Sieh zu, daß du was verdienst und deiner Mutter nicht immer auf der Tasche liegst, auch in deiner neuen Zeit wird gearbeitet und nicht gefaulenzt!«

Der 30. Januar 1933 läutete, wie Hitler sagte, das »Tausendjährige Reich« ein. Wir wissen heute, daß es nur 12 Jahre alt geworden ist, und wie es geendet hat.

Der Anfang war praktisch schon das Ende.

Viele hatten das Ende vorausgesehen, wenn sie auch nicht ahnen konnten, wie schrecklich es ausgehen würde. Viele hatten gewarnt, aber die Mahner und Warner waren für einen Großteil des deutschen Volkes, das sich an Fahnen, Uniformen, Marschmusik und Marschtritt berauschte, nur Miesmacher, linke Elemente, Nestbeschmutzer, Radikale oder Sympathisanten. Am 1. Februar gab Hitler seine Regierungserklärung ab. Erstmals aber nicht vor dem Reichstag, dem gewählten Parlament, sondern über den Rundfunk. Das war deutlich genug. Jeder wußte nun, daß Hitler kein Parlament mehr nötig hatte.

War diese Mißachtung des Parlaments dem Volk eigentlich klar? Ich bezweifle es, zumindest meine Familie fand es richtig, daß Hitler nicht mehr vor diesen »Leuten«, also den

Abgeordneten, sprach, sondern sich direkt an das Volk wandte. Meine Großmutter empfand das als großen Fortschritt, und ich weiß, daß sie von da ab von einem »Volkskanzler«, nicht mehr vom Reichskanzler sprach.

Noch war Hitler nicht so mächtig, um allein und diktatorisch regieren zu können. Er brauchte Unterstützung bei der Industrie und der Hochfinanz.

Schon am 4. Februar traf er sich mit Industriellen in Köln, im Haus des Bankiers Schröder. Schröder sagte nach dem Krieg im Nürnberger Kriegsverbrecherprozeß aus: »... die allgemeinen Bestrebungen der Männer der Wirtschaft gingen dahin, einen starken Führer in Deutschland an die Macht kommen zu sehen ... als die NSDAP am 6. 11. 1932 (Reichstagswahl) ihren ersten Rückschlag erlitt und somit also ihren Höhepunkt überschritten hatte, wurde eine Unterstützung durch die deutsche Wirtschaft besonders dringend ...«

Der Großindustrielle Otto Wolff machte am 20. 10. 1933 eine Aufstellung der Spenden, die im Jahre 1931/32 von der Industrie an die Rechtsparteien gegeben wurden, davon allein an Hitlers Partei nahezu 180 000 Reichsmark.

Noch schwiegen die anderen großen Parteien nicht zum Machtwechsel, die Kommunisten riefen zum Generalstreik auf, der allerdings nicht befolgt wurde:

> »Die Kommunistische Partei Deutschlands wendet sich vor der gesamten proletarischen Öffentlichkeit mit diesem Aufruf zugleich an den ADGB, an den Afa-Bund, an die SPD und die christlichen Gewerkschaften mit der Aufforderung, gemeinsam mit den Kommunisten den Generalstreik gegen die faschistische Diktatur der Hitler, Hugenberg, Papen, gegen die Zerschlagung der Arbeiterorganisationen, für die Freiheit der Arbeiterklasse durchzuführen.«
> *Die Rote Fahne*, 31. Januar 1933.

Die Sozialdemokraten lehnten jedoch den außerparlamentarischen Kampf ab. Vermutlich (und vielleicht zu Recht) aus Furcht vor einem Bürgerkrieg, der zu einem furchtbaren Blutbad hätte führen können, denn Hitlers SA und SS würden auf jeden Fall auf seiner Seite stehen. Wie die Reichswehr sich verhalten würde, wußte damals niemand genau. Die Bildung einer Volksfront (Bündnis zwischen der bürgerlichen Linken, den Sozialdemokraten und den Kommunisten) wäre vielleicht

die letzte Chance gewesen, Demokratie und Republik zu
retten. Doch die Linksparteien waren untereinander so zer-
stritten und die ideologischen Gräben zu breit geworden, um
geschlossen gegen Hitler Front machen zu können.

>>Gegenüber dieser Regierung der Staatsstreichdrohung stellt
sich die Sozialdemokratie und die ganze Eiserne Front mit
beiden Füßen auf den Boden der Verfassung und der Gesetz-
lichkeit.
Sie wird den ersten Schritt von diesem Boden nicht tun. Sie
wird vielmehr durch Ausnutzung aller verfassungsmäßigen
und gesetzlichen Mittel den allerschärfsten Kampf gegen
diese Regierung führen. Sie überläßt die Verantwortung für
den Ausbruch eines Ringens, das beiderseits nicht mehr mit
den normalen Waffen des politischen Kampfes geführt werden sollte, ausschließlich ihren Gegnern [...]
Die Situation ist voller Gefahren. Sie birgt aber auch die
Möglichkeit einer überraschend schnellen und günstigen Entwicklung in sich.<<
Vorwärts, 30. Januar 1933.

Obwohl schon am 30. Januar 1933 Verhaftungen durch die
SA und SS vorgenommen worden waren, so ging erst recht
nach dem Reichstagsbrand vom 27. Februar eine Verhaftungswelle über das Reich hinweg. Es war ja nicht irgendein
Gebäude, das brannte, sondern das Forum der Demokratie.
Niemandem konnte dieser Brand, über dessen Anstifter heute
noch keine völlige Klarheit herrscht, gelegener kommen als
den Nazis. Selbstverständlich schoben sie den >>Radikalen<< die
Schuld in die Schuhe. Jetzt hatten sie die Handhabe, alle
kommunistischen Führer und viele Sozialdemokraten und
Abgeordnete des Reichstags zu verhaften. Die gesamte Links-
presse, einschließlich der Gewerkschaftsblätter wurde verboten. Bekannte Intellektuelle und linke Schriftsteller wurden
verhaftet.

>>In der Nacht nach dem Reichsbrand begannen an Hand
vorbereiteter Listen Razzien in den Wohnungen von Kommunisten, Sozialdemokraten und linksstehenden parteilosen Intellektuellen. Zu den ersten verhafteten Schriftstellern und
Künstlern gehörten neben vielen anderen Carl von Ossietzky,
Ludwig Renn, Egon Erwin Kisch und Erich Mühsam. Auch
sozialdemokratische Reichstagsabgeordnete wurden verhaftet, unter ihnen so rechtsstehende wie der bis zu Papens

Staatsstreich als Polizeipräsident in Kiel amtierende Otto Eggerstedt, der später in einem Konzentrationslager ermordet wurde. Opfer dieses Terrors und ihrer eigenen falschen Politik wurden die in Süddeutschland gewählten Reichstagsabgeordneten Erich Roßmann und Ludwig Marum. Letzterer war auf dem Heidelberger Parteitag der SPD im Jahre 1925 Vorsitzender und Berichterstatter der vom Parteivorstand eingesetzten Sachsenkommission, die die sächsischen Parteiorganisationen verurteilt hatte, weil sie die 23 Landtagsabgeordneten, die 1923 vor dem Staatsstreich gegen die sozialdemokratisch-kommunistische Regierung kapitulierten, für ihren Verrat zur Rechenschaft zogen. Ludwig Marum wurde im Frühjahr 1933 in das Konzentrationslager Kieslau gesperrt und dort ein Jahr später nach schweren Mißhandlungen ermordet. Erich Roßmann brachte man nach seiner Verhaftung im Juni 1933 in das Konzentrationslager Heuberg, wo er nach endlosen Verhören und Mißhandlungen dem Tod nahe war. Er berichtete später, daß nur die solidarische Hilfe kommunistischer Mitgefangener ihm geholfen habe, diese schwere Zeit zu überleben. Der sozialdemokratische Reichstagsabgeordnete Stefan Meier aus Baden wurde im März 1933 verhaftet und in das Konzentrationslager Ankenbuck gebracht, wo man ihn bis zum März 1934 festhielt. Während des Krieges wurde er erneut verhaftet und 1941 zu drei Jahren Zuchthaus verurteilt. Nach Verbüßung seiner Freiheitsstrafe kam er ins Konzentrationslager Mauthausen, wo er 1944 ermordet wurde. Der Hamburger SPD-Abgeordnete Adolf Biedermann wurde im Frühjahr 1933 von SA-Männern in einem Eisenbahnzug erschlagen und auf die Bahngleise geworfen . . .«

[Max Seydewitz]

Die Opposition wurde über Nacht ausgeschaltet. Die NS-Propaganda hatte einfach behauptet, der »rote Mob« habe den Reichstag angezündet, und deshalb sei es auch »legal«, diesen zu verhaften. So leicht war das.

Ich bin überzeugt, daß meine gesamte Familie daran glaubte, denn damals war die Propaganda schon so stark, daß die Menschen sich dieser täglichen Berieselung oder den lautstarken Reden der NS-Größen kaum noch entziehen konnten.

Gegen den angeblich schuldigen Brandstifter Marinus van der Lubbe kam es zum ersten Schauprozeß des Dritten Reiches, dem unzählige folgen sollten.

Van der Lubbe wurde zum Tode verurteilt, obwohl es zum Zeitpunkt der Tat kein Gesetz gab, nach dem auf Brandstiftung die Todesstrafe stand.

Am Tag nach dem Reichstagsbrand wurde die Notverordnung, unterschrieben von Hindenburg, »zum Schutz von Volk und Staat«, verkündet. Diese setzte zentrale Grundrechte der Verfassung außer Kraft (z. B. Freiheit und Unverletzlichkeit der Person, das Briefgeheimnis, Meinungs- und Versammlungsfreiheit). Sie wurde unter dem Vorwand des Kampfes gegen die Kommunisten innerhalb weniger Stunden geschaffen, und damit zum eigentlichen Grundgesetz des nationalsozialistischen Herrschaftssystems. Mit diesem Gesetz vom 28. Februar 1933 hörte Deutschland für zwölf Jahre lang auf, ein Rechtsstaat zu sein.

Vor dem Reichstagsbrand hatte Goebbels in sein Tagebuch geschrieben: »Wir werden ein Meisterstück der Agitation liefern ... Der bolschewistische Revolutionsversuch muß erst einmal aufflammen. Im geeigneten Moment werden wir dann zuschlagen.«

Um die Massenverhaftungen rasch durchführen zu können, wurden in ganz Deutschland 50 000 SA- und SS-Männer als Polizeitruppe eingesetzt und einfach mit Handschlag vereidigt.

Die Gefängnisse konnten die Zahl der Verhafteten nicht mehr aufnehmen, deshalb wurden in aller Eile sogenannte Schutzhaftlager errichtet, aus denen sich dann später die Konzentrationslager entwickelten. Aus einigen Konzentrationslagern wurden, vor allem im Osten, im besetzten Polen, später die Vernichtungslager. Nun war die Zeit gekommen, wo man einfach, auf bloßen Verdacht hin, verhaftet werden konnte und kein Untersuchungsrichter mehr gefragt werden mußte. Recht war hinfort ausschließlich, was dem System diente.

In einer Meldung des »Völkischen Beobachters«, der Zeitung der NSDAP, wird die Errichtung des Konzentrationslagers Dachau damit begründet, daß man Kommunisten und Sozialdemokraten nicht frei herumlaufen lassen könne, weil sie die Sicherheit des Staates (wenn sie Staat sagten, meinten die Nazis sich selbst) gefährden, indem sie gegen die nationalsozialistische Politik hetzen. »Im Interesse des Staates wurde diese Maßnahme getroffen, ohne Rücksicht auf kleinliche Bedenken.«

Dachau wurde gleich für 5000 Menschen geplant, auch da war man nicht kleinlich.

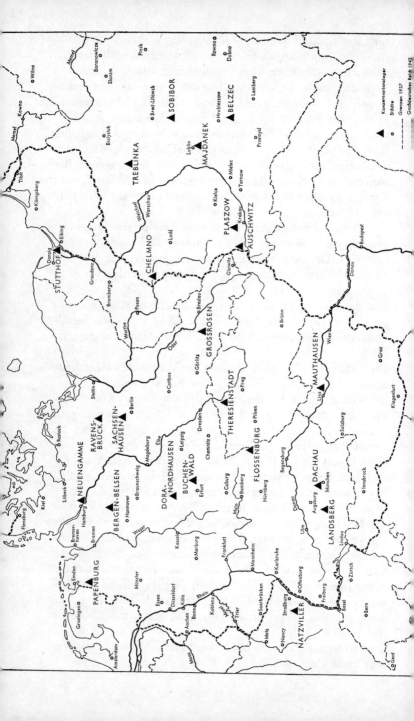

Ich weiß nicht, ob mein SA-Onkel an einer solchen Verhaftungsaktion beteiligt war, möglich wäre es, denn soweit ich weiß, war er in jenen Tagen überhaupt nicht zu Hause.

Das Ziel ihrer Arbeit hatte Hermann Göring auf einer Wahlveranstaltung so formuliert: »Ich habe keine Gerechtigkeit auszuüben, sondern nur zu vernichten und auszurotten.« Und mit »ausrotten« waren nicht Zustände gemeint, sondern Menschen.

Der Theaterregisseur und Schauspieler Wolfgang Langhoff (1901–66) war einer der ersten, die nach dem Reichstagsbrand verhaftet wurden. Er kam später in das KZ Papenburg und schrieb nach seiner Freilassung über seine Erlebnisse ein Buch mit dem Titel »Die Moorsoldaten«. Wie SA und SS mit den sogenannten »Schutzhäftlingen« umgingen schildert der folgende Auszug:

Hohe Tiere von der SS und der SA sind auch in den Keller gekommen. Der Standartenführer Lohbeck und der Sturmbannführer Sporrenberg sind oft dagewesen. Die haben dann immer große Reden an uns gehalten, besonders nachts, wenn sie besoffen waren, und uns gedroht, daß sie uns über den Haufen schießen, wenn einer von uns etwas aus dem Keller erzählen würde. Der Lohbeck hat gesagt: »Heute haben sie einen aus dem Rhein gefischt. Vier Löcher im Bauch. Der hat auch die Schnauze nicht halten können. Sieben Tage bin ich dort unten gewesen und hab' alles gesehen! Versteht Ihr, sieben Tage!«

Er warf sich schluchzend auf seinen Strohsack, ich legte den Arm um ihn und sagte:

»Sei ruhig jetzt, Kamerad. Das vergeht. Du brauchst uns nichts mehr zu erzählen.«

Aber er war nicht mehr aufzuhalten. Die Erinnerung hatte ihn gepackt, und er erzählte uns stundenlang Einzelheiten.

»Eine Frau hatten sie auch in den Keller geschleift, zu der sagten sie ›Mathilde‹ und ›Regimentshure‹. Die hat zusehen müssen und nachher mit Eimer und Wasser das Blut vom Boden aufwaschen.

Am schlimmsten war's immer, wenn Polizeistunde war und die Lokale geschlossen wurden. Dann sind die angetrunkenen SA- und SS-Männer in den Keller gekommen, und jeder, der wollte, hat auf die Gefangenen eingeschlagen.«

»Und Dich selbst, haben sie Dich beim Verhör auch geschlagen?«

Er packte mich am Arm, sah mir in die Augen und sagte:

»Ich bin auch verhört worden . . .«
Alles hat er uns erzählt, aber über das, was sie mit ihm im
Verhörzimmer gemacht hatten, sprach er kein Wort. Er sagte
nur noch:
»Nachher hat mich ein SS-Mann auf den Abort geführt. Ich
hab' meinen Kopf rein gesteckt und mir das Wasser über den
Kopf laufen lassen.«

Im KZ Papenburg entstand auch das später weltberühmt
gewordene Lied »Die Moorsoldaten«.
Am 5. März, fünf Wochen nach der Machtübernahme, war
erneut Reichstagswahl, denn Hitler wollte vom Volk eine
breite Bestätigung seiner Politik. Trotz großer Propaganda
erreichte die NSDAP nicht die Mehrheit.
Das mußte eine herbe Enttäuschung für die Nazis gewesen
sein, doch was er legal nicht geschafft hatte, erreichte Hitler,
indem er die 81 Reichstagssitze der KPD für ungültig erklärte.
Am 17. März hielt Hermann Göring vor der Hauptversamm-
lung des Pommerschen Landesbundes eine Rede, in der er
folgendes über die Vernichtung der Marxisten sagte: »...
wenn der Vorredner gesagt hat, der Marxismus darf nicht
mehr zurückkommen, so will ich eins sagen: Nicht nur nicht
zurückkommen wird er, ausrotten werden wir ihn! Ich werde
diesen Kreaturen so lange die Faust in den Nacken setzen, bis
sie erledigt sind. Nicht nur ausrotten werden wir diese Pest,
wir werden auch das Wort Marxismus aus jedem Buch her-
ausreißen. In fünfzig Jahren darf ein Mensch in Deutschland
überhaupt nicht mehr wissen, was das Wort bedeutet ...«
Ich frage mich, was den Zuhörern dabei durch den Kopf ging.
War ihnen klar, daß da ganz offen von Mord, von Massenmord die Rede war, oder waren sie schon so verhetzt, daß
ihnen Vernichtung und Mord an Andersdenkenden selbstverständlich waren?
Hitler gab sich immer noch den Anschein, legal zu regieren.
1933 konnte er sich noch nicht erlauben, die schon ausgehöhl-
te Verfassung zu zerreißen. Reichspräsident Hindenburg lebte
noch, das Bürgertum, der Adel und die Reichswehr standen
hinter dem alten Mann, und es war damals theoretisch immer
noch möglich, daß die Reichswehr gegen die SA marschierte
und somit ein Bürgerkrieg von oben entfacht werden konnte.
Hitler brauchte deshalb Gesetze, die seinen Terror legalisier-
ten. Das wurde möglich mit dem »Ermächtigungsgesetz«,

dem alle Parteien, mit Ausnahme der SPD, zustimmten. Die
Kommunisten waren nicht mehr im Reichstag vertreten, ihre
Abgeordneten waren entweder geflohen oder verhaftet wor-
den. Durch das Ermächtigungsgesetz wurde die Regierung
Hitler ermächtigt, ohne den Reichstag Gesetze zu erlassen.

»Art. 1. Reichsgesetze können außer in dem in der Reichsverfassung vorgesehenen Verfahren auch durch die Reichsregierung beschlossen werden . . .

Art. 2. Die von der Reichsregierung beschlossenen Reichsgesetze können von der Reichsverfassung abweichen, soweit
sie nicht die Einrichtung des Reichstags und des Reichsrates
als solche zum Gegenstand haben. (Anmerkung: Der Reichs-
rat wurde am 14. 2. 1934 aufgelöst.) Die Rechte des Reichspräsidenten bleiben unberührt . . .

Art. 5. Dieses Gesetz tritt mit dem Tage seiner Verkündung in
Kraft. Es tritt mit dem 1. 4. 1937 außer Kraft; es tritt ferner
außer Kraft, wenn die gegenwärtige Reichsregierung durch
eine andere abgelöst wird.«

Während der Abstimmung zu diesem Gesetz saß Hermann
Göring, der damals Reichstagspräsident war, auf einem er-
höhten Platz, und beobachtete durch ein Fernglas die Reak-
tionen der Abgeordneten!

SA-Mann vor einem jüdischen Geschäft in Berlin. April 1933.

Die Diktatur wurde mit Hilfe dieses Gesetzes weiter ausgebaut: Widerstrebende Länder wurden »gleichgeschaltet«. »Reichsstatthalter« ersetzten die verfassungsmäßigen Landesregierungen. Der SA-Terror steigerte sich, und der erste Boykott jüdischer Geschäfte begann. Die Zahl der »Schutzhäftlinge« stieg allein im Lande Preußen über 25 000 an.

Erstes Anzeichen dafür, daß Hitler, in der Person von Joseph Goebbels, allein bestimmen wollte, was deutsche Kultur war oder zu sein hatte, gab es schon in früheren Jahren. Nach 1933 folgten dann Aktionen Schlag auf Schlag. In Breslau drangen nationale Studenten in Leihbibliotheken, Lesehallen und Buchhandlungen ein und nahmen aus den Regalen die »undeutschen« Bücher mit, so z. B. Stefan Zweig, Thomas und Heinrich Mann und viele andere. Sie hatten dafür überhaupt keine gesetzliche Handhabe, aber hinter ihnen stand die Partei Hitlers.

Da Hitler ja auch Mörder deckte, deckte er natürlich erst recht ein paar »Bücherdiebe«.

Solche »kleinen Aktionen« waren nur Nebenerscheinungen. Am 10. Mai wurden in Berlin und in anderen Universitätsstädten Scheiterhaufen errichtet, auf denen die Bücher der unliebsamen Schriftsteller verbrannt wurden.

Die Liste der verbotenen Bücher war lang, sie umfaßte 12 400 Titel und das Gesamtwerk von 149 Autoren – und das waren fast alle, die Rang und Namen hatten in Deutschland und in der Welt.

Johannes R. Becher	Erich Kästner
Vicki Baum	Hermann Kesten
Walter Benjamin	Egon Erwin Kisch
Werner Bergengruen	Karl Kraus
Ernst Bloch	Else Lasker-Schüler
Bertolt Brecht	Heinrich Mann
Hermann Broch	Klaus Mann
Alfred Döblin	Thomas Mann
Lion Feuchtwanger	Walter Mehring
Leonhard Frank	Erich Mühsam
Oskar Maria Graf	Carl von Ossietzky
Ödön von Horvath	Erik Reger
Peter Huchel	Erich Maria Remarque
Hermann Kasack	Joseph Roth
Franz Kafka	Anna Seghers
Alfred Kerr	Ernst Toller

Kurt Tucholsky   Arnold Zweig   55
Armin T. Wegner   Stefan Zweig
Franz Werfel   Carl Zuckmayer

Etwa 25 000 Bücher fielen den Flammen zum Opfer, allein in Berlin wurden 800 Tonnen Bücher beschlagnahmt. Mit markigen Sprüchen warfen die zum Teil uniformierten Studenten die Bücher in die Flammen:

Gegen Klassenkampf und Materialismus, (Karl Marx)

Gegen Dekadenz und moralischen Verfall, (Heinrich Mann und Erich Kästner)

Gegen Gesinnungslumperei und politischen Verrat, (F. W. Förster)

Gegen seelenzerfasernde Überschätzung des Trieblebens (Sigmund Freud)

Gegen Verfälschung unserer Geschichte, (Emil Ludwig)

Gegen volksfremden Journalismus, (Theodor Wolff)

Gegen literarischen Verrat am Soldaten des Weltkrieges (E. M. Remarque)

Erich Kästner war, wahrscheinlich als einziger Schriftsteller, bei der Verbrennung seiner Bücher als Zuschauer dabei.

Bei Verbrennung meiner Bücher

Im Jahre 1933 wurden meine Bücher in Berlin, auf dem großen Platz neben der Staatsoper, von einem gewissen Herrn Goebbels mit düster-feierlichem Pomp verbrannt. Vierundzwanzig deutsche Schriftsteller, die symbolisch für immer ausgetilgt werden sollten, rief er triumphierend bei Namen. Ich war der einzige der Vierundzwanzig, der persönlich erschienen war, um dieser theatralischen Frechheit beizuwohnen.

Ich stand vor der Universität, eingekeilt zwischen Studenten in SA-Uniform, den Blüten der Nation, sah unsere Bücher in die zuckenden Flammen fliegen und hörte die schmalzigen Tiraden des kleinen abgefeimten Lügners. Begräbniswetter hing über der Stadt. Der Kopf einer zerschlagenen Büste Magnus Hirschfelds stak auf einer langen Stange, die, hoch über der stummen Menschenmenge, hin und her schwankte. Es war widerlich.

Plötzlich rief eine schrille Frauenstimme: »Dort steht ja der Kästner!« Eine junge Kabarettistin, die sich mit einem Kollegen durch die Menge zwängte, hatte mich stehen sehen und ihrer Verblüffung übertrieben laut Ausdruck verliehen. Mir wurde unbehaglich zumute. Doch es geschah nichts. (Obwohl in diesen Tagen gerade sehr viel zu ›geschehen‹ pflegte.) Die Bücher flogen weiter ins Feuer. Die Tiraden des kleinen abgefeimten Lügners ertönten weiterhin. Und die Gesichter der braunen Studentengarde blickten, den Sturmriemen unterm Kinn, unverändert geradeaus, hinüber zu dem Flammenstoß und zu dem psalmodierenden, gestikulierenden Teufelchen.

In dem folgenden Jahrdutzend sah ich Bücher von mir nur die wenigen Male, die ich im Ausland war. In Kopenhagen, in Zürich, in London. – Es ist ein merkwürdiges Gefühl, ein verbotener Schriftsteller zu sein und seine Bücher nie mehr in den Regalen und Schaufenstern der Buchläden zu sehen. In keiner Stadt des Vaterlands.

Es hat zwölf Jahre gedauert, bis das Dritte Reich am Ende war. Zwölf Jahre haben genügt, Deutschland zugrunde zu richten. Und man war kein Prophet, wenn man, in satirischen Strophen, diese und ähnliche Ereignisse voraussagte. Daß keine Irrtümer vorkommen konnten, lag am Gegenstand: am Charakter der Deutschen. Den Gegenstand seiner Kritik muß der Satiriker natürlich kennen. Ich kenne ihn.

Einen allerdings hatten die Nazis zu verbrennen vergessen, dessen literarisches Werk sie mißverstanden hatten. Mit seinem berühmt gewordenen Brief »Verbrennt mich« setzte er sich selbst auf die Liste der Verfemten: Oskar Maria Graf (1894–1967), der daraufhin von den Nazis ausgebürgert wurde.

Verbrennt mich!
Protest anläßlich der deutschen Bücherverbrennung
vom 10. Mai 1933

Wie fast alle linksgerichteten, entschieden sozialistischen Geistigen in Deutschland habe auch ich etliche Segnungen des neuen Regimes zu spüren bekommen: Während meiner zufälligen Abwesenheit aus München erschien die Polizei in meiner dortigen Wohnung, um mich zu verhaften. Sie beschlagnahmte einen großen Teil unwiederbringlicher Manuskripte, mühsam zusammengetragenes Quellenstudienmaterial, meine sämtlichen Geschäftspapiere und einen großen Teil meiner Bücher. Das alles harrt nun der wahrscheinlichen

Verbrennung. Ich habe also mein Heim, meine Arbeit und – was vielleicht am schlimmsten ist – heimatliche Erde verlassen müssen, um dem Konzentrationslager zu entgehen.

Die schönste Überraschung aber ist mir erst jetzt zuteil geworden: Laut »Berliner Börsencourier« stehe ich auf der »weißen Autorenliste« des neuen Deutschlands, und alle meine Bücher, mit Ausnahme meines Hauptwerkes *Wir sind Gefangene,* werden empfohlen: Ich bin also dazu berufen, einer der Exponenten des »neuen« deutschen Geistes zu sein!

Vergebens frage ich mich: Womit habe ich diese Schmach verdient?

Das »Dritte Reich« hat fast das ganze deutsche Schrifttum von Bedeutung ausgestoßen, hat sich losgesagt von der wirklichen deutschen Dichtung, hat die größte Zahl seiner wesentlichsten Schriftsteller ins Exil gejagt und das Erscheinen ihrer Werke in Deutschland unmöglich gemacht. Die Ahnungslosigkeit einiger wichtigtuerischer Konjunkturschreiber und der hemmungslose Vandalismus der augenblicklich herrschenden Gewalthaber versuchen all das, was von unserer Dichtung und Kunst Weltgeltung hat, auszurotten und den Begriff »deutsch« durch engstirnigen Nationalismus zu ersetzen. Ein Nationalismus, auf dessen Eingebung selbst die geringste freiheitliche Regung unterdrückt wird, ein Nationalismus, auf dessen Befehl alle meine aufrechten sozialistischen Freunde verfolgt, eingekerkert, gefoltert, ermordet oder aus Verzweiflung in den Freitod getrieben werden.

Und die Vertreter dieses barbarischen Nationalismus, der mit Deutschsein nichts, aber auch rein gar nichts zu tun hat, unterstehen sich, mich als einen ihrer »Geistigen« zu beanspruchen, mich auf ihre sogenannte »weiße Liste« zu setzen, die vor dem Weltgewissen nur eine *schwarze* Liste sein kann!

Diese Unehre habe ich nicht verdient!

Nach meinem ganzen Leben und nach meinem ganzen Schreiben habe ich das Recht, zu verlangen, daß meine Bücher der reinen Flamme des Scheiterhaufens überantwortet werden und nicht in die blutigen Hände und die verdorbenen Hirne der braunen Mordbanden gelangen.

Verbrennt die Werke des deutschen Geistes! Er selber wird unauslöschlich sein wie eure Schmach!

Alle anständigen Zeitungen werden um Abdruck dieses Protestes ersucht.

[Erstveröffentlichung in der Wiener »Arbeiterzeitung« vom 12. Mai 1933. – Aus einer unveröffentlichen Skizze aus dem

Nachlaß Grafs: »Auf der Stelle hab ich den Protest an alle
möglichen Zeitungen geschickt und – man möcht's nicht für
möglich halten – er ist von Spitzbergen bis Kapstadt, von
Tokio bis New York und San Francisco in allen Weltblättern
erschienen, er hat mich bis an den Rand der Berühmtheit
gebracht, mit Ausnahme natürlich vom Dritten Reich. Da hat
man diese Eigensinnigkeit recht ärgerlich aufgenommen, und
gleich haben die Münchner Studenten und Professoren in der
Aula der Universität eine würdige Extraverbrennung meiner
Bücher vorgenommen.«]

Der Auszug aus Deutschland ins Exil begann: Regisseure,
Schauspieler, Schriftsteller, Maler, Musiker, Bildhauer, Komponisten und Wissenschaftler, beinahe eine ganze Generation
geistig schaffender Menschen ging außer Landes.
Berlin, bis 1933 einer der kulturellen Mittelpunkte der Welt,
sank über Nacht in die Bedeutungslosigkeit.
Einige Künstler fanden in anderen Ländern eine neue Heimat,
andere zogen von einem Land ins andere, immer auf der
Flucht vor den Nazis. Viele begingen Selbstmord.
Thomas Mann schrieb am 15. 5. 1933 über seine Einstellung zur

Thomas Mann (1875–1955) emigrierte 1934 in die Schweiz.

Oben:
Georg Kaiser
(1878–1945)
emigrierte 1938.

Links:
Leonhard Frank
(1882–1961)
emigrierte 1933.

Oben:
Lion Feucht-
wanger
(1884–1958)
emigrierte 1933

Links:
Franz Werfel
(1890–1945)
emigrierte 1938.

James Franck (1882–1964) deutsch-amerikanischer Physiker, wurde zusammen mit vielen anderen deutschen Professoren 1933 vom Lehramt »beurlaubt«.

faschistischen Ideologie an Albert Einstein: ».. . sie ist ihrem Wesen nach nicht Erhebung, (wie Hitler sagt) was ihre Träger auch sagen mögen, sondern Haß, Rache, gemeine Totschlaglust und kleinbürgerliche Seelenmesquinerie . . .« (Engherzigkeit). Und der Franzose Romain Rolland schrieb einen offenen Brief an den Chefredakteur der »Kölnischen Zeitung« am 15. 5. 1933: ».. . es ist wahr: ich liebe Deutschland und habe es immer gegen Ungerechtigkeiten und Unverständnis des Auslandes verteidigt . . . Sehen Sie denn nicht, daß dieses national-faschistische Deutschland der schlimmste Feind jenes wahren Deutschlands ist, das es gerade vereint? Eine solche Politik ist ein Verbrechen nicht nur gegen die Humanität, sondern gegen Euer eigenes Volk.«

Der Maler Max Liebermann, damals 84 Jahre alt, war Jude und somit im NS-Verständnis kein Deutscher. In aller Welt wurde er als einer der großen deutschen Künstler gefeiert. Seine Werke wurden zwar von den Nazis als »entartete Kunst« eingestuft, aber er war international so hoch angesehen, daß sie ihn nicht verschwinden lassen konnten. 1933 lehnte er die Wiederwahl als Präsident der Preußischen Akademie der Künste ab und lebte bis zu seinem Tode 1935 zurückgezogen in Berlin. Ein Satz von ihm, Liebermann galt als Original, drückt besser als viele Worte das Verhältnis der Künstler zum NS-Staat aus: »So viel kann ich unmöglich essen, wie ich erbrechen möchte.«

Bis zu seinem Tod durfte er nicht mehr malen, die Nazis sprachen ein Berufsverbot aus.

Die Propagandamaschinerie der Nazis blieb natürlich nicht ohne Wirkung. Man konnte ja schließlich nirgendwo Gegendarstellungen lesen oder eine andere Meinung hören. Alles war gleichgeschaltet, es gab weder in den Parlamenten noch in der Presse eine Opposition, geschweige denn im Rundfunk, der gleich vom ersten Tage an fest in der Hand der Nazis war. Joseph Goebbels allein bestimmte, was geschrieben oder gesendet werden durfte. Er gab Weisungen an die Chefredakteure aller Zeitungen, die bis in die letzten Kleinigkeiten ausgefeilt waren. Goebbels sagte wörtlich: »Wir machen gar kein Hehl daraus: Der Rundfunk gehört uns, niemand sonst, und den Rundfunk werden wir in den Dienst unserer Idee stellen, und keine andere Idee soll darin zu Wort kommen.« Also totale Zensur.

Das gesamte tägliche Leben wurde militärisch ausgerichtet. Das ging bis in die Bereiche der Sprachregelung. Hinfort hieß es nur noch:

Statt Arbeitsvermittlung	– Arbeitseinsatz
Statt Arbeitsbeschaffung	– Arbeitsschlacht
Statt Arbeiter	– Soldat der Arbeit
Statt Arbeit	– Dienst an Führer und Volk
Statt Unternehmer	– Betriebsführer
Statt Belegschaft	– Gefolgschaft
Statt Betriebsversammlung	– Betriebsappell
Statt Betriebsvereinbarung	– Betriebsordnung
Statt Verbände der Sozialpartner	– Arbeitsfront
Statt Produktion	– Erzeugungsschlacht

Hermann Göring besucht den Reichsarbeitsdienst in Saarbrücken. November 1935.

Man kann sich vorstellen, wenn diese Worte einen Menschen täglich, aus welchen Anlässen auch immer, eingehämmert werden, daß sie dann in seinen Sprachgebrauch übergehen, ohne daß er überlegen muß, woher sie gekommen sind, und zu welchem Zweck sie geprägt wurden.

Am 15. Oktober wurde unter Goebbels die »Reichskulturkammer« gegründet. Damit verschaffte er sich die Möglichkeit, die deutsche Literatur zu überwachen und zu lenken. Obwohl die meisten Mitglieder dieser Kulturkammer seine »Überwachung« nicht brauchten, da sie sowieso schrieben, wie es die Partei gerne haben wollte: konform.

Das Mittelmaß war nun tonangebend, der Kitsch. Hätte Karl May noch gelebt, nachweislich einer der Lieblingsautoren Hitlers, er wäre bestimmt Präsident der Reichskulturkammer geworden. Aber ich kann mir ohne weiteres vorstellen, daß Karl May abgelehnt hätte.

Es war allerdings nicht so, daß im Jahre 1933 das ganze deutsche Volk mit Hurra oder Heil zu Hitler überlief. Es gab Widerstand und nicht nur von den Intellektuellen, sondern auch von Arbeitern. Im Ruhrgebiet, im Saarland, in Oberschlesien, in Hamburg, Berlin und in den großen Industriezentren bildeten sich Widerstandsgruppen. Nicht nur Kommunisten und Sozialdemokraten, auch katholische und evangelische Pfarrer lehnten sich auf.

In meiner Heimatstadt gab es Lehrer und Pfarrer beider Konfessionen, die Hitler entschieden ablehnten. Die Braunhemden der Nazis nannten sie den »Smoking des Teufels«. Freilich konnten sie es nicht laut sagen, sie tarnten sich, wie etwa mein Vater. Wurde er mit »Heil Hitler« gegrüßt, erwiderte er »Grüß Gott«, wurde er mit »Grüß Gott« gegrüßt, antwortete er »Heil Hitler«. Man wußte nicht so recht, wie man mit ihm dran war.

Mein SA-Onkel saß sonntags in Uniform am Mittagstisch. Meine Großmutter sah das nicht gern. Sie sagte nur: »Wenn du glaubst, daß du in einer Uniform jetzt erwachsen bist und ich vor dir vielleicht den Arm heben soll, dann bist du auf dem Holzweg. Ich hau dir immer noch ein paar hinter die Ohren. Nur wer hinter den Ohren noch nicht trocken ist, braucht eine Uniform. Nur Lausbuben (heute würde man sagen: Halbstarke) haben es nötig, Uniform zu tragen.«

In diesem Alter, wir waren sieben oder acht Jahre, fuhren wir in Gruppen zu fünf oder zehn Jungen über die nahe tschechische Grenze nach Asch. Einen Unterschied zu Deutschland merkten wir Kinder nicht. Jenseits der Grenze lebten ebenfalls Deutsche oder zumindest deutsch Sprechende, und die meisten waren auch für Hitler. Wenngleich ihnen der tschechische Staat auch verbot, Hakenkreuzfahnen aus dem Fenster zu hängen.

Das waren die Sudetendeutschen, die später unbedingt »heim ins Reich wollten«.

Es gab nur einen Unterschied, an den wir uns jedesmal neu gewöhnen mußten: Damals wurde in der Tschechoslowakei noch links gefahren.

Aber auch das sollte sich bald ändern.

Hatte man eigentlich die politischen Veränderungen in unserer Kleinstadt zur Kenntnis genommen? Sicher. Die Braunhemden wurden zahlreicher, viele Leute grüßten mit Heil Hitler, obwohl das amtlich noch gar nicht gefordert wurde, und in Amtsstuben und Privatwohnungen hingen Hitlerbilder neben dem Bild des Reichspräsidenten von Hindenburg.

Mein SA-Onkel erhielt Arbeit im Straßenbau für 35 Mark pro Woche. Meine Mutter bekam einen Arbeitsplatz als Hilfsar-

beiterin in der Porzellanfabrik für drei Tage in der Woche.
Mein Vater kaufte sich eine gebrauchte Schusternähmaschine und reparierte für Nachbarn und Freunde Schuhe und Stiefel in unserer Küche, denn einen Raum für eine eigene Werkstatt konnte er sich nicht leisten.

Ich durfte mit meinem Großvater in die Steinbrüche fahren und war stolz, die Zügel der Pferde zu führen. Meine Schulkameraden beneideten mich, aber sie wußten ebensowenig wie ich, daß es das Führen der Zügel nicht bedurft hätte, denn die Pferde wußten ihren Weg allein.

Mein Großvater war nach wie vor gegen die Nazis und manchmal sagte er, daß nur ich es hören konnte: »Pack, Gesindel, Brut.« Dabei legte er seinen Zeigefinger auf den Mund und zwinkerte mir verschwörerisch zu.

Er verachtete die Braunhemden so, daß er heimlich vor ihnen ausspuckte. Meinen Onkel, er war immerhin 22 Jahre alt, ohrfeigte er einmal, weil er wieder mit Uniform am sonntäglichen Mittagstisch saß, denn wir waren eine streng lutherische Familie und Uniformen hatten beim Gebet nichts zu suchen.

Ich habe es noch im Ohr, als ob es gestern gewesen wäre, als mein Großvater zornbebend den Onkel anschrie: »Zieh das Lumpenhemd aus.« So zornig habe ich ihn höchstens zwei- oder dreimal gesehen.

Viel später erst habe ich erfahren, daß mein Großvater Kopf und Kragen riskiert hatte, denn schon damals zeigten Kinder ihre Eltern an, und die Eltern kamen ins KZ und wußten nicht warum. Es war die Zeit gekommen, wo einer dem andern nicht mehr traute und die Eltern vor den Kindern, die Kinder vor den Eltern Angst hatten. Mein Vater redete nicht über Politik. Manchmal bekamen wir Besuch von Leuten, die ich vorher nie gesehen hatte. Sie redeten von Dingen, die ich nicht verstand, aber meistens wurde ich sowieso aus der Wohnung geschickt.

Erst später, als mein Vater längst verhaftet worden war, erfuhr ich, daß er einmal in der Woche Zeitungen und Zeitschriften aus der Tschechoslowakei nach Deutschland schmuggelte, die in Deutschland verboten waren. Das war ebenso riskant wie einfach: Er schraubte die Lenkstange seines Fahrrads ab, rollte die Zeitungen so eng zusammmen, daß sie in den Rahmenbau des Fahrrads paßten, schraubte die Lenkstange wieder auf und fuhr seelenruhig über die Grenze.

Am 12. November wurden wieder Reichstagswahlen abgehalten. Es ging in einer Volksabstimmung um die Billigung oder Nichtbilligung der Außenpolitik Hitlers. Wie nach dem vorausgegangenen Terror nicht anders zu erwarten, erhielt Hitler bei 96% Wahlbeteiligung 95% Ja-Stimmen.

Für die Nazis war die Welt in Ordnung.

Aber die Wirklichkeit in Deutschland sah anders aus:

> Den 7. 4. 1933
>
> Wir sind tief im zweiten deutschen Mittelalter gelandet, zu dessen Illustration der »Fall Margoniner" festgehalten werden soll. Margoniner ist ein Groß-Viehhändler. Er fiel um die Boykottzeit der SA in die Hände, die folgendes an dem Mann im Braunen Haus vornahmen: sie prügelten ihn mit Gummiknüppeln, daß der Mann entstellt wurde, sie schnitten ihm die Haare vom Kopf, schnitten auf dem Rücken eine Fleischwunde in Form des Hakenkreuzes, rieben sie mit Salz ein, legten die abgeschnittenen Haare in diese Wunde und nähten sie zu. In diesem halbtoten Zustand wurde Margoniner ins jüdische Krankenhaus eingeliefert, und der Primärarzt, Prof. Dr. Gottstein, bestellte sich nun den Polizeipräsidenten Heines raus, um ihm diesen Halbtoten zu zeigen. Was Heines gesagt hat, weiß man nicht. Aber im Krankenhaus hat man den armen Mann fotografiert und hat alle Hoffnung, sein Leben zu retten. Aber Adolf Hitler lügt heraus: »In Deutschland wird keinem Juden ein Haar gekrümmt!« [Walter Tausk]

In der Nähe meiner Heimatstadt war ein großes Rittergut, das seit Jahrhunderten einer adeligen Familie gehörte, aus der viele Generale hervorgingen. Eines Tages drang ein SA-Trupp in das Wasserschloß ein und hißte die Hakenkreuzfahne auf einem der Türmchen, denn der Baron hatte sich bis dahin mit Erfolg geweigert, diese »Schandfahne«, wie er es nannte, auf seinen Besitz zu hissen. Am andern Tag fand man ihn tot. Mit einem Jagdgewehr hatte er sich in den Mund geschossen.

Mein Großvater weinte. Der kleine Kutscher Christian von der Grün und der allseits hochgeachtete Baron waren gut miteinander bekannt. Im Ersten Weltkrieg war mein Großvater »Bursche« bei dem Rittmeister und später unterhielten sie sich stundenlang über Pferde. Denn der Baron hatte neben seinem großen Gut auch ein Gestüt. An manchen Sonntagen ließ er meinen Großvater mit einer wappengeschmückten

Kutsche abholen, weil er seinen Rat für ein krank gewordenes
Pferd brauchte.

Mein Großvater stieg in die Kutsche nie hinten ein, er setzte
sich immer neben den Kutscher. Ich stand am Zaun und sah
der abfahrenden Kutsche nach.

Ich war sehr stolz auf meinen Großvater.

Fast ist man versucht zu sagen, daß von nun an jedes neue Jahr schrecklicher begann als das alte geendet hatte. Aber diese Tatsache war wohl nur wenigen Menschen im Reich bewußt. Vor allem diejenigen, die wieder Arbeit gefunden hatten, selbst wenn sie noch so schlecht bezahlt war, nahmen das neue Regime so, wie es sich für sie darstellte: Hitler hatte ihnen Arbeit gegeben.

Natürlich waren die Arbeitslosenzahlen in Deutschland rückläufig, aber dieser Trend war in allen Ländern zu beobachten, da die Weltwirtschaftskrise ihren Höhepunkt überschritten hatte.

In Deutschland wurden Autobahnen gebaut, und die Rüstungsindustrie produzierte in größerem Stil. Aber: zehntausende waren inhaftiert, viele im Arbeitsdienst zusammengefaßt, Andersdenkende hinter den Stacheldrahtzäunen der Konzentrationslager verschwunden.

Blond wurde jetzt zum deutschen Markenzeichen, das Bild des strahlenden Germanen, blond, großgebaut, kräftig und siegesgewiß.

Hitler tat alles, um die heranwachsende Jugend unwissend und dumm zu halten. Am 24. Januar wurde ein Gesetz erlassen und gleich ein Amt dafür geschaffen: das »Amt für Überwachung der gesamten geistigen und weltanschaulichen Schulung und Erziehung der NSDAP«. Hatten die Schüler vorher Aufsätze über Humanität und Nächstenliebe geschrieben, so beherrschten jetzt Nibelungentreue oder der kriegerische germanische Recke die Themenwahl.

Zu Beginn des zweiten Schuljahres kamen in unsere Klasse schon einige Jungen in der Uniform des Jungvolks – braunes Hemd und kurze schwarze Cordhosen – obwohl es nicht verlangt wurde. Wir Kinder wußten aber sehr wohl, daß die Väter dieser Jungen der SA, der SS oder einer anderen NS-Organisation angehörten. Natürlich gefielen sich die Jungen in ihrer Uniform. Sie glaubten, etwas Besseres zu sein und nicht selten waren es diejenigen, die mit ihrer Uniform die schlechten Noten in der Schule ausgleichen wollten.

Die Väter der Jungen waren, wie man sie damals nannte, sogenannte »Hundertprozentige«, von denen meine Mutter immer sagte, daß sie noch im Bett mit erhobenem Arm

schliefen, und so langsam zu Linkshändern wurden, weil der
rechte Arm immer ausgestreckt war. Der »deutsche« Gruß
war »Heil Hitler« geworden. Dazu hob man den rechten Arm
etwa in Stirnhöhe.
Auch der Schulunterricht war streng auf das nationalsozialistische Herrschaftssystem ausgerichtet. Lesen lernten wir
nach der Buchstabenmethode, und natürlich waren die gewählten Beispiele eindeutig: für den Buchstaben »R« stand
z. B. nicht »Rose« sondern »Reichswehr«:

Die Reichswehr kommt.

Rumdibum! Rumdibum! Täterätätä!
Rasch, Rudi, die Reichswehr! Robert und Reinhold kommen
auch schon. Und wie die Mädel rennen! Voran Renate und
Rosemarie. Alle wollen die Reichswehr sehen. Da kommt sie
schon über die Brücke. Vorweg reitet der Hauptmann. Dann
folgen die vielen andern.
Bei der Musik ist es am schönsten. Da laufen alle Buben und
Mädel mit. Aha, und ein ganz Dicker ist auch dabei! Der muß
das große Horn blasen. Wie dick seine Backen sind, wenn er
ins Horn pustet!
Renate und Rosemarie bleiben stehen und lachen und win-
ken, aber Robert, Reinhold und Rudi laufen mit.
Robert sagt: Am liebsten ginge ich schon heute zur Reichswehr. Rudi und Reinhold möchten das auch. Rudi möchte
aber gleich Hauptmann sein.

Ein anderes Beispiel:

Wir helfen.

Hör', Ursel, da ist einer an der Tür!
Wer mag das sein?
Heil Hitler, Ursel!
Heil Hitler, Onkel Weber!
Ulrich und Günter, ihr? Und in Uniform? Und bei solchem
Wetter?
Wir sammeln für die Winterhilfe. Habt ihr nicht auch etwas?
– Aber sicher! Wartet einmal!
Hier, Ulrich: ein Überzieher, ein Anzug, ein paar Unterhosen
und diese Überschuhe.
Vati! Vati! Ursel auch was geben! Ursel hat Taler.
Hier! – – Vier – neun – vierzehn Taler!

Vielen Dank, Ursel!
Vielen Dank, Onkel Weber!
Heil Hitler!

Die Jugend war leicht zu begeistern. Man spekulierte auf ihre
Abenteuerlust und faßte sie in Verbänden und Organisationen
zusammen, denen sie sich nur schwer entziehen konnten. Es
galt als »undeutsch«, nicht in einer NS-Organisation zu sein,
und wer wollte sich das schon vorwerfen lassen.
Die Gliederungen der einzelnen Organisationen sahen im
wesentlichen so aus:
Bei der NS-Frauenschaft wurden die sechs- bis zehnjährigen
Kinder betreut,
10–14jährige Jungen kamen ins Jungvolk, die Mädchen zu
den Jungmädchen, oder, wie es hieß: Jungmädeln.
15–18jährige kamen in die Hitlerjugend (HJ) oder zum Bund
deutscher Mädchen (BDM).

HJ-Angehöriger in einem Ferienlager 1934.

»Jungmädchen« lernen den »Hitlergruß«. Mai 1937.

Doch das war noch längst nicht alles. Damit der Deutsche bis an sein Lebensende aus der Uniform nicht mehr herauskam, gab es weitere Organisationen: der Reichsarbeitsdienst wurde sowohl für junge Männer als auch für Mädchen und junge Frauen eingeführt. Dann folgte die Wehrmacht mit ihren Gliederungen, Heer, Marine, Luftwaffe, danach die Reserve – die Ersatzarmee, die Landwehr, der Landsturm. Die Frauen wurden in der deutschen Frauenschaft organisiert. Innerhalb der SA und der SS gab es auch wieder Gliederungen, wie zum Beispiel das Reiterkorps oder Kraftwagenkorps. Das deutsche Volk wurde bis ins letzte Glied organisiert. Kaum einer konnte sich dem entziehen. Den Machthabern war es dadurch möglich, fast jeden in dieser uniformierten und organisierten »Menschenmasse« zu überwachen und zu dirigieren.
Jede Organisation hatte neben dem Hakenkreuz ein eigenes Zeichen, eine Rune, einen Wimpel, eine Standarte oder eine Fahne. Außer den regulären Schulen wurden später Parteischulen eingerichtet, Adolf-Hitler-Schulen und sogenannte Ordensburgen, in denen Biologie, Kampfsport und Volkskunde zu Hauptunterrichtsfächern wurden.
In den »Junkerschulen« der SS wurden Jugendliche zu SS-Jungführern ausgebildet. Einen höheren Schulabschluß wie

etwa das Abitur gab es dort nicht. Ihr Abschluß war ein »Praktikum« in einem KZ.

Das bedeutete: Jugendliche mußten Andersdenkende bewachen, wahrscheinlich foltern, vielleicht sogar töten, um ihr »Reifezeugnis« der SS zu bekommen. An kaum einem anderen Beispiel wird so deutlich, wie man verblendete Jugendliche für seine politischen Ziele mißbrauchen kann. Täglich wurde ihnen eingebläut, die Insassen der KZ's seien Staatsfeinde, Juden, Verräter, kurz »unwertes Leben«.

Aber wie sah dieser neue deutsche »Herrenmensch« in unserer Familie aus, der sonntags in Uniform am Tisch saß und Großmutters Stampfkartoffeln in sich hineinstopfte? Mein Onkel verdiente jetzt fast fünfzig Mark in der Woche. Aber nicht weil die Löhne gestiegen waren, sondern weil die Arbeitszeit verlängert worden war. Er und seine Arbeitskollegen arbeiteten im Straßenbau täglich drei Stunden länger als es bisher üblich war, selbstverständlich auch samstags.

Die Arbeitslosen kamen zwar nach und nach von der Straße. Aber wohin? – In die Uniform! Das war entweder die Wehrmacht, der Arbeitsdienst, oder der SA- und SS-Dienst mit Hilfspolizeifunktion. Bald gab es so viele Menschen in Uniform, daß die Arbeitskräfte schon wieder rar zu werden drohten. Auch weil die Handarbeit ohne Einsatz von Maschinen gefördert wurde, benötigte man mehr Arbeitskräfte.

Täglich wurden die Menschen mit Führersprüchen gefüttert. Für dreißig Reichsmark wurde der billigste »Volksempfänger« angeboten, denn jeder Deutsche sollte sich, laut Propaganda, ein Radio leisten können. In Wahrheit aber gab dies den Machthabern die Möglichkeit, ihre Parolen bis in den kleinsten Winkel des Reiches hinauszuposaunen. Hitlers und Goebbels Stimmen erreichten auch diejenigen, die keine Zeitung lasen, und sich absolut nicht für Politik interessierten. Die Machthaber waren allgegenwärtig geworden.

Man sah, las und hörte sie täglich überall: in der gleichgeschalteten Presse, im Rundfunk, im Film und in der Wochenschau, die damals so populär war wie heute die Tagesschau im Fernsehen. Man sah Hitler bei Festen und bei Aufmärschen – und diese gab es täglich irgendwo. Das alte römische Rezept, das Volk brauche nur »Brot und Spiele« wurde von den Nazis perfekt praktiziert.

Fahnen, Standarten, Reden, Gleichschritt in Stiefeln und Sandalen, das Volk kam aus dem organisierten Taumel nicht mehr heraus. Man ließ ihm keine Zeit, darüber nachzudenken, wozu das alles inszeniert wurde. Auch die Musik war einfach und eingängig wie alles: Wanderlieder, Volkslieder, Kampflieder, neudeutsche Lieder – und immer wieder Marschmusik.

Einfach und eingängig wurden auch Wissen und Bildung vermittelt: von 1931 bis 1939 sank die Zahl der Studenten um 78 290. Akademische Bildung war unter Hitler nicht gefragt: der Führer brauchte Soldaten und keine Akademiker.

In diesem Jahr hagelte es Verordnungen und Verfügungen, bis auch das kleinste gesellschaftliche Detail dem uniformierten NS-Staat angepaßt war.

Am 20. April, Hitlers Geburtstag, wurde Heinrich Himmler zum Chef der Geheimen Staatspolizei in Preußen ernannt (Preußen war das größte und wichtigste Land im Reich). Am

Reichsführer-SS Heinrich Himmler im Juni 1934 bei der Besichtigung einer allgemeinen SS-Einheit.

24. 4. erging ein Gesetz zur Errichtung eines »Volksgerichtshofes«. Dieses »Gericht« brauchte sich an geltendes Recht überhaupt nicht mehr zu halten, es urteilte ausschließlich nach

der NS-Ideologie. Wie viele Menschen damals verschwanden, »auf der Flucht erschossen« wurden, sich selbst den Tod gaben, wird wohl niemals exakt zu ermitteln sein, aber es gibt Betroffene, die davon berichten können. Auch amtliche Schreiben, so ein Brief des Reichsstatthalters von Bayern, Ritter von Epp, an den Reichspräsidenten von Hindenburg vom 27. 6., geben darüber Auskunft, wie zum Beispiel ein bestialischer Mord an einem kommunistischen Arbeiter vertuscht wurde.

Ich habe das Strafverfahren wegen der an dem Mechaniker Oskar Pflaumer aus Nürnberg begangenen Körperverletzung mit Todesfolge, sowie wegen der damit unmittelbar zusammenhängenden Handlungen strafbarer Teilnahme und Begünstigung niedergeschlagen.

Nach dem Bericht der Staatsanwaltschaft bei dem Landgericht in Nürnberg-Fürth liegt dem Verfahren folgender Tatbestand zugrunde:

[. . .] »Im Zuge dieser Gesamtaktion[1] wurde am 16. August 1933 u. a. der als Kommunist außerordentlich tätige 29 Jahre alte verheiratete Mechaniker Oskar Konrad Pflaumer von Nürnberg festgenommen und in der Polizeihauptwache verwahrt. Am gleichen Abend gegen 23 Uhr wurde Pflaumer [. . .] auf direkte Anordnung des Sturmbannführers Korn durch mehrere SA-Männer in die genannte SA-Wache zum Zwecke der Gegenüberstellung mit anderen Kommunisten und zum Zwecke seiner Vernehmung verbracht. In dieser Nacht wurde Pflaumer [. . .] dort von einer Reihe SA-Männer auf das schwerste mißhandelt, so daß er kurz nach seiner Zurückverbringung in das Arrestlokal der Polizeihauptwache dort am 17. August 1933 früh gegen $5\frac{1}{2}$ Uhr an diesen Mißhandlungen starb. Nach dem gerichtsärztlichen Gutachten ist auf Grund des Befundes der Sektion zu vermuten,[2] daß Pflaumer [. . .], ein athletisch gebauter Mann, ›übergelegt‹ wurde und auch die ›Bastonade‹[3] erhielt, und daß die hierdurch erzeugten Blutungen unter der Haut [. . .] den Tod [. . .] herbeigeführt haben [. . .]

Würde [. . .] das Verfahren [. . .] durchgeführt, so wäre es – auch bei Ausschluß der Öffentlichkeit in der Hauptverhandlung – unvermeidlich, daß die breite Öffentlichkeit von den Vorgängen Kenntnis nähme. Dadurch würde das Ansehen der SA, der Partei, der Polizei und des nationalsozialistischen Staates überhaupt in schwerster Weise geschädigt und erschüttert.

Noch größer aber wäre der Schaden für das Deutsche Reich,

der dadurch entstehen würde, daß – wie bestimmt anzuneh-
men ist – das Ausland von den Vorgängen Kenntnis erhielte
[. . .]
Da die Tat keinem unedlen Beweggrund entsprang, vielmehr
der Erreichung eines im höchsten Grade vaterländischen
Zieles und zur Durchsetzung des nationalsozialistischen
Staates diente, erscheint die Niederschlagung [. . .] nicht
unvereinbar mit einer geordneten Strafrechtspflege.«
Diesem Standpunkt ist der Generalstaatsanwalt beim Ober-
landesgericht Nürnberg beigetreten.
Der Staatsminister der Justiz[4] befürwortet ebenfalls die Nie-
derschlagung [. . .]
Diesen Gründen habe ich mich nicht verschließen können.[5]

1 Gemeint ist eine gemeinsame terroristische Aktion von
 Polizei und SA, die in Nürnberg zur Vorbereitung des
 faschistischen Parteitages unternommen wurde.
2 Tatsächlich hatte der Landgerichtsarzt ohne Zweifel berichtet, daß der Kommunist »in grausamster, qualvoller
 Weise mit stumpfen Gegenständen zu Tode geprügelt
 worden sei.«
3 Eine in den despotischen Feudalregimen des Orients übliche Prügelstrafe.
4 In Bayern, d. i. Hans Frank.
5 Reichsjustizminister Franz Gürtner, dem das Schreiben
 vorlag, erhob seinerseits auch keine Bedenken dagegen,
 die Mörder unbehelligt zu lassen.

Wie bestialisch die Nazis mit ihren Gegnern umgingen, belegt
auch der nachfolgende Bericht über die Ermordung des
Schriftstellers und Pazifisten Erich Mühsam (1878–1934). Intellektuelle wie er, die den Nazis Widerstand leisteten, und
ihnen vorwarfen, sie seien »Mordbuben« und Kriegshetzer,
waren zum Tode verdammt, und wurden nicht selten langsam
zu Tode gefoltert.

»Der letzte Leidensweg Erich Mühsams hatte begonnen: Gefängnis Lehrter Straße, KZ Sonnenburg, Strafanstalt Plötzen-
see, KZ Brandenburg, KZ Oranienburg.
Kreszentia Mühsam schilderte später einen Besuch bei ihrem
Mann: »Er war schrecklich zugerichtet. Ich hatte es schwer,
mein Entsetzen zu verbergen. Er saß auf einem Stuhl, hatte
keine Brille auf – man hatte sie ihm zerbrochen –, die Zähne
waren ihm eingeschlagen, und sein Bart war von den Unmen-
schen so zugestutzt, daß der jüdische Typ zur Karikatur

gewandelt war. Als er mich sah, stieß er hervor: ›Warum bist du in diese Hölle gekommen?‹ Und beim Abschied: ›Eins merke dir, Zenzl, ich werde bestimmt niemals feige sein!‹«

Ein Mithäftling schilderte später seinen Eindruck vom mißhandelten Erich Mühsam:»Das Gesicht war feuerrot und vollkommen verschwollen, die Augen blutunterlaufen. Er fiel kraftlos auf seinen Strohsack. ›Die Schweine‹, stieß er hervor, ›haben mir in den Mund gerotzt.‹ Am nächsten Tag war sein linkes Ohr wie ein Boxerohr ganz dick angeschwollen, und aus dem Gehörgang trat eine Blase heraus. Acht Tage ließ man ihn in diesem Zustand ohne Hilfe. Erich Mühsam sagte zu mir: ›Weißt du, vor dem Sterben habe ich keine Angst, aber dieses langsame Hinmorden, das ist das Grauenhafte.‹«

SA-Männer täuschten ihm vor, er werde erschossen. Mühsam mußte im Gefängnishof sein Grab schaufeln. Dann stellten sie ihn an die Wand und richteten die Waffen gegen ihn. Sie forderten ihn auf, das Horst-Wessel-Lied zu singen, und Erich Mühsam sang die Internationale:»Völker hört die Signale.« Seine Peiniger jagten ihn zurück in die Baracke. Als er an seine Frau schreiben wollte, bog ihm ein KZ-Aufseher die Daumen um und renkte sie aus. Dann sagte er:»So jetzt schreiben Sie ihrer Frau.«

Erich Mühsam ging seinen Weg zu Ende, so wie er ihn bereits 1918 vorgezeichnet hatte:»Und ob sie mich erschlügen, sich fügen heißt lügen!« Ein anderer Leidensgenosse erzählte später:»Noch an einem seiner letzten Abende sagte Erich Mühsam: ›Wenn ihr hört, daß ich Selbstmord begangen habe, so dürft ihr es nicht glauben.‹« Am 6. Juli 1934 hielt die SS in dem bisher der SA unterstehenden KZ Oranienburg ihren Einzug. 150 SS-Männer aus Württemberg und Bayern.

Der Arbeiterschriftsteller Karl Grünberg erinnert sich:»Am Nachmittag des 10. Juli 1934 wurde Erich Mühsam in das Wachlokal bestellt. Dort machte ihm der SS-Sturmführer Ehrat in höhnisch-höflicher Form folgende Eröffnung: ›Also Sie sind Herr Mühsam? Doch der Mühsam aus der Münchner Räterepublik? Also hören Sie zu, was ich Ihnen jetzt sage. Bis morgen früh haben Sie sich aufzuhängen. Sie verstehen doch, was ich meine, so um den Hals rum aufhängen. Wenn Sie diesen Befehl nicht ausführen, erledigen wir das selbst!‹ Ganz verstört kehrte Mühsam zu seinen Leidensgenossen zurück, denen er den Sachverhalt erzählte. Er erklärte, daß er ungeachtet der schon durchlebten Leiden sich auch jetzt keinesfalls selber aufhängen werde.

»Um 8.15 Uhr abends wurde Mühsam zum Verwaltungsgebäude geholt. Von diesem Weg kehrte er nicht mehr zurück.

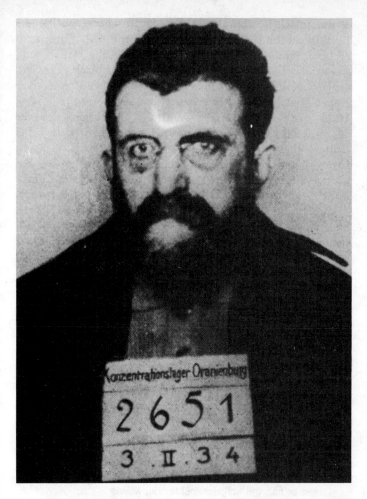

Man sah ihn später in Begleitung des SS-Sturmführers Werner über den Hof gehen. Am nächsten Morgen fand man ihn, an einem Strick hängend, auf dem Abtritt Nummer vier; seine Füße hingen in das Abtrittsloch nieder. Der Knoten war so kunstgerecht geknüpft, wie ihn der halbblinde Mühsam niemals fertigbekommen hätte.« [Jürgen Serke]

Am 30. 6. erfolgte die von Hitler persönlich befohlene großangelegte Mordaktion im gesamten Reich, die später als »Röhmputsch« in den Sprachgebrauch einging.
Ernst Röhm (geb. 1887) wollte die SA zur revolutionären

Armee machen, zum Volksheer. Hitler aber brauchte die Reichswehr und deren Generale für sein Ziel, Europa zu erobern. Hitler ließ seinen Duzfreund Röhm fallen, und streute das Gerücht aus, Röhm habe einen Putsch gegen ihn geplant. Röhm und alle höheren SA-Führer wurden in einer Nacht- und Nebelaktion verhaftet und erschossen.

Hitler war damit seinen lästigen Rivalen los. Fortan spielte die SA im Reiche keine politische Rolle mehr, außer, daß sie bei Aufmärschen die braune Kulisse abgab. Hitler hatte damit seine braune »Bewegung« verraten und sich offen zu den Offizieren der Reichswehr und dem Kapital bekannt. Diese Mordaktion löste im Volk nicht unerhebliche Unruhe aus, denn bis dahin galt die SA als die wichtigste Stütze der Partei. Die genaue Zahl der Erschossenen steht bis heute nicht fest, sicher ist nur, daß Hitler gleich noch ein paar alte Gegner beseitigte, und konservative und bürgerliche Kritiker, die sich gegen ihn gestellt hatten, »verschwinden« ließ.

Bert Brecht hat, bezugnehmend auf die Vorgänge des 30. 6. im Exil ein Gedicht geschrieben. Hier ein Auszug:

Ballade vom 30. Juni

1
Adolf schlief bei seinem Neuvermählten
Jenem reichen Thyssen an dem Rhein.
Böse Träume, die ihn immer quälten
Ließen ihn auch heut nicht schlafen ein.

2
Plötzlich aber kam durch die Gardine
Eine weiße, weiche Totenhand
Und er sah mit schreckensbleicher Miene
Daß sein toter Stabschef vor ihm stand.

3
Und er sah in seines Stabschefs Schläfe
Schwarz ein Loch (er sah's trotz schlechtem Licht).
Ja, sprach Röhm, daß man sich nochmals träfe
Daran, Adolf, dachtest du wohl nicht?!

4
Doch ich kann dir's, Adolf, nicht ersparen.
Hättst du mich nicht meuchlings umgebracht!

Du brauchst gar nicht heftig aufzufahren
Kam ich doch auch früher manche Nacht . . .

5
Ach, du maltest mir die Zukunft heller
Doch dann schrittest du zum Blutgericht.
Die Pistole auf dem Frühstücksteller
Nein, um dich verdiente ich sie nicht.

6
Haben wir bei dicht geschlossenen Laden
Doch vereint so manchen Mord geplant.
Daß auch mich du einstmals würdst verraten
Das, mein Adolf, hab ich nie geahnt.

[. . .]

16
Und mit mir, da warten hunderttausend
Die SA, die jetzt man schnöd verschiebt
Viele davon schon in Kerkern hausend
Weil es ja bei dir kein Dankschön gibt.

17
Schlugen sie sich drum mit der Kommune
Daß nun herrschen soll der dicke Wanst?
Sie erschlugen mancher Mutter Sohne
Dem du nicht das Wasser reichen kannst.

18
So sprach Röhm. Und eine letzte Zähre
Wischte er sich ab mit blasser Hand
Hob sie dann, als ob's zum Gruße wäre
Oder war's zum Fluche? und verschwand.

[. . .]

Hermann Göring hielt am 12. Juli vor General- und Ober-
staatsanwälten eine Rede, in der er auf zynische Weise den
Mord an den SA-Leuten rechtfertigte. Er gab offen zu, daß
die Morde von Hitler gedeckt und von ihm veranlaßt wurden;
Hitler allein war also die Rechtsprechung, das gesetzliche
Recht war außer Kraft, jeder Mord wurde legal, wenn der

Führer dazu ja sagte, jedes Verbrechen wurde zur gesetzlichen Notwendigkeit, wenn es seinen Zielen entgegenstand.

Wie gesagt: die Todesurteile, die hier ohne ein Gericht, die aus Staatsnotwehr heraus von dem verantwortlichen Lenker das Staates gesprochen worden sind, sind rechtens. Sie werden gedeckt vom Führer und in Verfolg seiner Vollmacht von mir. Jeder, der hierbei gefallen ist, sei es, daß die Exekution an ihm stattgefunden hat, sei es, daß er durch Selbstmord oder Widerstand gegen die Staatsgewalt gefallen ist, ist somit rechtens gefallen. Sie, meine Herren, geht es nichts an, ob wir hier richtig gehandelt haben, ob wir die richtigen Personen getroffen haben, Sie geht es nur an, festzustellen, welche Verurteilten es sind. Das allein muß Sie interessieren. Sie müssen also wissen: Schmidt-Breslau ist rechtens erschossen worden. Also: Hände davon; Auskünfte sind nicht einzuholen. Selbstverständlich müssen Sie das wissen, sonst könnte heute jeder Mord und Totschlag begangen werden, und es könnte immer heißen, das sei nun einmal verhängt worden. Deshalb werden jeweils den Oberstaatsanwälten und Staatsanwälten für ihren Bereich durch das Justizministerium die Namen bekanntgegeben werden, um die es sich hier handelt. Bezüglich dieser Namen hat überhaupt nichts weiter zu erfolgen, ist keine Auskunft einzuholen. Die Staatspolizeistellen sind angewiesen, keine Auskunft zu geben. [. . .]
Nehmen wir an, Herr Müller habe Herrn Meyer erschossen, und zwar auftragsgemäß. Trotzdem wird vielleicht bekannt sein, daß Herr Müller mit Herrn Meyer nicht gut gestanden hat, daß beide etwas miteinander hatten. Solche Fälle sind denkbar. Aber hier hat nicht Herr Müller das Todesurteil gesprochen, sondern wir, die verantwortliche Instanz; Herr Müller hat das Urteil nur vollstreckt. Es ist möglich, daß hier Redereien entstehen und man sagt, es sei eine persönliche Angelegenheit gewesen. Steht der Name Meyer auf der Liste, dann ist dieser Fall nicht zu untersuchen und geht Sie nichts an [. . .]
Ich glaube also, daß Sie nunmehr klar sehen können und in Zukunft so Ihres Amtes walten können, wie die Staatsführung es von Ihnen verlangt.

Hitler selbst rechtfertigte in seiner Reichstagsrede vom 13. Juli die Mordaktion gegen die SA-Führer. Hitler log dem Volk vor, daß er durch sein persönliches Eingreifen eine ungeheure Gefahr vom deutschen Volke abgewendet habe.

Doch nicht alle glaubten ihm. Nicht nur jene, die die politische Lage durchschauten, auch einfache SA-Leute mißtrauten seinen Worten. Ich weiß von meiner Großmutter, daß mein SA-Onkel seit dieser Zeit sonntags nicht mehr in Uniform am Mittagstisch saß. Er hatte den Glauben an Hitler verloren. Er ging auch nicht mehr zu Versammlungen, und wurde deshalb einige Monate später aus der SA ausgeschlossen. Er hat sich später auch nicht mehr darum bemüht, in die SA aufgenommen zu werden. Folge dieser Mordaktion war, daß am 20. Juli die SS, die bis dahin noch eine Gliederung der SA war, herausgelöst und ein eigener Verband wurde, der Hitler direkt unterstellt war. Es sollte nur ein paar Jahre dauern und die SS war ein Staat im Staate geworden. Ihre schwarzen Uniformen verbreiteten bei der Bevölkerung bald Angst und Schrecken. Tausende in Gefängnissen und Konzentrationslagern wurden zu billigen Arbeitskräften, Dumme und Verhetzte wurden ihre Aufseher, und sie erledigten ihre Aufgabe gründlich. Folterungen waren an der Tagesordnung, Menschen wurden wie Tiere erschlagen. Die offizielle Version für die Angehörigen lautete dann: an Herzinfarkt verstorben.

Trotz zunehmenden Terrors der Nazis hörte der Widerstand nicht auf. Selbst in den KZ's bildeten sich immer neue Widerstandsgruppen.

Im KZ Sachsenhausen sangen inhaftierte Juden ein umgedichtetes jiddisches Volkslied:

> Zehn Brüder waren wir gewesen,
> Haben wir gehandelt mit Wein.
> Einer ist gestorben,
> Sind geblieben neun.
> O Jidl mit der Fidele,
> Tevje mit dem Baß,
> Sing mir mal ein Liedele,
> Müssen wir in's Gas!
> Oj-joj, oj-joj, jo-joj!
> Sing mir mal ein Liedele,
> Müssen wir in's Gas!
>
> Ein Bruder bin ich nur geblieben,
> Mit wem ich weinen soll?
> Die andre sind ermordet!
> Denk' ich an alle neun!
> O Jidl mit der Fidele,

Tevje mit dem Baß,
Hört mein letztes Liedele,
Muß ich auch in's Gas!
Oj-joj, oj-joj, oj-joj!

[Nach einem alten jiddischen Volkslied im Lager Sachsenhausen umgedichtet von dem früheren Leiter eines Berlin-
Neuköllner Arbeiterchors, Rosebery d'Arguto. D'Arguto wurde
später in Auschwitz ins Gas getrieben.]

Am 2. August starb Hindenburg und wurde mit großem
Pomp in Tannenberg in Ostpreußen beigesetzt. Hitler wurde
nun in einer Person Reichskanzler und Reichspräsident,
fortan also der »Führer« des Reiches, bald aber des Großdeutschen Reiches.
Die Millionen die ihm zujubelten, sahen die Zukunft in den
rosigsten Farben.
Meine Tante bekam Arbeit in der Porzellanfabrik, mein
Großvater fuhr im Winter Langholz aus den Wäldern. Das
war eine gefährliche Arbeit, bei der immer wieder Menschen
tödlich verunglückten. Aber sie hatten Arbeit, sie tranken ihr
Bier und kümmerten sich nicht um Politik. Wenn dennoch
manchmal über Politik gestritten wurde, hieß es zum Abschluß meistens: »Aber der Führer wird das schon machen.«
Nur mein Vater schwieg nicht mehr, zu ihm kamen immer
mehr Besucher, immer wieder andere, und ich hörte aus den
leise geführten Gesprächen, daß der, der vorige Woche noch
da war, verhaftet und in ein Lager eingeliefert worden war.
Die Besucher kamen heimlich, meistens nachts, wenn ich
schon schlief. Ich sollte nichts mitbekommen, ich hätte ja in
meiner kindlichen Einfalt etwas ausplaudern können. Trotzdem horchte ich manchmal an der Tür, da mein Zimmer an
die Wohnstube grenzte.

Der Schriftsteller Ernst Wiechert (1887–1950) hielt in diesem
Jahr eine Rede vor Studenten der Universität München, die
nicht nur mutig, sondern selbstmörderisch zu nennen war.
Ein Satz aus dieser Rede lautete: »Es kann wohl sein, daß ein
Volk aufhört, Recht und Unrecht zu unterscheiden. Es kann
auch sein, daß es noch Gladiatorenruhm gewinnt. Aber solch
ein Volk steht schon auf einer jäh sich neigenden Ebene, und
das Gesetz des Untergangs ist ihm schon geschrieben.«
Zehn Jahre später sollten seine prophetischen Worte wahr
werden.
Obwohl Wiechert nicht zu den verbrannten oder verbotenen
Autoren gehörte, schickten ihn die Nazis 1938 in das KZ
Buchenwald, aus dem er erst auf Grund internationaler Prote-
ste wieder frei kam. Sein Leben im KZ schildert Wiechert in
seinem Buch: »Der Totenwald«, das natürlich erst nach dem
Kriege in Deutschland erscheinen konnte.
Deutschland durfte nach dem Versailler Vertrag nur ein Heer
von 100 000 Mann in der Reichswehr halten. Hitler verkündete am 16. März die Wiedereinführung der allgemeinen Wehrpflicht, was einen Bruch der internationalen Verträge bedeutete. In Wirklichkeit hatte Deutschland längst mehr Soldaten,
als die Reichswehr haben durfte, denn SA und SS waren
vormilitärisch ausgebildet worden.
Trotz der offensichtlichen Aufrüstung verkündete Hitler in

Hitler vor der Reichstagssitzung vom 21. Mai 1935.

seiner Reichstagsrede am 21. Mai seine Bereitschaft, die internationalen Abmachungen weitgehend einzuhalten.

Das Volk glaubte ihm, denn es wollte weiter nichts als Frieden, und viele Staatsmänner und Politiker des Auslandes vertrauten ihm auch.

Die Deutschen wollten seinen Worten auch deshalb glauben, weil sie nach jahrelanger Arbeitslosigkeit wieder Arbeit gefunden hatten, und das Wenige, das sie jetzt mit dem verdienten Geld anschaffen konnten, nicht aufs Spiel setzen wollten. Hitler sagte unter anderem:

[. . .]

4. Die deutsche Reichsregierung ist jederzeit bereit, sich an einem System kollektiver Zusammenarbeit zur Sicherung des europäischen Friedens zu beteiligen.

5. Die deutsche Reichsregierung ist der Auffassung, daß der Neuaufbau einer europäischen Zusammenarbeit sich nicht in den Formen einseitig aufoktroyierter Bedingungen vollziehen kann.

6. Die deutsche Reichsregierung ist grundsätzlich bereit, Nichtangriffspakte mit ihren einzelnen Nachbarstaaten abzuschließen. [. . .]

8. Die deutsche Reichsregierung hat das Ausmaß des Aufbaues der neuen deutschen Wehrmacht bekanntgegeben. Sie wird davon unter keinen Umständen abgehen . . . Sie ist aber jederzeit bereit, in ihrer Waffenrüstung jene Begrenzungen vorzunehmen, die von den anderen Staaten ebenfalls übernommen werden. [. . .]

10. Die deutsche Reichsregierung ist bereit, jeder Beschränkung zuzustimmen, die zu einer Beseitigung der gerade für den Angriff besonders geeigneten schwersten Waffen führt. [. . .]

13. Die deutsche Reichsregierung ist jederzeit bereit, einer internationalen Vereinbarung zuzustimmen, die in einer wirksamen Weise alle Versuche einer Einmischung von außen in andere Staaten unterbindet und unmöglich macht . . .

Bei meiner Großmutter hockten wir vor dem Radio, um Hitlers Rede zu lauschen. Nachbarn und Freunde, die noch kein Radio hatten, waren eingeladen worden. Man nannte das damals: Gemeinschaftsempfang. Die Straßen waren leer, wie heutzutage bei einem Fußballländerspiel. Nach der Rede atmeten alle auf, und man war sicher, daß Hitler keinen Krieg beginnen würde. Wenn es dennoch welchen geben sollte, dann höchstens durch die Engländer und Franzosen, die – angeblich – auf die Deutschen neidisch waren.

Zu dieser Zeit bekam ich jeden Samstag vormittag 20 Pfennige Taschengeld. Das reichte fürs Kino. Schon damals wurden Western und Dick und Doof-Filme gezeigt, und das wollten wir uns natürlich nicht entgehen lassen. Aber an der Ecke war auch eine Bäckerei, und dort konnte man ebenfalls für 20 Pfennige eine Tüte Bruchschokolade kaufen. Das war stets ein Gewissenskonflikt, wofür man seine 20 Pfennige ausgeben sollte. Also kauften wir uns Bruchschokolade und versuchten, umsonst ins Kino zu kommen. Wenn wir ohne Eintrittskarte erwischt wurden, gab es natürlich Ohrfeigen – und nicht zu knapp. Zu Hause erzählten wir nichts davon, denn dort hätten wir sogleich neue Prügel bezogen.

Im deutschen Reich wurde die Schlinge immer enger gezogen. Am 23. April verkündete der Präsident der Reichsschrifttumskammer, daß jeder Deutsche nur arisches Schrifttum lesen dürfe – z. B. nicht Heinrich Heine, denn der war ja Jude – und auch solche Schriftsteller nicht, die emigriert waren, und das war fast die gesamte damalige deutsche Literatur. Wer dabei erwischt wurde, daß er verbotene Bücher oder Zeitschriften las, wurde verurteilt und kam ins Gefängnis, wenn nicht gar in ein Konzentrationslager.

Das Regime nutzte jede Gelegenheit, um seine Leistung zu demonstrieren, so etwa bei der Einweihung des ersten Autobahnabschnitts zwischen Frankfurt und Darmstadt. Noch heute wird das Märchen verbreitet, Hitler sei der Erfinder der Autobahnen. Tatsache jedoch ist, daß die Pläne für die Autobahnen schon seit 1924 existierten. Hitler hat sie allerdings aufgegriffen und verwirklicht, aber nicht allein zu dem Zweck, den Arbeitslosen Arbeit zu geben, seine Pläne waren viel weitgehender. Da er seit der Machtübernahme systematisch den Krieg vorbereitete, brauchte er gute Straßen, um die im Krieg benötigten Fahrzeuge schneller vorwärts zu bringen.

Kriegsvorbereitungen, Aufrüstung, Verfolgung Andersdenkender und die Auswirkungen der neuen »Nazireligion« wurden auch zu einem Problem für die kirchlichen Organisationen. Wie stellten sie sich zu Hitler und seinem Regime? Erwiesen ist, daß viele Gläubige, sowohl evangelische als auch katholische, aus ihrer Abneigung gegen den Nationalsozialismus kein Hehl machten, insbesondere auf dem Lande, wo die Pfarrer sehr angesehen waren. Aber was für die einfachen Pfarrer galt, nämlich Gottes Wort, das galt nicht immer für jene, die in höheren Etagen saßen, die Kirchenleitungen, Bischöfe und Kardinäle.

In der Westfälisch-Anhaltischen Sprengstoff AG ereignete sich im Sommer 1935 ein furchtbares Unglück, bei dem sechzig Arbeiter durch eine Explosion getötet wurden. Bischöfe beider Konfessionen hielten Trauerreden. Der katholische sprach von dunklen Schicksalsmächten und erflehte Gnade. Der evangelische Bischof Dr. Peter sagte: »Der Tod ist verschlungen in den Sieg. Damit werden wir frei von der unheimlichen Feindseligkeit dieses Geschehens. Mit dem Führer wollen wir deshalb beten: Herr, laß uns nicht feige werden.«

Das war blanker Zynismus angesichts der Opfer, der ersten in der Folge eines gigantischen Wettrüstens. Auch Dr. Peter sollte klar gewesen sein, daß man Sprengstoff nur selten für friedliche Zwecke nutzt.

Die Fuldaer Bischofskonferenz sprach sich am 28. März eindeutig für Hitler aus.

»Die Oberhirten der Diözesen Deutschlands haben aus triftigen Gründen, die wiederholt dargelegt sind, ihrer pflichtmäßigen Sorge für Reinerhaltung des katholischen Glaubens und für Schutz der unantastbaren Aufgaben und Rechte der katholischen Kirche in den letzten Jahren gegenüber der nationalsozialistischen Bewegung eine ablehnende Haltung durch Verbote und Warnungen eingenommen, die solange und insoweit in Geltung bleiben sollten, wie diese Gründe fortbestehen.

Es ist nunmehr anzuerkennen, daß von dem höchsten Vertreter der Reichsregierung, der zugleich autoritärer Führer jener Bewegung ist, öffentlich und feierlich Erklärungen gegeben sind, durch die der Unverletzlichkeit der katholischen Glaubenslehre und den unveränderlichen Aufgaben und Rechten der Kirche Rechnung getragen, sowie die vollinhaltliche Geltung der von den einzelnen deutschen Ländern mit der Kirche abgeschlossenen Staatsverträge durch die Reichsregierung ausdrücklich zugesichert wird. Ohne die in unseren früheren Maßnahmen liegende Verurteilung bestimmter religiös-sittlicher Irrtümer aufzuheben, glaubt daher der Episkopat das Vertrauen hegen zu können, daß die vorbezeichneten allge-

meinen Verbote und Warnungen nicht mehr als notwendig
betrachtet zu werden brauchen.
Für die katholischen Christen, denen die Stimme ihrer Kirche
heilig ist, bedarf es auch im gegenwärtigen Zeitpunkte keiner
besonderen Mahnung zur Treue gegenüber der rechtmäßigen
Obrigkeit und zur gewissenhaften Erfüllung der staatsbürger-
lichen Pflichten unter grundsätzlicher Ablehnung allen rechts-
widrigen oder umstürzlerischen Verhaltens.«

Damit war dem katholischen Gläubigen von seinen höchsten
Würdenträgern gesagt worden, daß der Widerstand gegen
Hitler, in welcher Form auch immer, gegen das Gebot der
Kirche verstieß. Wie sollte also ein Laie, ein naiv Glaubender
Hitlers Machenschaften durchschauen oder ihm nur mißtrau-
en, wenn die Bischöfe seiner Kirche ihm sagten, Hitler sei
schon in Ordnung, so lange er sich nicht an der Kirche und
ihrem Eigentum vergreife.
Daß es doch bis an das bittere Ende 1945 Widerstand aus
kirchlichen Kreisen gab, beweist die Tatsache, daß viele Pfarrer beider Konfessionen ins Gefängnis oder ins KZ kamen,
und dort gefoltert oder getötet wurden.
Sie hatten nicht nur Hitler mißtraut, sondern auch ihren
Kirchenoberen. Ihnen stand der christliche Glaube höher als
das Wohlverhalten gegenüber diesem verbrecherischen Staat.
Es gibt Zeugnisse, daß Priester von der Kanzel herab offen
zum Widerstand aufriefen.
Augenzeugen erzählten mir, daß ein Pfarrer aus unserer Nach-
bargemeinde nach dem Gottesdienst von zwei Gestapomän-
nern am Kirchenportal verhaftet wurde. Es war gar nicht selten,
daß die Gestapo im Gottesdienst saß und zuhörte. Wenn
der Pfarrer nur ein Wort gegen Hitler fallen ließ oder seine
Predigt zweideutig auszulegen war, wurde er verhaftet.
Zwei Gesetze aber prägten in Zukunft das Gesicht des Dritten
Reiches mehr als alle anderen. Wenn längst vieles vergessen
sein wird, werden diese beiden Gesetze den Deutschen und
der Welt noch immer im Gedächtnis sein, besonders aber den
Juden.
Am 15. September wurden das »Reichsbürgergesetz« und das
»Gesetz zum Schutze des deutschen Blutes und der deutschen
Ehre« verabschiedet. Gemeint sind die »Nürnberger Ge-
setze«, so genannt, weil sie in einer Sondersitzung des Reichs-
tages in Nürnberg vorgelegt und angenommen wurden.

§ 1 (1) Staatsangehöriger ist, wer dem Schutzverband des Deutschen Reiches angehört und ihm dafür besonders verpflichtet ist . . .

§ 2 (1) Reichsbürger ist nur der Staatsangehörige deutschen oder artverwandten Blutes, der durch sein Verhalten beweist, daß er gewillt und geeignet ist, in Treue dem Deutschen Volk und Reich zu dienen . . .

§ 3 Der Reichsminister des Innern erläßt im Einvernehmen mit dem Stellvertreter des Führers die zur Durchführung und Ergänzung des Gesetzes erforderlichen Rechts- und Verwaltungsvorschriften.

Reichsbürgergesetz vom 15. September 1935

§ 1 (1) Eheschließungen zwischen Juden und Staatsangehörigen deutschen oder artverwandten Blutes sind verboten. Trotzdem geschlossene Ehen sind nichtig, auch wenn sie zur Umgehung dieses Gesetzes im Ausland geschlossen sind.

(2) Die Nichtigkeitsklage kann nur der Staatsanwalt erheben.

§ 2 Außerehelicher Verkehr zwischen Juden und Staatsangehörigen deutschen oder artverwandten Blutes ist verboten . . .

§ 5 (1) Wer dem Verbot des § 1 zuwiderhandelt, wird mit Zuchthaus bestraft . . .

(2) Der Mann, der dem Verbot des § 2 zuwiderhandelt, wird mit Gefängnis oder mit Zuchthaus bestraft.

§ 6 Der Reichsminister des Innern erläßt im Einvernehmen mit dem Stellvertreter des Führers und dem Reichsminister der Justiz die zur Durchführung und Ergänzung des Gesetzes erforderlichen Rechts- und Verwaltungsvorschriften.

Gesetz zum Schutze des deutschen Blutes und der deutschen Ehre vom 15. September 1935

Die Nürnberger Gesetze schufen die Grundlage für die spätere Vernichtung der Juden.

Am 18. Oktober 1935 wurde das Gesetz »zum Schutz der Erbgesundheit des deutschen Volkes« verabschiedet. Danach durften Deutsche nicht heiraten, wenn nicht einwandfrei festgestellt worden war, daß keine Erbkrankheiten in der Familie waren. Das Erbgesundheitsgesetz wurde die Grundlage für die spätere Euthanasie. Was nach nationalsozialistischer Weltanschauung »lebensunwert« war, wurde zum Tode verurteilt.

Ich habe einen geistig und körperlich behinderten Sohn. Wäre er im Jahre 1935 geboren worden, wäre er bestimmt keine drei Jahre alt geworden. Hitlers Schergen und Helfershelfer, sehr viele Ärzte waren darunter, die später an Menschen grausame Experimente vornahmen, hätten meinen Jungen abgeholt und wenig später hätte ich eine Nachricht bekommen, daß er an einer »notwendigen« Operation gestorben sei.

Nirgendwo und zu keiner Zeit hat es auf der Welt in der Geschichte der Menschheit solche Gesetze gegeben, nicht in Zeiten der größten Barbarei, und schon gar nicht bei den sogenannten »Wilden« oder »Unkultivierten«. Diese Gesetze sind Schmach und Schande, und es ist gewiß ebenso schändlich, daß ein Jurist wie Hans Globke, der die Kommentare zu den Nürnberger Gesetzen schrieb (von 1932 bis 1945 Ministerialrat im Reichsinnenministerium) von 1953 bis 1963 Staatssekretär im Bundeskanzleramt war. Er schuf eigentlich die Ausführungsbestimmungen, die Anleitungen zur praktischen Anwendung dieser Gesetze.

Das Blutschutzgesetz zieht die Trennung zwischen jüdischem und deutschem Blut in biologischer Hinsicht. Der in dem Jahrzehnt vor dem Umbruch um sich greifende Verfall des Gefühls für die Bedeutung der Reinheit des Blutes und die damit verbundene Auflösung aller völkischen Werte ließ ein gesetzliches Eingreifen besonders dringend erscheinen. Da hierfür dem deutschen Volk nur von seiten des Judentums eine akute Gefahr drohte, bezweckt das Gesetz in erster Linie die Verhinderung weiterer Blutmischung mit Juden . . .
Kein nach der nationalsozialistischen Revolution erlassenes Gesetz ist eine so vollkommene Abkehr von der Geisteshaltung und der Staatsauffassung des vergangenen Jahrhunderts wie das Reichsbürgergesetz. Den Lehren von der Gleichheit aller Menschen und von der grundsätzlich unbeschränkten Freiheit des einzelnen gegenüber dem Staate setzt der Nationalsozialismus hier die harten, aber notwendigen Erkenntnisse von der naturgesetzlichen Ungleichheit und Verschiedenartigkeit der Menschen entgegen. Aus der Verschiedenartigkeit der Rassen, Völker und Menschen folgen zwangsläufig Unterscheidungen in den Rechten und Pflichten der einzelnen. Diese auf dem Leben und den unabänderlichen Naturgesetzen beruhende Verschiedenheit führt das Reichsbürgergesetz in der politischen Grundordnung des deutschen Volkes durch.
Stuckart/Globke, Kommentare zur deutschen Rassegesetzgebung

An diesem Beispiel ist zu sehen, daß Männer in die höchsten Positionen des neuen Staates Bundesrepublik Deutschland aufsteigen konnten, die damals Wegbereiter für Menschenvernichtungen waren, auch wenn sie »nur« einen Kommentar verfaßten.

Das war das Jahr der Olympischen Spiele.

Die Sommerspiele wurden in Berlin ausgetragen, die Winterspiele in Garmisch-Partenkirchen.

Natürlich interessierte uns Kinder das sehr. Immerhin war ich schon zehn Jahre alt und Sport war eines der Hauptfächer in der Schule. Wer gut in Sport war, der galt auch als guter Schüler.

Obwohl uns Kindern täglich eingetrichtert wurde, daß alles Nichtdeutsche nicht wertvoll war, wurde ein Schwarzer unser Idol: Der vierfache Olympiasieger Jesse Owens aus den USA.

Wir spielten auf dem Sportplatz Jesse Owens: wer am weitesten sprang, wer am schnellsten lief, wer am weitesten warf, der war einfach Jesse Owens.

Hörten es die Lehrer, verboten sie uns diese Spiele, aber sie blieben uns die Antwort schuldig, warum ein Neger, Angehöriger einer »niederen« Rasse solche sportlichen Erfolge erringen konnte.

Für Hitler und sein Regime waren die Olympischen Spiele der beste Anlaß, aller Welt zu demonstrieren, wie sehr sein Volk hinter ihm stand. Die ganze Welt blickte nach Berlin und sah, wie dieses Volk ihm zujubelte. Berlin war ein Meer von Fahnen, es herrschte Ruhe, Ordnung, Sauberkeit und Disziplin – aber weder Sportler noch Betreuer noch Funktionäre wurden in die KZ's geführt. Sie sahen nur die Schokoladenseite des Dritten Reiches, und doch wurden in Deutschland hinter Stacheldraht unzählige Menschen unter unmenschlichsten Bedingungen gefangen gehalten.

Durch den Friedensvertrag von Versailles wurde das Saargebiet zwar nicht vom deutschen Reich abgetrennt, sondern unterstand dem Völkerbund (einem Vorläufer der UNO) mit Sitz in Genf, und war wirtschaftlich nach Frankreich orientiert. Im Friedensvertrag war festgelegt worden, daß nach 15 Jahren eine Volksabstimmung im Saargebiet abgehalten werden sollte, bei der die Bevölkerung selbst zu entscheiden hatte, ob sie zu Deutschland oder zu Frankreich gehören wollte.

Bei der Abstimmung 1936 stimmten 91% der Saarländer für das deutsche Reich, und Hitler buchte das als seinen ganz persönlichen Erfolg. Das Saargebiet war ihm auch noch in anderer Hinsicht wichtig, denn es besaß große Kohlenzechen und Stahlwerke. Für die Rüstungsindustrie war dieses Gebiet von großer Bedeutung.

Bei der »Befreiungsfeier« in Saarbrücken erklärte Hitler, er habe nun keine territorialen Ansprüche mehr an Frankreich. Er verschwieg aber, daß er längst ein Auge auf Elsaß-Lothringen geworfen hatte, das im Friedensvertrag von Versailles Frankreich zugesprochen worden war. Er fügte hinzu: »Am Ende ist das Blut stärker als alle papierenen Dokumente. Was Tinte schrieb, wird eines Tages durch Blut wieder ausgelöscht. Wehe dem, der aus diesen Tatsachen nichts lernen will.«

Für Hitler sind Verträge immer nur Papier gewesen, die er zerriß, wenn sie keinen Vorteil mehr brachten, oder ihn an seiner Politik hinderten.

Im Versailler Vertrag war auch festgelegt worden, daß ein Streifen von 50 km Breite rechts des Rheins aus Sicherheitsgründen gegenüber Frankreich nicht mit Militär belegt werden durfte. Man nannte diesen Streifen »entmilitarisierte Zone«.

Am 7. März marschierte deutsches Militär in diese Zone, auch in das Land links des Rheins ein. Hitler hatte wieder einmal einen Vertrag gebrochen, und mit Militärstiefeln für ungültig erklärt. Aber die Bevölkerung des Rheinlandes begrüßte die Soldaten der neuen deutschen Armee mit Begeisterungsstürmen.

Von London aus verurteilte der Völkerbund am 18. März zwar die Rheinlandbesetzung, jedoch blieb es bei diesem lahmen Protest. Erneut wurde Hitler in seiner Überzeugung bestärkt, Frankreich und Großbritannien seien nichts weiter als schwächliche Staaten, die beim ersten Angriff zusammenbrechen würden.

Hitler hat sich seine »Siege« immer vom Volk bestätigen lassen. Am 19. 3., nach der Rheinlandbesetzung, erfolgte wieder eine Volksabstimmung, bei der über 98% für Hitler und seine Politik stimmten.

Solche Prozentzahlen dürfen mit Recht angezweifelt werden, denn mit der Wahrheit haben es die Nazis nie genau genommen. Aber Hitler hätte seinen Schritt, das Rheinland zu besetzen, auch nicht rückgängig gemacht, wenn nur 40% für ihn gestimmt hätten.

Das deutsche Volk hat kapituliert! Angeblich mit 98,8 Prozent der Stimmen ist ER gewählt worden – und nur knapp über fünfzigtausend Stimmen waren dagegen beziehungsweise ungültig. Ich und viele andere glauben das nicht, wir halten diese Angaben für eine Mache. Die Wahl ist gefälscht worden! Aus Rotsürben bei Breslau und anderen Dörfern wurden die Wahlresultate mit hundert Prozent angegeben. Aber Eingeborene dieser Dörfer erzählen selbst, daß sie mit voller Absicht auf den Zettel »nein« geschrieben haben, um jede Mißdeutung unmöglich zu machen.   [Walter Tausk]

Am 17. Juni wurde Heinrich Himmler, der skrupelloseste in Hitlers Gefolgschaft, Chef aller Polizeikräfte in Deutschland. Meine Großmutter sagte immer, wenn sie Himmler im Radio sprechen hörte oder sein Bild in der Zeitung sah: »Vor diesem Mann habe ich Angst. Daß sich der Führer mit solchen Leuten umgibt.«

Es darf nicht vergessen werden, daß Hitler in weiten Kreisen der Bevölkerung eine geradezu abgöttische Verehrung genoß. Eine raffinierte Propaganda, die täglich auf die Menschen niederregnete, half dabei kräftig mit. Geschah etwas, das gegen das Gerechtigkeitsempfinden und die Moral des Volkes verstieß, dann sagten die Leute einfach: Wenn das der Führer wüßte.

Das Volk war so gutgläubig, daß es meinte, der Führer wisse das meiste überhaupt nicht, was an Ungerechtigkeiten im Lande vorging. Er mußte sich schließlich um die »hohe« Politik kümmern. Es erschien unmöglich, daß alle Greuel vom Führer auch befohlen worden waren. Damit schob man die Verantwortung von sich selbst weg.

Am 16. Juli, also zwei Wochen vor Eröffnung der Olympischen Sommerspiele, begann der spanische Bürgerkrieg, den der faschistische General Franco mit deutscher und italienischer Militärhilfe gegen republikanische und internationale Brigaden gewann.

Hitler hat die Teilnahme seiner Truppen zunächst verheimlicht. Doch nach Beendigung des spanischen Bürgerkrieges (1939) ließ er die deutschen Truppen, die in Spanien eingesetzt waren, die »Legion Condor«, in Berlin paradieren. Spanien war das Manöverfeld für die jungen deutschen Truppen und ihre Offiziere.

Am 30. September wurde Franco Chef der nationalspanischen Regierung und am 18. November schon erkannten Deutschland und Italien diese Regierung als rechtmäßig an. Das war gegenüber der Weltöffentlichkeit deutlich. Hitler und Mussolini machten klar, daß ihre Sympathien und ihre Interessen beim Diktator Franco lagen.

Schon Jahre vor Ausbruch des Zweiten Weltkriegs, in dem englische und amerikanische Flugzeuge Bomben auf die Zivilbevölkerung warfen, bombardierten deutsche Flieger spanische Städte. So wurde die Stadt Guernica fast völlig vernichtet.

Pablo Picassos Gemälde »Guernica« hat dieses Verbrechen zum Thema. In Hermann Kestens Buch »Die Kinder von Gernica«, das 1939 im Exil erschien, schildert ein überlebender Junge den Angriff:

> »Lieber Herr. Diese Flieger kamen so niedrig herunter, wie aus Neugier, und da lief ich, in meiner schrecklichen Armut an Gefühlen, da war noch nicht Entsetzen, noch nicht Verzweiflung, noch nicht dieser alle Därme zerreißende Schmerz, nur: Ich lief. Ich sah! Diese Flieger schossen auf die rennenden Leute, die schon die Luftschutzkeller verlassen hatten. Da war ein Platz vor der Kirche, der Schafmarkt, hinter Hürden standen sie, die Flieger schossen auf die Schafe mit Maschinengewehren, begreifen Sie, und die Schafe starben hilflos blökend, wie Kinder. Und die heulenden Hunde fielen um und heulten nicht mehr. Und die Flieger schossen auf das blökende Vieh auf dem Viehmarkt; die Kühe, die sanftäugigen, fielen um und muhten nicht mehr. Sie schossen auf Menschen wie auf Vieh. Es war ihnen alles egal. Sie bekamen es bezahlt, und sie schossen auch aus heiliger Überzeugung. Ich lief und sah. Plötzlich faßte mich eine Hand an, stieß mich in ein Loch, mitten auf dem Markt war die Erde aufgerissen, es ging in den Bauch der Erde, war aber nur ein Granatloch, da lag ich hingestreckt, und Lärm, Rauch. Da war kein Himmel mehr. Endlich hörte der Lärm auf. Die Flieger waren weg. Da hob mich eine Hand aus dem Granatloch. Da standen zwei auf dem Platz, einer und ich. Der Taumel, wie blind, wie taub. Die Stille nach diesem ohrenzerreißenden Lärm, so entsetzlich still, hundertmal so schreckensvoll. Und: Autoteile auf Dächern, Dächer in Gärten, brennende Bäume, zerbrochene Fenster, Häuser von einer Bombe durchgeschlagen, vom First zum Keller aufgerissen. Und Blutpfützen, dunkle Lachen von schwärzlichem Blut. Und die Toten. So schamlos ist der

Tod. Er verwischt jedes Gesicht und entblößt es. Wenn Gott menschlich fühlte, müßte er wegsehen von den Toten. Schämt er sich nicht, wenn er die Toten so nackt sieht? Und dieses Winseln in den brennenden Häusern. Und überall die Toten. Hunde, Katzen, Vieh, Männer, Weiber, Kinder ausgestreckt, hockend, sitzend, alle tot. Und erst die Verwundeten. Wie sie schreien! Die Menschen kann gar nichts erschrecken.

Später, in Paris schon, las ich in gewissen Blättern, nicht die Flieger, Anarchisten hätten Gernika angezündet, Häuser in Brand gesetzt, Nonnen erschossen, Kinder erschlagen. Und Leute lesen das, und Leute glauben das. Und man kann Böses tun und es ableugnen! Und die Diebe stehn zu beiden Seiten der Straße und deuten auf Unschuldige – jeder Mensch weiß, daß Diebe so tun. Erst morden sie, dann lügen sie. Ist das erlaubt? Herr! Sie logen! Sie logen! –

Carlos trommelte mit beiden Fäusten auf meine Knie.

»Freilich«, sagte ich. »Wer mordet, lügt auch.«

»Siege machen die Leute besoffen«, hat mein Großvater immer gesagt, »sogar vernünftige Leute reden plötzlich Unsinn«.

In der Tat, seit 1933 wurde immer gesiegt, und viele waren tatsächlich von den Siegesfanfaren, Siegesfeiern, den Fahnen und der Marschmusik trunken.

Natürlich waren das alles Siege der Arier, der Nichtjuden also. Der arische Mensch wurde zum körperlichen und geistigen »Superman« stilisiert. Bald gab es eine deutsche Kunst, eine deutsche Literatur und gar eine deutsche Physik.

Der deutsche Nobelpreisträger Professor Lenard verstieg sich zu der lächerlichen These, daß Erfolge in der Wissenschaft rassisch bedingt seien, und nur der arische Mensch zu Höchstleistungen fähig sei.

Der Rassegedanke in der Wissenschaft

a) »Deutsche Physik«
[Aus einer Schrift des Nobelpreisträgers Prof. Philipp Lenard]

»*Deutsche* Physik?« wird man fragen. – Ich hätte auch arische Physik oder Physik der nordisch gearteten Menschen sagen können, Physik der Wirklichkeits-Ergründer, der Wahrheit-Suchenden, Physik derjenigen, die Naturforschung begründet haben. – »Die Wissenschaft ist und bleibt international!« wird man mir einwenden wollen. Dem liegt aber ein Irrtum zugrunde. In Wirklichkeit ist die Wissenschaft, wie alles, was Menschen hervorbringen, rassisch, blutmäßig bedingt. Ein Anschein von Internationalität kann entstehen, wenn aus der Allgemeingültigkeit der Ergebnisse der Naturwissenschaft zu Unrecht auf allgemeinen Ursprung geschlossen wird oder wenn übersehen wird, daß die Völker verschiedener Länder, die Wissenschaft gleicher oder verwandter Art geliefert haben wie das deutsche Volk, dies nur deshalb und insofern konnten, weil sie ebenfalls vorwiegend nordischer Rassenmischung sind oder waren. Völker anderer Rassenmischung haben eine andere Art, Wissenschaft zu treiben . . .

Mit der Bücherverbrennung war man 1933 gegen unliebsame Literatur vorgegangen, jetzt begann man auch Werke der bildenden Kunst als undeutsch auszumerzen, und aus den Museen zu verbannen. In München, im »Haus der deutschen

Plakat für die Ausstellung „Entartete Kunst", 1936. In der Ausstellung waren u. a. Werke von Klee, Barlach, Marc, Beckmann, Hofer, Kokoschka, Feininger und Nolde zu sehen.

Kunst« wurde eine Ausstellung eröffnet, die der deutschen
Öffentlichkeit nichtdeutsche Kunst vorführen sollte. Die
Ausstellung nannte sich »Entartete Kunst«.

Entartet war für die Nazis derjenige, der mit seinen Werken
gegen Krieg und für Humanität eintrat, wer den Menschen in
seinen Ängsten zeigte, in seinem Schmerz und seiner Kreatür-
lichkeit, der nicht den blonden Germanen verherrlichte oder
Stärke, Macht und Sieg.

Was damals in München zusammengetragen wurde, war ein
Panorama der modernen Malerei. Namen, die damals wie
heute in der Welt Bedeutung haben: Käthe Kollwitz, Lovis
Corinth, Oskar Kokoschka, Emil Nolde, Otto Dix, Paul
Klee, Franz Marc, George Grosz, um nur wenige zu nennen.

Käthe Kollwitz (1867–1945)

George Grosz (1893–1959)
emigrierte 1932 nach New York

Kein Kunstkritiker durfte sich kritisch zu der neuen »Kunst«
der Nazis äußern. Goebbels forderte von nun an »Kunstbe-
trachtung«, also Lobhudelei dessen, was die Nazis als Kunst
propagierten, und was man wohl zum größten Teil als üblen
Kitsch bezeichnen kann.

Die Kunst der Nazis war schwülstig, aufgeblasen und gigan-
tisch. Einer der Hauptvertreter dieser Kunst war der Bildhauer Arno Breker, der noch heute in der Bundesrepublik
tätig ist.

Arno Breker
»Bereitschaft«
(1937)

Aber Goebbels wußte genau, daß das, was er als entartet
ausstellen ließ, die wirkliche Kunst des 20. Jahrhunderts war.
Manche Nazigrößen hingen sich »entartete« Bilder in die
eigene Wohnung. Am 3. Juni 1938 – um hier vorzugreifen
– wurden alle Bilder, die den Vermerk »entartet« trugen, ohne
Entschädigung eingezogen. 12 890 Kunstwerke brachten die
Nazis zusammen, das heißt, die Bilder wurden den Malern
oder Besitzern gestohlen, ob es nun Privatleute, Museen oder
irgendwelche anderen öffentlichen Einrichtungen waren.
Goebbels wußte aber auch, daß mit diesen Bildern Geld zu
verdienen war. Über 700 Kunstwerke ließ er in die Schweiz
nach Luzern schaffen und öffentlich versteigern, denn

Deutschland brauchte Devisen, um die Rohstoffe bezahlen zu können, die die Rüstungsindustrie nötig brauchte.

Durch diese Auktion blieben der Nachwelt, wenn auch nicht den Deutschen, viele Kunstwerke erhalten, die heute in den Museen der Welt zu bewundern sind.

Um noch einmal vorzugreifen: Die Zerstörung nahm schließlich noch größere Ausmaße an. Im März 1939 wurden 4829 Kunstwerke im Hof der Hauptfeuerwache in Berlin auf einem Scheiterhaufen verbrannt. Unwiederbringliches wurde vernichtet. Je länger die Nazis an der Macht waren, desto »gründlicher« wurde Kultur zerstört.

Am 1. 12. 1936 wurde das Gesetz über die Hitlerjugend erlassen. In § 2 hieß es: »Die gesamte deutsche Jugend ist außer im Elternhaus und Schule in der Hitlerjugend körperlich, geistig und sittlich im Geiste des Nationalsozialismus zum Dienst vom Volk und der Volksgemeinschaft zu erziehen.«

»Menschliches« Hakenkreuz. Hitler-Jugend 1934.

Das bedeutete die totale Erfassung der Jugend in Verbände und Gliederungen, wenig später präzisierte Hitler seine Vorstellungen über Jugenderziehung noch weitgehender.

. . . Meine Pädagogik ist hart. Das Schwache muß wegge-
hämmert werden. In meinen Ordensburgen wird eine Jugend
heranwachsen, vor der sich die Welt erschrecken wird. Eine
gewalttätige, herrische, unerschrockene, grausame Jugend
will ich. Jugend muß das alles sein. Schmerzen muß sie
ertragen. Es darf nichts Schwaches und Zärtliches an ihr sein.
Das freie, herrliche Raubtier muß erst wieder aus ihren Augen
blitzen. Stark und schön will ich meine Jugend. Ich werde sie
in allen Leibesübungen ausbilden lassen. Ich will eine athleti-
sche Jugend. Das ist das Erste und Wichtigste. So merze ich
die Tausende von Jahren der menschlichen Domestikation
aus. So habe ich das reine, edle Material der Natur vor mir. So
kann ich das Neue schaffen.
Ich will keine intellektuelle Erziehung. Mit Wissen verderbe ich
mir die Jugend. Am liebsten ließe ich sie nur das lernen, was
sie ihrem Spieltriebe folgend sich freiwillig aneignen. Aber
Beherrschung müssen sie lernen. Sie sollen mir in den
schwierigsten Proben die Todesfurcht besiegen lernen. Das
ist die Stufe der heroischen Jugend. Aus ihr wächst die Stufe
des Freien, des Menschen, des Gottesmenschen. In meinen
Ordensburgen wird der schöne, sich selbst gebietende Gott-

mensch als kultisches Bild stehen, und die Jugend auf die
kommende Stufe der männlichen Reife vorbereiten . . .

Aber die Maske ließ Hitler erst in seiner Rede in Reichenberg
am 2. Dezember 1938 endgültig fallen.

»Diese Jugend, die lernt ja nichts anderes als deutsch denken, deutsch handeln. Und wenn nun dieser Knabe und
dieses Mädchen mit ihren zehn Jahren in unsere Organisationen hineinkommen und dort nun so oft zum erstenmal überhaupt eine frische Luft bekommen und fühlen, dann kommen
sie vier Jahre später vom Jungvolk in die Hitlerjugend, und
dort behalten wir sie wieder vier Jahre, und dann geben wir
sie erst recht nicht zurück in die Hände unserer alten Klassen-
und Standeserzeuger, sondern dann nehmen wir sie sofort in
die Partei oder in die Arbeitsfront, in die SA oder in die SS, in
das NSKK [= NS-Kraftfahrerkorps] und so weiter. Und wenn
sie dort zwei Jahre oder anderthalb Jahre sind und noch nicht
ganz Nationalsozialisten geworden sein sollten, dann kommen sie in den Arbeitsdienst und werden dort wieder sechs
und sieben Monate geschliffen, alle mit einem Symbol, dem
deutschen Spaten. Und was dann nach sechs oder sieben
Monaten noch an Klassenbewußtsein oder Standesdünkel da
oder da noch vorhanden sein sollte, das übernimmt dann die
Wehrmacht zur weiteren Behandlung auf zwei Jahre. Und
wenn sie dann nach zwei oder drei oder vier Jahren zurück-
kehren, dann nehmen wir sie, damit sie auf keinen Fall
rückfällig werden, sofort wieder in SA, SS und so weiter. Und
sie werden nicht mehr frei, ihr ganzes Leben.«

Zynischer ging es kaum. Mit anderen Worten hieß das: Ich brauche Kanonenfutter, Soldaten für die Eroberung Europas. Diese Jugend sollte nicht zur Menschlichkeit erzogen werden, sie sollte nur so viel wissen, um später andere Völker unterjochen zu können. Das war Hitlers einfaches »pädagogisches« Rezept.

Die 20 Pfennige Taschengeld waren nicht erhöht worden. Auch der Lohn meiner Onkel und Tanten und meiner Mutter hatte sich nicht erhöht. Hin und wieder steckte mir mein Großvater zwar heimlich 20 Pfennige zusätzlich zu, aber auch das reichte hinten und vorne nicht aus, denn ich hatte zu lesen begonnen. Ich verschlang wahllos alles, was ich an Gedrucktem in die Finger bekam. In den öffentlichen Büchereien mußte man damals Gebühren für ein entliehenes Buch bezahlen, einen Groschen für jedes Buch. Und da ich sehr schnell las, hatte ich ein Buch manchmal schon an einem Tag und einer halben Nacht durchgelesen.

Ich las auch in der großen Bibel meines Vaters, der sich an den Rand immer Notizen machte.

Um Geld für Leihbücher zu bekommen, trug ich Zeitungen aus. Es waren keine Tageszeitungen, denn da hätte ich schon morgens um fünf Uhr aufstehen müssen, sondern Wochenzeitungen und Illustrierten. Es waren immer zwei große schwere Taschen, die ich an mein Fahrrad hängte. Dafür bekam ich etwa fünf Reichsmark vom Grossisten, der mir den Packen jeden Samstag morgen vor die Haustüre legte. Zusätzlich erhielt ich nochmals ein paar Mark: Kostete ein Blatt 28 Pfennige, bekam ich von den Leuten meistens 30 Pfennige und konnte zwei Pfennige für mich behalten. Manchmal bekam ich sogar fünf oder sieben Pfennige, aber, wie meine Mutter immer sagte: Kleinvieh macht auch Mist.

Es war ein harter Job, denn die zu beliefernden Adressen lagen oft weit auseinander. Ich mußte zu entlegenen Einödhöfen, und im Winter war das weiß Gott kein Vergnügen. Aber jeden Samstag abend freute ich mich über mein selbstverdientes Geld. Ich konnte mir Bücher entleihen und kaufen und hatte manchmal noch etwas übrig.

Hitler war nun vier Jahre an der Macht.

Am 30. Januar ließ er sich durch den Reichstag das Gesetz um vier Jahre verlängern, mit dem er seine Amtszeit begonnen hatte: Das Ermächtigungsgesetz.

Aber auch ohne dieses Gesetz hätte er sein Programm fortführen können, denn er herrschte nun unumschränkt.

Einer meiner Onkel war 1936 zum Militär eingezogen worden, und kam in diesem Jahr zum ersten Mal auf Urlaub nach

Hause. Er trug eine blaue Uniform, da er beim Bodenpersonal der Luftwaffe war. Wir Kinder haben ihn angehimmelt, aber er fühlte sich in seiner Uniform längst nicht so wohl wie wir dachten.

»Hoffentlich gibt's keinen Krieg«, sagte er öfter, und wenn er dann von Großmutter und seinen Geschwistern ausgelacht wurde, entgegnete er nur: »Wenn ihr wüßtet, was sich hinter den Kasernenmauern alles tut.« Mehr hat er nie erzählt.

»Natürlich«, erwiderte dann meine Großmutter, »der Führer muß gerüstet sein, wenn die Franzosen und Engländer eines Tages über uns herfallen sollten«.

Durch die Technik und die modernen Verkehrsmittel war die Welt kleiner geworden. Es gab schon einen geregelten zivilen Luftverkehr, wenn auch eine Flugreise von Berlin nach London noch 4 Stunden und 40 Minuten dauerte, die man heute in 50 Minuten zurücklegt.

Natürlich waren diese zivilen Flugzeuge auch Vorläufer der Luftwaffe und dienten als Test für neue Typen.

Das Volk hatte sich anscheinend mit Hitler abgefunden, auch viele, die ihn anfangs abgelehnt hatten, fanden sich nun, da sie wieder Arbeit gefunden hatten, mit der Situation ab.

Es sollte nicht mehr lange dauern, und die Arbeitskräfte wurden knapp. Die Wehrmacht holte verstärkt arbeitsfähige junge Männer in die Kasernen, die Rüstungsindustrie lief auf Hochtouren und brauchte Arbeitskräfte. Immer mehr Frauen arbeiteten in den Fabriken an den Arbeitsplätzen, die vorher nur von Männern belegt wurden.

Mein Vater hatte immer noch seine Schusterwerkstatt in der Küche, zum Ärger meiner Mutter, die ihre Küche niemals richtig sauber putzen konnte. Seine Kunden wurden immer zahlreicher.

Die Leute hatten wieder etwas Geld, sie ließen sich Schuhe anfertigen oder gut reparieren. Mein Vater verdiente mehr, manchmal arbeitete er bis spät in die Nacht hinein, um seine Kunden zu behalten.

In diesem Jahr bekam das Viertel, in dem wir wohnten, elektrischen Strom. Meine Mutter war glücklich darüber, denn sie brauchte nun morgens nicht mehr Feuer im Ofen zu machen, nur um Kaffeewasser zu kochen. Jetzt tat es in einer Minute ein Tauchsieder. Einen elektrischen Herd konnten wir uns allerdings nicht leisten, also wurde weiterhin auf einem

Kohleherd gekocht, der meistens mit Holz beheizt wurde. Für diejenigen, die bisher nichts als Not und Armut kannten, bedeutete dies bescheidenen Wohlstand.

Ich hätte längst beim Jungvolk sein müssen und war als Elfjähriger schon ein Jahr über die Zeit. Doch meine Mutter wußte das immer mit allerlei Tricks zu verhindern. Einmal redete sie sich damit heraus, daß wir kein Geld für eine Uniform hätten, ein andermal konnte ich nicht zum Appell antreten, weil ich beim Bauern helfen mußte. Natürlich wäre ich gerne zum Jungvolk gegangen, schließlich waren dort alle meine Schulkameraden, und das Abenteuer reizte mich. Dort wurden Kriegsspiele gespielt, im Freien Feuer angezündet, es wurden Geländespiele veranstaltet und im Wald wurde »Feind entdecken« gespielt. Dabei mußte man sehr geschickt im Anschleichen sein, und darin war ich einer der besten in unserer Klasse. Mein Großvater hatte mir beigebracht, wie man sich im Wald lautlos anschleicht, um äsendes Wild nicht zu verschrecken.

Wenn meine Mutter und ich zur Erntezeit beim Bauern arbeiteten, bekamen wir für unsere Arbeit Kartoffeln zum Einkellern, Brot, Butter, Eier und Mehl, aber keine Bezahlung.

Mein Vater war alle vierzehn Tage am Wochenende verschwunden. Er schmuggelte Zeitungen wie das »Goldene Zeitalter« und »Der Wachturm« aus der Tschechoslowakei. War er zurück, besuchten ihn wieder fremde Männer. Sie kamen aus Weiden, Hof, Bayreuth und sogar aus Bamberg und Würzburg. Diese Männer verteilten dann die von meinem Vater ins Reich geschmuggelten Zeitungen weiter an ihre Glaubensgenossen.

Am 1. 7. 1937 wurde Pastor Niemöller verhaftet und in das KZ Sachsenhausen eingeliefert, 1941 kam er nach Dachau ins KZ, später nach Südtirol, wo er 1945 von den alliierten Truppen befreit wurde.

Niemöller war im Ersten Weltkrieg U-Boot-Kommandant und Träger des damals höchsten deutschen Militärordens, des »Pour le mérite«. Er war einer der unerschrockensten Führer der Bekennenden Kirche, die die amtliche Kirchenpolitik bekämpfte.

Nach dem Urteil über Pastor Niemöller wurde von allen Kanzeln der evangelischen Kirchen nachfolgender Text verlesen:

Mit tiefer Bewegung und in gespannter Erwartung hat die evangelische Christenheit in Deutschland den Ausgang des Prozesses erwartet, in dem ein Sondergericht ein Urteil fällen sollte über die schweren Anklagen, die gegen Pfarrer Martin Niemöller erhoben waren. Das Gericht hat ihn zu 7 Monaten Festungshaft und 2000,— RM Geldstrafe verurteilt und weiter dahin erkannt, daß die 7 Monate Festungshaft und 500,— RM von der Geldstrafe durch die Untersuchungshaft verbüßt sind.

Nach dem Gesetzbuch darf auf Festungshaft nur dann erkannt werden, »wenn die Tat sich nicht gegen das Wohl des Volkes gerichtet und der Täter ausschließlich aus ehrenhaften Beweggründen gehandelt hat«. Durch das Urteil ist also festgestellt, daß Pfarrer Niemöller nicht gegen das Wohl des Volkes verstoßen und ausschließlich aus ehrenhaften Beweggründen gehandelt hat . . .

Martin Niemöller ist *nicht* in Freiheit gesetzt. Er ist in ein Konzentrationslager überführt – für unbestimmte Zeit. Damit ist ihm der Makel eines Volksschädlings angehängt. Diese Maßnahme ist mit dem Urteil des Gerichtes nicht vereinbar. Es steht geschrieben: »Recht muß Recht bleiben.«

Es wird auch noch heute behauptet, zur damaligen Zeit habe niemand von der Existenz der Konzentrationslager gewußt. Zumindest diejenigen, die an diesem Sonntag in den Kirchen saßen und die Kanzelabkündigung hörten oder sie in den kirchlichen Nachrichten lasen, mußten davon wissen.

Am 10. 4. hielt der deutsche Schriftsteller Heinrich Mann eine Rede in Paris. Natürlich galt Heinrich Mann, ebenso wie sein Bruder Thomas Mann, als Hetzer, Deutschenhasser, Judenfreund oder was sonst noch für Worte über deutsche Emigranten ausgestreut wurden, um sie zu diffamieren und unglaubwürdig zu machen. Aber sie waren die Mahner, denen das Schicksal des deutschen Volkes nicht gleichgültig war, und die klar erkannten, daß Hitlers Politik in den Krieg und damit unausweichlich in die Katastrophe führen würde.

Hitler treibt Deutschland in die Kriegskatastrophe. Damit stellt er vor dem deutschen Volk die Frage des Schicksals unserer deutschen Heimat. Die Hauptaufgabe der Deutschen Volksfront kann daher nur sein, gegen Hitlers Kriegspolitik, gegen die unerträglichen Rüstungslasten und die Kriegs-Zwangsmaßnahmen, für die Erhaltung des Friedens zu kämpfen. Dieser Kampf für den Frieden, der auch unsere Jugend vor der Vernichtung auf dem Schlachtfeld rettet, entspricht den wahren nationalen Interessen des deutschen Volkes. Es ist möglich, den Frieden zu erhalten und Millionen Menschen das unermeßliche Leid des Krieges zu ersparen, wenn Hitler gestürzt wird, bevor er die Brandfackel entzünden kann.

Jede Hinauszögerung des Kriegsausbruches durch die Stärkung der internationalen Friedenskräfte, jeder Erfolg des spanischen Volksheeres gegen die Interventionstruppen, jeder Widerstand der deutschen Volksmassen schafft günstigere Möglichkeiten für den Sieg über den Volksfeind Hitler . . .

Nur die Deutsche Volksfront wird die Kraft sein, die alle im Volke niedergedrückten freiheitlichen Regungen entfalten und zu großen Volksbewegungen einigen wird. Nur die Deutsche Volksfront kann das Werk der Einigung des Volkes gegen Hitler vollbringen. Nur die Deutsche Volksfront wird die Gestalterin einer freien, glücklicheren Zukunft Deutschlands sein.

Wer konnte diese Rede hören oder lesen, wer hatte in Deutschland die Möglichkeit, die ausländische Zeitung zu beziehen, in der sie gedruckt war? Meine Eltern gewiß nicht. Nicht nur die deutschen Emigranten im Ausland warnten vor Hitlers Politik, im Reich selbst gab es geheimen Widerstand. So fanden sich für das Jahr 1937 nicht weniger als über 900 000 Druckschriften gegen Hitler, davon 84 000 Tarnschriften, hektografierte Schriften aller Art, 788 000 Druckschriften gegen das NS-System. Dort wurde z. B. gesagt und mit Zahlen belegt, daß der sogenannte Vierjahresplan zur Ankurbelung der Wirtschaft kein Wirtschafts- sondern ein Kriegsplan war.

Wer diese Druckschriften herstellte, vertrieb oder auch nur zufällig besaß, wurde, wenn man ihn überführte, von einem Sondergericht abgeurteilt, kam in ein KZ oder wurde sofort zum Tode verurteilt.

Parteien und Widerstandsgruppen versuchten immer wieder, die Parolen und Lügen der Nazis zu entlarven. Die »Sozialistische Aktion«, ein illegales Organ der SPD versuchte 1936 den Mythos des »Arbeitgeber« Hitler ins rechte Licht zu rücken:

Löhne herauf!

Seit der Machtergreifung Hitlers sind die Löhne in erschreckender Weise gesunken. Zum Teil wurden sie direkt gesenkt, zum Teil erfolgte die Senkung durch

Erhöhung der Preise und Verminderung der Kaufkraft. Für eine Mark gibt es jetzt nur noch soviel wie vor vier Jahren für 78 Pfennige.

Das heißt, wenn ein Arbeiter vor vier Jahren 40 Mark Wochenlohn bekam, und er bekommt diesen Lohn auch heute noch, so sind dies nicht mehr 40 Mark, sondern nur noch 30.

Wenn aber der Lohn obendrein noch seit vier Jahren von 40 auf 30 Mark gesunken ist, so sind diese 30 Mark eigentlich auch keine 30 Mark mehr, sondern nur noch 22,50.

Davon gehn noch die Abzüge ab, die gesetzlichen sowohl wie die sogenannten freiwilligen, die höher sind als je zuvor.

Wenn also die Nationalsozialisten sagen, daß die Arbeiter keine höheren Löhne haben dürfen, so heißt das nicht, daß sie leben sollen wie einst, sondern viel schlechter!

Einst gehörte der deutsche Arbeiter zu den bestbezahlten der Welt. Wie ist es jetzt?

. . .

Die Nationalsozialisten sagen: »Lohnerhöhungen sind nur möglich, wenn der Wert der Produktion steigt!« Also ist der Wert der Produktion in der Hitlerzeit trotz Antreibersystem und Zwangsarbeit nicht gestiegen, sondern gesunken? Wie aber will man ihn steigern, wenn man immer nur Dinge schafft, die wirtschaftlich wertlos sind wie Kanonen und Fabriken zur Erzeugung von Ersatz für Rohstoffe, die man im Ausland für ein Drittel der Kosten kaufen kann. Die Nationalsozialisten sagen: »Wir haben Millionen wieder in Arbeit gebracht!«

Ja, aber sie haben dabei das Kunststück fertiggebracht, Milliarden Schulden zu machen – und sie zahlen trotzdem den früheren Arbeitslosen für ihre Arbeit nicht viel mehr, als sie in der »Systemzeit« Unterstützung bekamen, und sie zahlen den Arbeitern, die schon damals in Arbeit standen viel weniger, als sie in der »Systemzeit« erhielten.

Anzeichen eines sich weltweit abzeichnenden Krieges gab es schon in diesem Jahr, denn in China begann der japanischchinesische Krieg, der bis 1941 dauerte. Deutsche Kriegsschiffe beschossen in Spanien die Stadt Almeria. Mussolini, der Führer des faschistischen Italien, besuchte Deutschland, um mit Hitler über das weitere Vorgehen in Spanien und Afrika zu beraten.

Zwar waren Bomben und Granaten weit von Deutschland entfernt, aber die Kriege außerhalb seiner Grenzen wurden mit deutschem Kriegsmaterial geführt.

Das deutsche Volk wähnte sich im tiefsten Frieden, denn es verging kein öffentlicher Auftritt Hitlers, bei dem er nicht von seinem Friedenswillen sprach, von seiner ausgestreckten Hand, die andere Länder und andere Staatsmänner nur zu ergreifen brauchten.

Am 7. 9. erklärte er den Versailler Vertrag für ungültig. Alle Gebietsabtretungen (Elsaß-Lothringen und Eupen Malmedy im Westen, Oberschlesien, das Wartheland und das Memelgebiet im Osten) seien deutsche Gebiete, waren also nach dem Ersten Weltkrieg von den Siegermächten geraubt worden, und müßten an Deutschland zurückgegeben werden. Könne dies nicht friedlich geschehen, müsse man zu kriegerischen Mitteln greifen. Dies war Wasser auf den Mühlen derjenigen Deutschen, die den Versailler Vertrag schon immer als eine Schmach empfunden hatten.

Das Ausland, insbesondere Frankreich und Großbritannien, und auch der Völkerbund, protestierten kaum. Der konservative britische Politiker Halifax sicherte Hitler im Auftrag des Premiers Chamberlain sogar zu, Grenzrevisionen zu dulden, solange sie ohne Krieg erfolgten.

Solche Zugeständnisse stützten Hitlers aggressive Politik und bestärkten ihn in seinem Glauben, die westlichen Demokratien seien zu schwach, um einen Krieg zu riskieren. Hitler war der Überzeugung, sie alle würden vor ihm zu Kreuze kriechen, aber er verkannte, daß diese Männer um die Erhaltung des Friedens kämpften. Sie glaubten tatsächlich, wenn sie Hitler entgegenkamen und ihre Beziehungen zu ihm aufrecht erhielten, könnten sie einen Krieg vermeiden.

Für Hitler aber war der Krieg längst beschlossene Sache, er mußte jetzt nur noch seine Generale davon überzeugen.

Am 5. November lud er die Oberbefehlshaber der drei Waffengattungen, sowie den Reichsaußenminister zu einer Besprechung ein, in der er seine Kriegspläne enthüllte. Die

Einwände der Generale waren lediglich militärischer Art, denn sie waren der Ansicht, daß Deutschland noch nicht in dem Maße zum Krieg gerüstet sei, um Gegner wie Frankreich oder Großbritannien zu besiegen.
Hier ein Auszug aus der Besprechung, die Oberst Hoßbach protokollierte:

Niederschrift   Berlin, den 10. November 1937

über die Besprechung in der Reichskanzlei
am 5. November 1937 von 16.15–20.30 Uhr

Anwesend: Der Führer und Reichskanzler
Der Reichskriegsminister, Generalfeldmarschall von Blomberg
Der Oberbefehlshaber des Heeres, Generaloberst Frh. v. Fritsch
Der Oberbefehlshaber der Kriegsmarine, Generaladmiral Dr. h. c. Raeder
Der Oberbefehlshaber der Luftwaffe, Generaloberst Göring
Der Reichsminister des Auswärtigen, Freiherr von Neurath
Oberst Hoßbach

Der Führer stellt einleitend fest, daß der Gegenstand der heutigen Besprechung von derartiger Bedeutung sei, daß dessen Erörterung in anderen Staaten wohl vor das Forum des Regierungskabinetts gehörte, er – der Führer – sähe aber gerade im Hinblick auf die Bedeutung der Materie davon ab, diese im Kreise des Reichskabinetts zum Gegenstand der Besprechung zu machen. Seine nachfolgenden Ausführungen seien das Ergebnis eingehender Überlegungen und der Erfahrung seiner 4¹/₂jährigen Regierungszeit; er wolle den anwesenden Herren seine grundlegenden Gedanken über die Entwicklungsmöglichkeiten und -notwendigkeiten unserer außenpolitischen Lage auseinandersetzen, wobei er im Interesse einer auf weite Sicht eingestellten deutschen Politik seine Ausführungen als seine testamentarische Hinterlassenschaft für den Fall seines Ablebens anzusehen bitte. [...]
Fall 1: Zeitpunkt 1943-1945.
Nach dieser Zeit sei nur noch eine Veränderung zu unseren Ungunsten zu erwarten. Die Aufrüstung der Armee, Kriegsmarine, Luftwaffe sowie die Bildung des Offizierkorps seien annähernd beendet. Die materielle Ausstattung und Bewaff-

nung seien modern, bei weiterem Zuwarten läge die Gefahr
ihrer Veralterung vor. Besonders der Geheimhaltungsschutz
der »Sonderwaffen« ließe sich nicht immer aufrechterhalten.
Die Gewinnung von Reserven beschränke sich auf die laufen-
den Rekrutenjahrgänge, ein Zusatz aus älteren unausgebilde-
ten Jahrgängen sei nicht mehr verfügbar. Im Verhältnis zu
der bis dahin durchgeführten Aufrüstung der Umwelt nähmen
wir an relativer Stärke ab. Wenn wir bis 1943/45 nicht handelten, könne infolge des Fehlens von Reserven jedes Jahr die
Ernährungskrise bringen, zu deren Behebung ausreichende
Devisen nicht verfügbar seien. [. . .]
Fall 2:
Wenn die sozialen Spannungen in Frankreich sich zu einer
derartigen innenpolitischen Krise auswachsen sollten, daß
durch letztere die französische Armee absorbiert und für eine
Kriegsverwendung gegen Deutschland ausgeschaltet würde,
sei der Zeitpunkt zum Handeln gegen die Tschechei gekommen. [. . .]
Fall 3:
Wenn Frankreich durch einen Krieg mit einem anderen Staat
so gefesselt ist, daß es gegen Deutschland nicht »vorgehen«
kann.
Zur Verbesserung unserer militärisch-politischen Lage müsse
in jedem Fall einer kriegerischen Verwicklung unser 1. Ziel
sein, die Tschechei und gleichzeitig Österreich niederzuwer-
fen, um die Flankenbedrohung eines etwaigen Vorgehens
nach Westen auszuschalten . . .
In gewissere Nähe sähe der Führer den Fall 3 gerückt, der
sich aus den derzeitigen Spannungen im Mittelmeer entwik-
keln könne, und den er eintretendenfalls zu jedem Zeitpunkt,
auch bereits im Jahre 1938, auszunutzen entschlossen
sei . . .
Der Zeitpunkt unserer Angriffe auf die Tschechei und Österreich müsse abhängig von dem Verlauf des italienisch-eng-
lisch-französischen Krieges gemacht werden und läge nicht
etwa gleichzeitig mit der Eröffnung der kriegerischen Handlungen dieser drei Staaten. Der Führer denke auch nicht an
militärische Abmachungen mit Italien, sondern wolle in eigener Selbständigkeit handeln und unter Ausnutzung dieser sich
nur einmal bietenden günstigen Gelegenheit den Feldzug
gegen die Tschechei beginnen und durchführen, wobei der
Überfall auf die Tschechei »blitzartig schnell« erfolgen
müsse . . .
Für die Richtigkeit: gez.: Hoßbach
                                          Oberst d. G.

Natürlich wußte das deutsche Volk nichts von dieser Konferenz, doch in der Rüstungsindustrie wurde bereits in drei Schichten rund um die Uhr gearbeitet. Vielen war auch das noch verständlich, denn sie glaubten, der Führer wolle nur soviel aufrüsten, um mit den anderen Staaten gleichzuziehen. So sagte es jedenfalls täglich die Propaganda. Und der Führer mußte es wissen, er hatte ja den größten Überblick.

In diesem Jahr wurde das Volkswagenwerk in Wolfsburg eingeweiht. Jeder Deutsche sollte ein Auto besitzen. Für rund tausend Mark war es zu haben. Dafür sparten die Leute wöchentlich oder monatlich, je nach Geldbeutel, fünf Mark. Es wurden auch bis Kriegsbeginn Wagen an Privatleute ausgeliefert, aber bald produzierte das Werk nur noch für die Armee. Nach dem Zweiten Weltkrieg wurde der »Käfer« so etwas wie ein Symbol für den deutschen Wohlstand.

Von Schulkameraden, Nachbarn und auch von Lehrern war meine Familie mehrfach gedrängt worden, daß ich ins Jungvolk eintreten solle. Die einen drängten, weil sie es für eine nationale Pflicht ansahen, andere, Wohlmeinende, weil sie glaubten, wenn ich im Jungvolk wäre – und später in der HJ – könnte das einen guten Schutz für meinen Vater bedeuten, dessen religiöse und damit politische Überzeugung natürlich niemanden in der Nachbarschaft verborgen geblieben war. Mein Vater war strikt dagegen, aber meine Mutter zögerte, denn sie glaubte, es würde mir manches erleichtern, wenn ich mich nicht ausschlösse. Dennoch beugte sie sich dem Willen meines Vaters und erfand immer wieder Ausreden, um mich fernzuhalten.

Natürlich wollte ich gerne dabei sein, alle meine Schulkameraden machten mit, trugen eine Uniform, und ich kam mir schon wie ein Außenseiter vor, wenn ich in der Mittelschule gehänselt wurde. Manche fanden böse Worte dafür, daß ich nicht mitmarschierte.

Aber heimlich ging ich doch mit. Ich stahl mich von zu Hause fort und marschierte in meinen Lederhosen in der letzten Reihe.

Meiner Mutter blieb das natürlich nicht verborgen, sie sagte aber nichts, und erzählte es auch nicht meinem Vater. Das Abenteuer lockte mich, das Jungvolk marschierte in Wälder, schlug Zelte auf, machte Biwak, auf offenem Feuer wurde Eintopf gekocht, und in den Wäldern wurde Krieg gespielt: Schwarz gegen Weiß. Eine Gruppe trug ein weißes Band um den linken Arm, die andere ein schwarzes Band. Wurde einem Jungen das Band vom Arm gerissen, galt er als tot. Er mußte liegenbleiben, bis das Kriegsspiel abgeblasen wurde, und dann wurden die »Leichen« gezählt. Die Gruppe, die die meisten Bänder erobert hatte, war Sieger.

Schulkameraden fanden immer eine Ausrede bei meinen Eltern, damit ich mitkommen konnte, auch wenn ich keine Uniform trug. Sie brauchten mich als Kundschafter, weil ich mich in den Wäldern am besten zurechtfand. Daß ich keine Uniform trug, wurde hingenommen, denn über Armut lächelte man nicht, Armut war etwas Selbstverständliches.

Es entging mir nicht, daß meine Eltern immer nervöser wurden, daß sie erschraken, wenn an unsere Wohnungstür geklopft wurde. Meistens waren es Freunde oder Glaubensgenossen meines Vaters, Fremde kamen selten, höchstens mal ein Hausierer, ein Bauchladenmann oder Vertreter.

Wie meinen Eltern ging es vielen Menschen. Die Furcht vor der Gestapo ließ sie nicht zur Ruhe kommen.

Auch aus unserer Nachbarschaft verschwanden plötzlich Menschen. Die Gestapo führte ihre Verhaftungsaktionen meistens nachts durch. Wenn wir unsere Eltern fragten, warum dieser oder jener nicht mehr zu sehen war, sagte man uns: Die sind verreist. Meistens aber bekamen wir keine Antwort.

Das Jahr 1938 wurde das Jahr der »friedlichen Besetzungen«, der Annexion fremder Gebiete, der Parolen wie: »Heim ins Reich« und »Ein Volk, ein Reich, ein Führer«. Das Jahr 1938 war das Jahr des Jubels, beinahe das ganze Volk fand sich in einem Siegestaumel. Das deutsche Volk hat wohl niemals so viel gejubelt wie in diesem Jahr. Die »Sondermeldungen« im Radio häuften sich.

Am 11. Juli 1936 hatte sich die deutsche Reichsregierung noch schriftlich verpflichtet, die Selbständigkeit Österreichs nicht anzutasten.

Die österreichischen Nazis waren im Laufe der Jahre, mit Unterstützung der Deutschen, eine innenpolitische Macht geworden. Die deutsche Presse hetzte pausenlos gegen alle österreichischen Regierungen, und die deutsche Propaganda machte die Österreicher schließlich willig für einen »Anschluß« an das deutsche Reich.

Der damalige österreichische Bundeskanzler Schuschnigg sah sich, um den innenpolitischen Frieden in Österreich wieder herzustellen, gezwungen, mit Gewalt gegen die österreichischen Nazis vorzugehen. Mit militärischer Gewalt wollte er sie bekämpfen. Das gab der deutschen Propaganda wiederum

Gelegenheit, darüber zu klagen und zu zetern, daß in Österreich deutsch gesinnte Menschen unterdrückt würden. Bundeskanzler Schuschnigg wollte das widerlegen, indem er für den 11. März 1938 eine Volksabstimmung ankündigte. Diese Volksabstimmung fürchtete Hitler, der nicht sicher war, ob die Österreicher nicht doch für Schuschnigg stimmen würden. Wäre es zu dieser Abstimmung gekommen und die Österreicher hätten für die Selbständigkeit ihres Landes gestimmt, hätte Hitler keine Handhabe gehabt, Österreich an das deutsche Reich anzuschließen.

Schuschnigg hatte nicht mit der Schnelligkeit der Deutschen gerechnet und nicht um die Intrigen gewußt, die sich hinter seinem Rücken abspielten. Hitler erteilte in der Nacht vom 10. auf den 11. März die sogenannte Weisung Nr. 1 an die deutsche Wehrmacht für das »Unternehmen Otto«, die militärische Besetzung Österreichs.

Die Fäden dieser Besetzung hatten Hermann Göring und der österreichische Innenminister Seyß-Inquart in der Hand, der seit langem hinter dem Rücken seines Kanzlers mit den Deutschen verhandelte.

Vom 11. März 1938
(»Unternehmen Otto«)

1. Ich beabsichtige, wenn andere Mittel nicht zum Ziele führen, mit bewaffneten Kräften in Österreich einzurücken und dort verfassungsmäßige Zustände herzustellen und weitere Gewalttaten gegen die deutschgesinnte Bevölkerung zu unterbinden.
2. Den Befehl über das gesamte Unternehmen führe ich. Nach meinen Weisungen führen:
der Oberbefehlshaber des Heeres die Operationen zu Lande mit der achten Armee in der mir vorgeschlagenen Zusammensetzung und Stärke und den aus der Anlage ersichtlichen Zuteilungen der Luftwaffe, der SS und der Polizei,
der Oberbefehlshaber der Luftwaffe die Unternehmungen in der Luft mit den mir vorgeschlagenen Kräften.
3. Aufgaben:
a) Heer: Der Einmarsch nach Österreich hat in der mir vorgetragenen Art zu erfolgen. Das Ziel für das Heer ist zunächst die Besetzung von Oberösterreich, Salzburg, Niederösterreich, Tirol, die schnelle Besitznahme von Wien und die Sicherung der österreichisch-tschechischen Grenze.

b) die Luftwaffe: Die Luftwaffe hat zu demonstrieren und Propagandamaterial abzuwerfen, österreichische Flughäfen für eventuell nachzuziehende Verbände zu besetzen, das Heer in dem erforderlichen Umfange zu unterstützen und außerdem Kampfverbände zu besonderen Aufträgen bereitzuhalten.

4. Die für das Unternehmen bestimmten Kräfte des Heeres und der Luftwaffe müssen ab 12. März 1938 spätestens 12 Uhr einmarsch- bzw. einsatzbereit sein. Die Genehmigung zum Überfliegen und Überschreiten der Grenze und die Festsetzung des Zeitpunktes hierfür behalte ich mir vor.

5. Das Verhalten der Truppe muß dem Gesichtspunkt Rechnung tragen, daß wir keinen Krieg gegen ein Brudervolk führen wollen. Es liegt in unserem Interesse, daß das ganze Unternehmen ohne Anwendung von Gewalt in Form eines von der Bevölkerung begrüßten friedvollen Einmarsches vor sich geht. Daher ist jede Provokation zu vermeiden. Sollte es aber zum Widerstand kommen, so ist er mit größter Rücksichtslosigkeit durch Waffengewalt zu brechen. Übergehende österreichische Verbände treten sofort unter deutschen Befehl.

6. An den deutschen Grenzen zu den übrigen Staaten sind einstweilen keinerlei Sicherheitsmaßnahmen zu treffen.

Adolf Hitler

Am Samstag dem 12. März überschritten deutsche Truppen die österreichische Grenze. Sie wurden mit beispiellosem Jubel der Bevölkerung begrüßt.

Ganz Österreich, so schien es, befand sich in einem Freudentaumel.

Wieder war ein Anspruch Hitlers in Erfüllung gegangen, den er schon 1924 in seinem Buch »Mein Kampf« gestellt hatte.

Am 12. März besuchte Hitler auf dem Weg nach Wien seine Heimatstadt Braunau am Inn. Am 15. März verkündete er auf dem Heldenplatz in Wien: »Die älteste Ostmark des deutschen Volkes soll von jetzt ab das jüngste Bollwerk der deutschen Nation und damit des deutschen Reiches sein. Als Führer und Kanzler der deutschen Nation und des Reiches melde ich vor der deutschen Geschichte nunmehr den Eintritt meiner Heimat in das deutsche Reich ...«

Pathetische Worte hatte Hitler immer geliebt, und viele Deutsche haben sie gerne gehört.

Ein neues Reichsgesetz bestätigte es noch einmal: »Österreich ist ein Land des deutschen Reiches.«

Mit dem Anschluß Österreichs an Deutschland ging ein Traum in Erfüllung, den die Mehrzahl der Österreicher und der Deutschen fast hundert Jahre gehegt hatten.

Das deutschsprechende Österreich war als »Alpenland« 1918, nach der Zerschlagung der Donaumonarchie, als selbständiger Staat übriggeblieben. Es war Hitler deshalb nicht besonders schwer gefallen, die Österreicher »heim ins Reich« zu holen, weil die Mehrheit der Österreicher sich nie völlig mit diesem Rumpfstaat abgefunden hatten.

Der beispiellose Jubel der Österreicher, die frenetische Begeisterung aber hatten Hitler selbst überrascht, denn die Militärs hatten bis zuletzt Sorge, daß es zu einem militärischen Konflikt kommen könnte.

Nach dieser »friedlichen« Besetzung Österreichs mußte Hitler die Überzeugung gewinnen, daß keine Macht in Europa ihn davon abhalten könne, alle seine Ziele zu erreichen. Das deutsche Reich hieß von da an »Großdeutschland«, und die meisten Deutschen begrüßten den »Anschluß« mit großer Freude. Eine Nachbarin rief meinem Großvater über den Gartenzaun zu: »Sie haben gesiegt! Ohne einen Schuß.«

Mein Großvater faßte mich um die Schulter und führte mich weg, und als wir ein paar Schritte gegangen waren, sagte er leise: »Bub, du mußt das nicht glauben, ich sage dir nur eins, denk an mich, sie werden sich zu Tode siegen.«

Natürlich habe ich das damals nicht verstanden, aber da mein Großvater für mich gleich neben dem lieben Gott kam, nickte ich.

Auch in den Schulen wurde das Ereignis gebührend gefeiert. Ich weiß noch, wie unser Geschichtslehrer vor die Klasse trat und sagte: »Unser Führer ist unbesiegbar.«

Alle glaubten es. Ich auch.

Und ich war zum ersten Mal wütend auf meinen Großvater, weil er sich nicht freute, als ich ihm berichtete, was ich in der Schule gehört hatte: »Unser Führer ist unbesiegbar.«

Er antwortete nur: »Alle müssen sterben.«

Wir Jungen berauschten uns an den marschierenden Kolonnen und am Jubel der Österreicher, den wir in den Wochenschauen miterlebten. Es erschien uns logisch, daß die Österreicher, die ja auch deutsch sprachen, nun zum deutschen Reich gezählt wurden.

Doch der Jubel der Österreicher sollte bald einer Ernüchterung weichen. Die österreichischen Bodenschätze wurden ausgeplündert, und die Hauptstadt Wien zur mittelmäßigen Provinzstadt degradiert. Das Bundesheer wurde auf Hitler vereidigt und gleich nach dem Anschluß kam der Reichsführer des SS Heinrich Himmler nach Wien, um dort sein Gewaltregime fortzuführen. Die SS verhaftete bereits in der ersten Nacht allein in Wien 67 000 Menschen, zahllose Juden, Intellektuelle, Sozialisten und Kommunisten. Tausende flohen in die Emigration.

Und wieder ließ sich Hitler seine »Übernahme« vom Volk bestätigen, um dem Ausland zu beweisen, daß der Raub eines ganzen Landes in Wirklichkeit der Wunsch des Volkes gewesen war.

Wohlgemerkt, Hitler ließ erst dann abstimmen, als die vollendeten Tatsachen schon geschaffen worden waren.

Interessant sind in diesem Zusammenhang die Stimmzettel, die für die Volksabstimmung ausgegeben wurden: Großer Kreis für Ja, kleiner Kreis für Nein.

Volksabstimmung und Großdeutscher Reichstag

Stimmzettel

Bist Du mit der am 13. März 1938 vollzogenen

Wiedervereinigung Österreichs mit dem Deutschen Reich

einverstanden und stimmst Du für die Liste unseres Führers

Adolf Hitler?

Ja

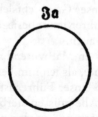

Nein

Wer aber in Deutschland und im Ausland geglaubt hatte, mit dem »Anschluß« Österreichs sei die Unruhe in Europa zu Ende, der hatte Hitlers Pläne nicht durchschaut.

In der Tschechoslowakei wohnten über drei Millionen

deutschsprechende Menschen mit tschechoslowakischer Staatsangehörigkeit. Für Hitler waren es Deutsche, und die wollte er ebenso wie die Österreicher »heim ins Reich« holen. Das war natürlich auch eine militärische Angelegenheit. Wer sich einmal eine alte Landkarte von Europa ansieht, dem wird sogleich auffallen, daß die Tschechoslowakei wie ein Pfeil in das frühere deutsche Reichsgebiet »stieß«, oder, wie Hitler sagte »ins deutsche Fleisch«.

Dieser »Pfahl« sollte abgebrochen oder stumpf gemacht werden. Durch einen beispiellosen Propagandafeldzug wurde den Deutschen in der Tschechoslowakei täglich eingehämmert, daß sie von den Tschechen unterdrückt würden. Konrad Henlein wurde zum Führer der Sudetendeutschen. Natürlich war Henlein ein Nazi und er wurde von der deutschen Reichsregierung unterstützt.

Wenige Tage nach der Besetzung Österreichs, am 28. März, empfing Hitler Konrad Henlein und gab ihm Anweisungen, wie er in der Tschechoslowakei vorzugehen hatte. Die CSR war ein Vielvölkerstaat. Der nach dem Ersten Weltkrieg aus der österreichischen Donaumonarchie hervorgegangen war. Zwar war die CSR eine funktionierende Demokratie geworden, doch hatte sie es mit ihren Minderheiten, Deutsche, Ungarn, Ruthenen und Polen schwer. Hitler nützte die Wünsche und Forderungen und die zum Teil auch berechtigten Ansprüche der deutschen Minderheit aus, um sein Ziel, diesen Staat zu zerschlagen und die deutschsprechenden Gebiete in das deutsche Reich einzugliedern, zu erreichen.

Die CSR war damals schon ein moderner Industriestaat und die tschechische Industrie – besonders die Skodawerke in Pilsen, eine der größten Waffenfabriken Europas – war für die deutsche Rüstungsproduktion von großer Bedeutung.

Konrad Henlein stellte eine Art militärischer Truppe auf, das Freikorps Henlein, das vom deutschen Reich finanziert wurde.

Hitler wollte diesen Staat so schnell wie möglich zerschlagen. Schon ein Jahr vorher, am 24. 6. 1937 gab er die Weisung »Grün« als streng geheime Kommandosache an die Wehrmacht.

Berlin, den 22. April 1938

Grundlagen zur Studie »Grün«
Zusammenfassung der Besprechung Führer/Gen. Keitel
am 21. April

A. Politisch

1. Strategischer Überfall aus heiterem Himmel ohne jeden Anlaß oder Rechtfertigungsmöglichkeit wird abgelehnt. Da Folge: feindliche Weltmeinung, die zu bedenklicher Lage führen kann.
Solche Maßnahme nur zur Beseitigung des letzten Gegners auf dem Festlande berechtigt.
2. Handeln nach einer Zeit diplomatischer Auseinandersetzungen, die sich allmählich zuspitzen und zum Kriege führen.
3. Blitzartiges Handeln auf Grund eines Zwischenfalls (z. B. Ermordung des deutschen Gesandten im Anschluß an eine deutschfeindliche Demonstration).
[. . .]

C. Propaganda

1. Flugblätter für das Verhalten der Deutschen im Grünland.
2. Flugblätter mit Drohungen zur Einschüchterung der Grünen.

Wir Kinder bekamen den tschechischen oder den sudetendeutschen Fall aus nächster Nähe mit, denn wir wohnten nur einen Steinwurf von der tschechischen Grenze entfernt. Wir fuhren nun häufiger als vorher mit den Fahrrädern in die Tschechoslowakei, nach Asch und Eger. An der Grenze gab es für uns immer noch keine Kontrollen. Kinder kontrollierte man nicht. Einmal habe ich selbst einen Aufmarsch der Henlein-Leute in Asch miterlebt, fand es aber überhaupt nicht aufregend. Wir kannten das ja alles. Es war nicht anders, als das Auftreten der SA bei uns, nur daß die Männer keine Uniform trugen.
Aber selbst uns Kindern blieb es nicht verborgen, daß viele Deutsche nachts Waffen über die Grenze schmuggelten, die für die Henlein-Leute bestimmt waren.
Das Gesicht meines Vaters wurde immer sorgenvoller, doch ich ahnte nicht, daß die Unruhe an der Grenze das Schmuggeln seiner Zeitungen immer gefährlicher machte, und er eines Tages doch erwischt werden konnte.

Inzwischen hatte ich gelernt, genau hinzuhören. Wenn die Leute Heil Hitler sagten, merkte ich, ob sie es nun wirklich meinten oder einfach nur sagten, um keinen Ärger zu bekommen. Niemand in unserer Kleinstadt hätte es gewagt, öffentlich an Hitler und seiner Politik Kritik zu üben. Selbst in privaten Kreisen war es zu riskant, denn man konnte ja nie wissen, mit wem der Gesprächspartner Umgang hatte, von denen er vielleicht ausgefragt wurde.

Es war eine Zeit, in der man seinem eigenen Bruder nicht mehr trauen durfte, nicht mehr dem Schulfreund, und, es mag unwahrscheinlich klingen, nicht mehr dem Ehepartner. Eheleute beschuldigten sich gegenseitig »staatsfeindlicher« Umtriebe, und verrieten den anderen an die Gestapo, nur weil sie auf diesem Wege den lästigen Ehepartner loswerden wollten. Im Reich ging das Foltern und Morden hinter Gefängnismauern und Stacheldraht weiter.

Eines Morgens, als ich mit ein paar Nachbarjungen zur Schule ging, sahen wir, wie ein Mann von zwei SS-Männern aus seiner Wohnung geholt wurde. Ich blieb auf dem Bürgersteig stehen und sah der Aktion zu, von der ich nicht wußte, daß es wirklich eine Verhaftung war. Ein SS-Mann sprang aus seinem parkenden Auto und stieß mich vor die Brust. Er schrie mich an: »Was glotzt du denn so blöd, hau ab, geh zur Schule. Hast du noch keinen Volksschädling gesehen?« Der Mann, der abgeholt wurde, war ein Freund meines Vaters, und ich erfuhr später, daß man ihm vorwarf, ein Verhältnis mit einer Jüdin gehabt zu haben.

Wie es in Wirklichkeit hinter den fahnengeschmückten Kulissen des deutschen Reiches aussah, beleuchtet ein Brief Heinrich Himmlers an den damaligen Justizminister Gürtner:

> Sehr geehrter Herr Minister!
> Vor rund zwei Monaten sprachen Sie mich darauf an, daß Ihrer Ansicht nach in den Konzentrationslagern zu viele Leute beim Fluchtversuch erschossen würden. Obwohl ich persönlich nicht Ihrer Anschauung war, da in den bisher vorgekommenen Fällen die Schüsse immer in einer Entfernung von 30, 40, 50, 60 oder 80 m abgegeben worden waren, habe ich SS-Gruppenführer Eicke den Befehl gegeben, den Totenkopfverbänden, die die Bewachung der Konzentrationslager durchführen, erneut einzuschärfen, daß nur im äußersten Notfall geschossen werden dürfte. Der Erfolg ist ein für mich erschütternder!

Ich war vorgestern im Lager Buchenwald und man zeigte mir die Leiche eines braven 24jährigen SS-Mannes, dem von 2 Verbrechern mit der Schaufel der Schädel eingeschlagen worden war. Die beiden Verbrecher sind entkommen.

Ich habe mir erneut die Insassen des Lagers angesehen und bin tief betrübt bei dem Gedanken, daß durch zu große Milde, die immer in einem Bremsen bezüglich der Dienstvorschriften des Schießens bei Fluchtversuchen liegt, nun einer meiner anständigen Männer das Leben lassen mußte.

Ich darf Sie davon unterrichten, daß ich meinen Befehl, nur im äußersten Notfall zu schießen, aufgehoben habe und die alte Anordnung, daß streng nach der Dienstvorschrift nach dreimaligem Anruf oder bei tätlichem Angriff ohne Warnungsruf geschossen wird, wieder in Kraft getreten ist.

Zwei weitere Verbrecher, die offenkundig von dem geplanten Ausbruchsversuch wußten, wurden – nachdem der SS-Mann erschlagen worden war – auf dem Heimweg ins Lager in der Entfernung von 50 oder 60 m auf der Flucht erschossen.

Nach den beiden eigentlichen Mördern habe ich alle Mittel der Fahndung angesetzt, um ihrer habhaft zu werden.

Ich darf heute schon mitteilen, daß ich den Führer bitten werde, wenn das ordentliche Gericht das Todesurteil über beide gesprochen hat, dieses nicht auf dem Hofe eines Justizgebäudes, sondern im Lager vor den angetretenen 3000 Häftlingen – möglichst durch den Strang am Galgen – vollziehen zu lassen.

Heil Hitler!
Ihr gez. H. Himmler

Was die Nationalsozialisten für Literatur hielten und »Schrifttum« nannten, war im Grunde nichts anderes als eine Verbrämung der Naziideologie mit überholten oder pervertierten sprachlichen Mitteln. Die Themen dieses Schrifttums sind fast immer völkisch-national. Die sogenannte »Blut- und Boden«-Dichtung verklärte die bäuerliche Welt, die Volksgemeinschaft und predigte das Aufgehen des einzelnen in der Gemeinschaft. Sie huldigte dem Reichsgedanken, dem Führerkult, der Gefolgschaft- und Fahnentreue. Die Literatur stand im Dienst der Wehrertüchtigung und der Propaganda. Opfersinn und Kameradschaft wurden auf verlogene Weise idealisiert. Die von den Nazis geförderte verkitschte Literatur spielte eine besonders wichtige Rolle bei der Indoktrinierung der Jugend. Diese sollte von allen kulturellen humanistischen Traditionen getrennt und einzig und allein auf ihre Aufgaben im Dienste der Machthaber vorbereitet werden. In dem Buch »Marschtritt Deutschland« schildert Alfred Schütze den Reichsparteitag 1938:

»Naß und schwer hängen die Fahnentücher an ihren Stangen in dem dauernd herabrieselnden Regen. Draußen in den Zeltlagern steht das Wasser fußhoch, schwer drückt der unablässige Regen auf die Stimmung der Menschen, und doch ist es, als würde die ganze Stadt Nürnberg beherrscht von einem dauernden Singen und Klingen.

Draußen in Langwaser, im Zeltlager der Hitlerjugend, herrscht reger Betrieb. Die Fahnen des Adolf-Hitler-Marsches sind nach dem Vorbeimarsch am Führer in das Zeltlager eingerückt und haben auf dem Fahnenhügel Aufstellung gefunden. Die Fahnen sind zurückgekehrt in die Gemeinschaft der Jugend, der sie gehören. Vor dem Fahnenhügel spielt sich das bunte Leben und Treiben der 50 000 Jungen ab, die zu der Jugendkundgebung nach Nürnberg gekommen sind.

Wieder hängt der Himmel grau und mit dicken Wolken über der Stadt. In langen, endlos scheinenden Kolonnen setzen sich diese 50 000 Jungen in Bewegung und füllen das weite Rund des alten Stadions zu Nürnberg. Alle die Jungen und Mädel lassen sich durch die Trübheit des Wetters nicht in ihrer Stimmung beeinflussen. Sie stehen hier und warten auf den Führer, 9000 Parteianwärter und 52 000 Hitlerjungen und Pimpfe. Und wenn, wie im Vorjahre, strömender Regen das bunte Bild dieser einzigartigen Kundgebung der Jugend in seine grauen Schleier hüllen würde . . . diese Jungen und diese Mädel würden trotzdem ausharren, denn es gibt nichts auf der Welt, was die deutsche Jugend davon abhalten könnte, auf den Führer zu warten.

Lange vor dem Eintreffen des Führers haben die Formationen ihren Aufmarsch vollendet. Neben dem Stadion, auf dem Zeppelinfeld, üben die Flugzeuge der deutschen Luftwaffe für den Tag der Wehrmacht. In halsbrecherischen Kurven und Loopings fliegt ein Geschwader nach dem anderen über das Stadion hinweg, hinweg über die Köpfe der vielen tausend Jungen und Mädel, und immer wieder steigen Stürme der Begeisterung gegen den Himmel, immer wieder brechen die Jungen in jubelnden Beifall aus über die großartigen Leistungen der Maschinen und ihrer Piloten.

Vor den Toren des Stadions stehen die Jungen mit den Fahnen zum Einmarsch bereit. Sie hören es an dem Jubel, der zu ihnen herüberklingt, daß der Führer bei seinen Jungen angekommen ist. Voran die Spielmannszüge, setzen sich die

Fahnenkolonnen in Bewegung, links die schwarzen Fahnen des Jungvolks und rechts die rot-weißen Fahnen der Hitlerjugend. Sie marschieren aufeinander zu, sie treffen sich vor der Ehrentribüne, das Schwarz mischt sich mit dem Rot, und dann lösen sich die Kolonnen wieder und marschieren vor der Fahnentribüne auf, dem Führer gerade gegenüber. Der Klang der Marschtrommeln begleitet den Weg der Fahnen.

Und dann singen die vielen tausend Jungen und Mädel das Lied, mit dem die Marscheinheit der Ostmark vor wenigen Wochen über die Brücke zog, die Braunau mit dem alten Reichsgebiet verbindet, das Lied: ›Lang war die Nacht . . .‹

Hart klingt das Kommando über das weite Feld: ›Fahnenträger, rührt Euch!‹ Dumpf krachen die Fahnenstangen auf das hölzerne Podium. An der Spitze der Fahnen steht die Herbert-Norkus-Fahne des Gebietes Berlin, ein blutrotes Fahnentuch, alt und zerschlissen. Diese Fahne ist eine von den vielen, die in den Jahren des Kampfes der Hitlerjugend vorangeweht haben und die nun bescheiden und armselig zwischen den Feldzeichen der neuen deutschen Jugend steht. Es ist, als müßten sich die Augen der vielen tausend Jungen im Stadion zu Nürnberg auf diese bescheidene Fahne richten, als der Reichsjugendführer jetzt das Wort des Führers über ihre Köpfe hinweg ruft: ›Weh dem, der nicht glaubt!‹

Dieses Wort hat einmal die deutsche Jugend aufgerüttelt, und dieses Wort hat die deutsche Jugend in Österreich in den Jahren des Kampfes in ihren Herzen getragen. Der Reichsjugendführer spricht davon, daß, wenn sich überhaupt jemals Menschen des Führers würdig erweisen könnten, diese Jugend des Kampfes es getan hätte. Diese Jugend hat an den Sieg des Nationalsozialismus und an das deutsche Volk geglaubt. Mit diesem Glauben im Herzen wurde der fünfzehnjährige Herbert Norkus in den grauen Straßen des Berliner Nordens von vertierten Menschenhaufen zusammengeschlagen und totgestochen. In diesem Glauben hat sich der Kampf der Jugend um eine größere und bessere Zukunft erfüllt.

Leise spielt der Wind mit den vielen hundert Fahnentüchern, immer mehr überzieht sich der Himmel, und es beginnt langsam zu regnen. Auch während des langen Marsches der Fahnen zu dieser Kundgebung hat nicht immer die Sonne geschienen. Oft hat das regenschwere Fahnentuch hart auf die Schultern der Träger dieser Fahnen gedrückt. Sie haben vor dem Geburtshaus des Führers in Braunau am Inn gestanden, sie wehten auf dem St.-Johannis-Friedhof in Berlin, und sie gingen vor dem Grabmal Albert Leo Schlageters in die Höhe. Diese Fahnen standen vor den Ehrentempeln der

Bewegung auf dem Königlichen Platz in München, und sie wehten in jener Feierstunde vor den weißen Zelten des Hochlandlagers. Jetzt stehen sie dem Führer gegenüber.

Der Führer spricht zu den gesamten Jungen und Mädeln, die vor ihm stehen, und doch erhält jedes seiner Worte eine tiefere Bedeutung für die Fahnenträger des Adolf-Hitler-Marsches. ›Ich baue auf Euch, blind und zuversichtlich . . .‹ ruft der Führer seinen Jungen entgegen, und ein einziger Schrei der Bekräftigung tönt als Antwort über das Feld.

Vor mir stehen Jungen aus der deutschen Ostmark, die erstmalig am Parteitag teilnehmen. Wir hatten es schon bei dem Abmarsch in Braunau gemerkt, daß diese Jungen dem ganzen Geschehen der Tage anders gegenüberstehen als ihre Kameraden aus dem alten Reich. Unmittelbarer tragen sie das Erlebnis des Kampfes in sich. Die Sehnsucht, die seit Jahren in ihnen gelebt hat, bricht sich jetzt immer wieder in begeisterten Rufen Bahn. Die Jungen haben ihre Halstücher abgenommen und wirbeln sie über die Köpfe, sie ziehen ihre Fahrtenmesser aus den Scheiden und klappern sie gegeneinander. Mit allen Mitteln und mit immer neuen Einfällen versuchen sie, ihrer Begeisterung Ausdruck zu verleihen.

Nur einen kleinen braunen Jungen, der direkt vor mir steht, hat die Größe der Stunde, die er miterleben darf, übermannt. Er steht still inmitten seiner jubelnden und schreienden Kameraden . . . er weiß es vielleicht gar nicht, daß ihm die dicken Tränen über das Gesicht laufen . . .

Der Führer hat geendet. Schulter an Schulter stehen die Jungen aus dem Alt-Reich und aus der deutschen Ostmark, als jetzt Rudolf Heß spricht, daß die junge Mannschaft vor ihm stolz darauf sein könnte, als erste im neuen Großdeutschland auf den Führer vereidigt zu werden. Langsam und feierlich hallen die Schwurworte über das Stadion, die die Parteianwärter dem Stellvertreter des Führers nachsprechen, und langsam geht an einem riesigen Mast die Fahne der Partei hoch.

Dann geht der Führer durch die Reihen seiner Jugend, vorbei an den leuchtenden bunten Trachten der Mädel aus seiner Heimat. In eiserner Disziplin verharren die Jungen. Alle möchten sie jubeln, alle möchten sie dem Führer ihre Liebe und Dankbarkeit entgegenschreien, aber der Befehl hält sie in ihren Reihen. Jeder weiß, daß der Führer ihn sieht . . .

60 000 Jungen und Mädel erleben den größten Augenblick ihres Lebens. In wenigen Stunden werden sie die festliche Stadt der Reichsparteitage wieder verlassen und werden zurückfahren in ihre Heimatorte und daheim berichten von

dem Augenblick, in dem der Führer an ihnen vorbeigegangen ist und sie angeschaut hat.

Der Führer hat seinen Rundgang durch das Stadion beendet. Als er seinen Wagen besteigt, da braust, durch keinen Befehl mehr gehindert, der unermeßliche Jubel auf, mit dem sich die deutsche Jugend von ihrem Führer verabschiedet. Langsam rollt der Wagen dem Ausgang zu. Einmal noch hebt der Führer seine Hand gegen die Jungen und ihre Fahnen.

Die Lage in der CSR spitzte sich von Tag zu Tag zu und ein Bürgerkrieg war zu befürchten. Die Sudetendeutschen verlangten immer lautstarker den Anschluß der deutschsprechenden Teile der CSR an das deutsche Reich. An der Grenze kam es zu bewaffneten Zwischenfällen, Menschen wurden verschleppt, Schießereien und Morde waren nichts Außergewöhnliches.

Konrad Henlein rief das Notwehrrecht aus. Das bedeutete, daß jeder Sudetendeutsche sich gegen einen Tschechen mit der Waffe in der Hand zur Wehr setzen konnte.

Für uns Kinder war es jetzt nicht mehr ungefährlich, im Grenzgebiet herumzustrolchen. Meine Mutter, unterstützt von meinem Großvater, hatte mir strikt verboten, mit anderen Kindern an die Grenze zu gehen. Natürlich habe ich mich nicht daran gehalten, weil ich mit den anderen zusammen sein wollte. Wir schlichen heimlich durch die Wälder und manchmal liefen wir tschechischen Soldaten direkt in die Arme, aber die lachten uns nur an und schickten uns nicht einmal zurück. Mein Vater sprach zu dieser Zeit kaum noch.

Er besohlte Schuhe und las in der Bibel. Immer weniger Leute kamen, um sich von ihm die Schuhe reparieren zu lassen, obwohl er im weiten Umkreis als der beste Schuster galt. Seinen Kunden war es zu gefährlich geworden, einen Mann aufzusuchen, der, wie man wußte, mit dem Regime nicht einverstanden war, und den man wohl eines Tages auch abholen würde.

Hitler teilte seinen Generalen am 18. Juni mit: »Ich bin entschlossen, ab 1. Oktober jede günstige Gelegenheit zur Verwirklichung dieses Ziels (Zerschlagung der CSR) auszunutzen.«

Für ihn stand der Termin bereits fest, er zögerte nur noch, weil er nicht wußte, wie das Ausland reagieren würde. Er war sicher, daß man es nicht, wie im Falle Österreichs, bei lahmen

Protesten bewenden lassen würde.

Die Regierung der CSR unter Staatspräsident Eduard Benesch schlug am 28. März 1938 ein neues Minderheitenstatut vor, in dem die Sonderrechte der Deutschen gesetzlich verankert werden sollten. Darauf ging Henlein, auf Weisung Hitlers, nicht ein. Er forderte weitere Rechte. Hätten die Tschechen seine Forderungen erfüllt, wären sie nicht mehr Herr im eigenen Lande gewesen.

Hitler hielt am 25. September im Berliner Sportpalast eine Rede, die einer Kriegserklärung gleichkam:

> Und dann kann ich jetzt nur eins sagen: nun treten zwei Männer gegeneinander auf: dort ist Herr Benesch, und hier stehe ich! Wir sind zwei Menschen verschiedener Art. Als Herr Benesch sich in dem großen Völkerringen in der Welt herumdrückte, da habe ich als anständiger deutscher Soldat meine Pflicht erfüllt. Und heute stehe ich nun diesem Mann gegenüber als der erste Soldat meines Volkes! ... In bezug auf das sudetendeutsche Problem ist meine Geduld jetzt zu Ende. Ich habe Herrn Benesch ein Angebot gemacht, das nichts anderes ist als die Realisierung dessen, was er selbst schon zugesichert hat. Er hat jetzt die Entscheidung in seiner Hand: Frieden oder Krieg. Er wird entweder dieses Angebot akzeptieren und den Deutschen jetzt endlich die Freiheit geben, oder wir werden diese Freiheit uns selbst holen. Das muß die Welt zur Kenntnis nehmen: in viereinhalb Jahren Krieg und in den langen Jahren meines politischen Lebens hat man mir eins nie vorwerfen können: ich bin niemals feige gewesen. Ich gehe meinem Volk jetzt voran als sein erster Soldat, und hinter mir, das mag die Welt wissen, marschiert jetzt ein Volk, und zwar ein anderes als das vom Jahre 1918. Wir sind entschlossen! Herr Benesch mag jetzt wählen!

Dieser Reichstagsrede waren gewichtige Ereignisse vorausgegangen: Am 9. Mai war Mussolini, Italiens Führer, zu Besuch bei Hitler. Mussolini versprach ihm, in der tschechischen Sache auf seiner Seite zu sein; dafür verzichtete Hitler, da Österreich ja schon zum deutschen Reich gehörte, auf Südtirol.

Südtirol war nach dem Ersten Weltkrieg an Italien abgetreten worden, dort aber verlangten nun die Deutschen ebenfalls eine Volksabstimmung und Selbstbestimmung. Hitler »verkaufte« also die Deutschen in Südtirol, damit er die Deutschen der Tschechoslowakei »heimführen« konnte. Die

Tschechoslowakei war ihm aus militärischen Gründen wichtiger als Südtirol, zumal sich ja Italien mit Deutschland in einem Bündnis wußte.

Die Westmächte, insbesondere Großbritannien, waren über die Entwicklung in Mitteleuropa höchst beunruhigt. Sie fürchteten, nicht zu Unrecht, Krieg. Für einen Krieg aber waren sie nicht gerüstet. Sie brauchten den Frieden um jeden Preis. Deshalb flog der britische Premierminister Chamberlain am 15. 9. zu Hitler nach Berchtesgaden auf den Obersalzberg, um in der tschechischen Frage zu vermitteln. Zwei Tage vor seinem Besuch war im deutsch-tschechischen Grenzgebiet das Standrecht verhängt worden, das hieß, daß Menschen ohne Gerichtsverfahren erschossen werden konnten.

Drei Tage vor Chamberlains Besuch hatte Hitler am 12. 9. auf dem Reichsparteitag in Nürnberg erklärt: »Die Deutschen in der Tschechoslowakei sind weder wehrlos, noch sind sie verlassen. Das möge man zur Kenntnis nehmen.«

Hitler hatte damit der Weltöffentlichkeit unmißverständlich gesagt, daß die Sudetendeutschen bewaffnet seien, und auf militärische Hilfe des deutschen Reiches rechnen konnten.

Dies wußte auch der britische Premierminister. Deshalb mußte er vermitteln, wenn Europa nicht in einen Krieg stürzen sollte. Im Sudetenland gab es Brandstiftungen, Mord, Verletzte, und die Sudetendeutschen spielten sich längst als Herren dieses Landes auf. Hitler konnte das nur recht sein, denn nun war wieder die Stunde gekommen, in der er als Friedensstifter in Erscheinung treten durfte. Er konnte wieder seinen Brand löschen, den er selbst entfacht hatte.

Die Sudetendeutschen riefen immer lauter ihren Schlachtruf: »Wir wollen heim ins Reich!«

Heute wollen sie bei ihren Treffen der sogenannten Landsmannschaften davon nichts mehr wissen, heute stellen sie es so dar, als wären sie von den Tschechen terrorisiert worden. Was doch alles in der Geschichtsschreibung zusammengelogen wird. Chamberlain glaubte wahrscheinlich tatsächlich an die Bereitschaft Hitlers, alle Konflikte mit friedlichen Mitteln zu lösen und zu regeln. Er war ein Mann aus einer alten englischen Familie, in der das gegebene Wort etwas galt.

Die Situation wurde immer hektischer. Am 22. 9. flog Chamberlain ein zweites Mal zu Hitler. Hitler verhandelte nicht mehr, er stellte Chamberlain ein Ultimatum: Wenn seine

Forderung, das Sudetenland in das Reich einzugliedern nicht bis zum 28. September angenommen sei, würden deutsche Truppen in die ČSR einmarschieren.

Die deutschen Truppen aber waren längst an der deutsch-tschechischen Grenze in Stellung gegangen und warteten auf Befehle.

Für alle war nun klar, daß es zum Krieg kommen mußte, schon weil die tschechische Regierung dieses Ultimatum ablehnte. Zu diesem Zeitpunkt aber planten deutsche Offiziere, Hitler verhaften zu lassen, sobald er den Angriffsbefehl geben würde. Aber die Ereignisse der nächsten Tage machten diesen Plan zunichte.

Der amerikanische Präsident schaltete sich ein und erinnerte daran, daß Hitler Verträge unterschrieben habe, die auch er einhalten müsse. Aber erst das Eingreifen Mussolinis, der ebenfalls nicht an einem Krieg interessiert war, brachte die Konferenz in München zustande.

Anwesend waren Chamberlain, der französische Ministerpräsident Daladier, Mussolini und Hitler. Sie beschlossen, um den Frieden zu retten, die sudetendeutschen Gebiete der Tschechoslowakei an das deutsche Reich abzutreten.

Der Abschluß dieser Konferenz ging in die Geschichte als das »Münchner Abkommen« ein.

Chamberlain wurde von der Münchener Bevölkerung stürmisch begrüßt, er fuhr im offenen Wagen durch die Stadt und wurde jubelnd als Friedensbringer gefeiert.

Hitler jedoch hätte in München alles unterschrieben, um seinem Ziel näher zu kommen.

Für Chamberlain war der Vertrag ein Abkommen, an das sich alle Beteiligten zu halten hatten. Aus heutiger Kenntnis mutet es fast naiv an, daß Chamberlain bei der Landung in London den wartenden Menschen ein Papier vorhielt und sagte: »The peace for our time.« Die Engländer jubelten ihm ebenso zu, wie die Deutschen. Sie glaubten an den Frieden. Am 3. Oktober wurde Hitler von Konrad Henlein in der Stadt Eger als Befreier begrüßt.

Am 1. Oktober war mein Vater verhaftet worden.

Zwei SS-Männer hatten ihm im Nachbarhaus gegenüber aufgelauert. Als er mit seinem Fahrrad nach Hause kam, traten die beiden Männer aus dem Schatten des Hauses und riefen ihm zu, er solle stehenbleiben, sonst würden sie schießen. Ich sah alles ganz genau. Ich stand gerade auf dem Heuboden unseres Nachbarn und sah zufällig aus der Luke.

Mein Vater war ganz ruhig. Er lehnte das Fahrrad an die Hauswand und sah den beiden SS-Männern entgegen. In diesem Augenblick bog ein Auto in unsere Straße ein, und zwei weitere Männer in schwarzen Ledermänteln stiegen aus. Einer der beiden schraubte die Lenkstange vom Fahrrad meines Vaters ab, zog Zeitschriften aus dem Rahmenbau und hielt sie meinem Vater triumphierend lächelnd entgegen. Darauf wurde mein Vater auf den Rücksitz des Autos gestoßen, die beiden SS-Männer, die ihm aufgelauert hatten, setzten sich links und rechts neben ihn und der Wagen fuhr ab.

Ich weiß, daß ich ein Bündel Heu in den Armen hielt und starr aus der Luke sah. Das alles war so unwirklich wie im Kino. Ich wachte erst auf, als die Nachbarin rief: »Max, deinen Vater haben sie abgeholt.«

Ich sprang vom Heuboden direkt in den Hof, vier Meter tief auf den Misthaufen, schwang mich auf mein Fahrrad und fuhr zu einem Bauern außerhalb des Ortes, bei dem meine Mutter zeitweise, nach der Arbeit in der Porzellanfabrik, aushalf. Als sie mich kommen sah, setzte sie langsam die beiden Milchkannen ab, und als ich endlich keuchend vor ihr stand, sagte sie ganz ruhig: »Ich weiß schon. Es hat wohl so kommen müssen. Jetzt mußt du in die Hitlerjugend eintreten.«

Der Weg nach Eger führte Hitler durch unsere Kleinstadt Schönwald. Er stand im offenen Wagen und grüßte die jubelnde Menge mit erhobenem Arm. Die Menschen links und rechts der Straße gebärdeten sich wie Verrückte, und schrien immer wieder »Sieg Heil«, oder nur »Heil«!

Ich stand ganz vorn in der Menge. Unsere gesamte Schule war angetreten. Neben mir stand meine Tante, für die Hitler gleich nach Gott kam. Sie war eine sogenannte »Hundertprozentige« geworden.

Ich weiß, daß es ein schöner Tag war, die Menschen waren entweder in Uniform oder in festlicher Kleidung gekommen. Meine Schulkameraden waren uniformiert und auch ich trug eine Hakenkreuzbinde am Arm, wie meine Tante es gefordert hatte. Die Mädchen standen in ihren weißen Blusen oder braunen Jacken in einer Reihe.

Ich stand neben den Jubelnden und hob auch meinen Arm. Ich weiß jedoch nicht mehr, ob auch ich »Heil« gerufen habe.

Möglich ist es, weil mir von meiner Mutter klargemacht worden war, daß man bei bestimmten Gelegenheiten mit den Wölfen heulen müsse, um nicht von ihnen gefressen zu werden.

Hitler ist zum Greifen nahe an mir vorbeigefahren. Ich weiß nicht, ob ich dabei an meinen Vater gedacht habe, von dem wir nicht wußten, wohin die SS ihn gebracht hatte.

Wahrscheinlich hätte ich mich damals lieber verdrückt und nicht Spalier gestanden, als der »große Führer« die Straße entlangfuhr, auf der wir Kinder täglich zur Schule gingen. Aber meine Mutter hatte mich mit den Worten hingeschickt: »Du gehst. Du mußt das sehen, damit du es nie vergißt.«

Sie selbst blieb zu Hause. Sie hätte wahrscheinlich den ganzen Ort ausrauben können, denn außer den Kranken und Gebrechlichen war niemand in den Häusern zurückgeblieben.

Natürlich war auch mein Großvater nicht dabei. Er war, wie jeden Tag, mit seinen Pferden in den Steinbrüchen, um Granit zu holen. Aber als ich am Abend in den Pferdestall lief, um ihm beim Füttern zu helfen, erwartete er mich schon. Während er seinen Pferden Hafer in die Tröge schüttete, sagte er: »Na, hast ihn gesehen?«

Ich muß wohl geweint haben, denn ich erinnere mich an ein großkariertes Taschentuch, das er mir hinhielt. Er fügte hinzu: »Hoffentlich hast ihn dir gut angesehen. Hoffentlich vergißt du ihn nicht!«

Nach der Verhaftung meines Vaters wurde es für mich schwerer in der Schule. Auch die Nachbarn waren nicht mehr so freundlich wie früher, und ich spürte es jeden Tag mehr, wie sie mir aus dem Weg gingen. Meine Schulkameraden wollten mich auf dem Heimweg nicht bei sich haben. Meine Leistungen in der Schule konnten noch so weit über denen der anderen stehen, doch für die Lehrer waren sie immer unzureichend. Sie schnitten mich und ich wurde, obwohl ich mich immer meldete, nicht mehr aufgerufen. Im Zeugnis stand dann, ich beteilige mich nicht am Unterricht. Die Lehrer hatten immer etwas an mir auszusetzen, denn es war nicht ratsam, einen Schüler zu loben, dessen Vater als Volksschädling hinter Gittern saß. Sie ließen es mich spüren, und stellten mir, wenn überhaupt, verfängliche Fragen.

Im November wurde der deutsche Gesandtschaftssekretär vom Rath von einem Juden namens Grynspan in Paris erschossen. Für die Nazis war diese Tat willkommener Anlaß, ihre Rassenpolitik zu verschärfen. »Juden ermorden deutschen Diplomaten«, so und ähnlich lauteten die Schlagzeilen. Auch meine Familie war empört und meine Tante sagte: »Der Führer hat schon recht, die Juden sind unser Unglück.« Es gibt verschiedene Versionen darüber, warum Grynspan den Mord begangen hat. Wahrscheinlich wollte er die Weltöffentlichkeit auf das Leid aufmerksam machen, daß den Juden angetan wurde. Hitler und seine Kumpanen gingen daraufhin offen gegen die Juden im Reich vor, ohne auf das Ausland Rücksicht zu nehmen. In der Nacht vom 9. zum 10. November flammten im gesamten Reich Feuer auf: über 200 Synagogen, jüdische Gotteshäuser, wurden angezündet, 170 Wohnhäuser von Juden gingen in Flammen auf, über 7000 jüdische Geschäfte wurden geplündert, 36 Juden wurden getötet, unzählige mißhandelt und schwer verletzt. 20 000 Juden wurden verhaftet, 10 000 allein kamen in das KZ Buchenwald. Der Schriftsteller Valentin Senger hat die »Kristallnacht« als Vierzehnjähriger in Frankfurt erlebt und in seinem Buch »Kaiserhofstr. 12« beschrieben:

»Oj wej, wird das Zores geben!« sagte Mama, als die Nachricht über den Rundfunk kam, ein gewisser Grienspan habe in Paris den deutschen Gesandtschaftssekretär vom Rath erschossen. Der Getötete stammte aus einer alten Frankfurter Familie. Mama nahm die Hände an die Backen und bekam ganz große ängstliche Augen. »Auf so was haben die ja nur gewartet.« Nach einer Weile fuhr sie, jedes Wort betonend, fort: »Alles, was wir bisher von den Hitlers erlebt haben, wird ein Dreck sein gegen das, was jetzt kommt.«
Mama hatte wie immer recht. Als ich am anderen Morgen auf dem Weg zu meiner Arbeitsstelle in Sachsenhausen war, holte mich auf dem Eisernen Steg eine junge Sekretärin ein. »Haben Sie schon gehört, die Synagoge am Börneplatz brennt, und im Sandweg schlagen sie die Schaufenster von jüdischen Geschäften ein und werfen alles auf die Straße.«
Wir kamen ins Büro. Dort war bereits eine große Aufregung, alle redeten durcheinander, jeder wußte etwas anderes. Nicht nur die Neue Synagoge am Börneplatz brenne, sondern alle Synagogen ständen in Flammen, im gesamten Ostend und auch im Nordend würden Juden aus ihren Wohnungen getrieben und alle jüdischen Geschäfte demoliert.
Ich wartete darauf, daß der Hitlerjunge käme, der im Konstruktionsbüro vor mir am Zeichenbrett stand. Er war im

letzten Lehrjahr und zwei Jahre älter als ich. Häufig kam er in seiner HJ-Uniform zur Arbeit. Als Zeichen seiner Scharführerwürde hing ihm eine geflochtene Schnur von der Achselklappe in einem Bogen bis zum mittleren Hemdenknopf. Er wußte immer zuerst Bescheid, wenn wieder einmal Aktionen gegen die jüdische Bevölkerung unternommen wurden.

So erregt ich auch war, ich durfte mich nicht verdächtig machen, nicht mehr Neugierde zeigen als die andern. Aber ich hielt es nicht mehr aus, zog meine Jacke an und rannte los zum Börneplatz. Von weitem schon sah ich in Richtung der Synagoge eine große Rauchwolke am Himmel.

Und dann stand ich in der Menschenmenge auf dem Platz und sah die Flammen, die aus dem großen Kuppelbau des Gotteshauses schlugen. Etwa hundert Meter von der brennenden Synagoge entfernt bildeten SA-Leute und Hilfspolizisten einen Kordon, so daß niemand näher an die Brandstelle herankonnte. Ganz vorne, noch vor der Absperrung, stand eine Gruppe Hitlerjungen, feixte und lachte und machte eine Gaudi aus dem schrecklichen Geschehen.

Die Menschen hinter der Absperrung waren eher betreten, ich hörte kein Wort der Zustimmung. Neben mir erzählte eine Frau, sie habe gesehen, wie man am Zoologischen Garten Juden mit Lastwagen abtransportiert habe. Ein Mann sagte, er komme gerade von der Friedberger Anlage, die dortige Synagoge brenne ebenfalls und auch die Alte Synagoge an der Allerheiligenstraße.

Neben dem wie eine Pechfackel lodernden Rundbau standen zwei Feuerwehrwagen, einer mit einer großen Leiter, die aber nicht ausgefahren war, und ein Gerätewagen. Mit Löschschläuchen an den Händen standen einige Feuerwehrleute herum, aber sie bekämpften nicht den Brand sondern löschten nur die auf die Straße stürzenden Balken. Sie hatten offensichtlich Anweisung, die Synagoge ausbrennen zu lassen und nur das Übergreifen des Feuers auf die Häuser der Nachbarschaft zu verhindern.

[. . .]

Ich sah nichts als die Flammen und den Rauch, obwohl viele hundert neugierige Menschen um mich herumstanden, und in meinen Ohren klang, als stünde er dicht neben mir, Papas leise, traurige Stimme: »Hulet, hulet, bejse Windn.« Ich hätte mich nur umdrehen müssen, um ihn zu sehen, so nahe war er mir. Und in meinem Kopf zitterte der Refrain mit: »Lang wet doieren der Winter, Summer is noch wait.« Ich weinte, die Tränen rannen mir die Backen hinunter, und es war mir gleichgültig, ob mich jemand beobachtete.

Langsam ging ich zurück ins Büro. Niemand fragte mich, wo ich gewesen war. Eine halbe Stunde später kam der Hitlerjunge. Sein Gesicht und seine Hände waren verdreckt.

»Was gibt's Neues?« wurde er gefragt.

»Was es Neues gibt? Ihr wißt hoffentlich schon alles«, antwortete er.

Aber dann erzählte er doch von seinem Einsatz. Bereits am Abend hatte ihn sein Fähnleinführer vorgewarnt, daß in der Nacht etwas fällig sei, er solle sich für einen Einsatz bereithalten. Um drei Uhr in der Frühe holte man ihn aus dem Bett, und eine halbe Stunde später war er an dem Treffpunkt im Nordend. Die Hitlerjungen wurden hier in mehrere Gruppen eingeteilt, dann zogen sie in Richtung Innenstadt los. In den ihnen zugewiesenen Straßenzügen hatten sie systematisch die Schaufenster der jüdischen Geschäfte eingeschlagen und die Einrichtungen demoliert; danach drangen sie in Wohnungen von Juden ein, trieben sie auf die Straße, zerschlugen auch hier die Fensterscheiben und warfen anschließend das Mobiliar durch die Fenster auf die Straße.

Die Straßen waren übersät mit Glasscherben, was dem Pogrom dann den Namen »Kristallnacht« gegeben hat.

Draußen wurden die aus den Wohnungen hinausgejagten Menschen von der SA in Empfang genommen und abgeführt.

Der Hitlerjunge schloß seinen Bericht mit der Bemerkung: »Einem haben wir den Bart und die Pajes gestutzt. Der sah hinterher wie eine Runkelrübe aus. Das war vielleicht komisch. Und geglotzt hat er wie ein Frosch.«

Ein älterer Kollege fragte: »Prügel haben die Juden auch bekommen?«

»Was wollen Sie damit sagen?« fragte der Scharführer.

»Gar nichts. Man hört so allerhand.«

»Sie haben wohl noch Mitleid mit denen?«

Der Kollege schwieg. Beleidigt und sozusagen mißverstanden zog sich der Hitlerjunge zurück. Später stellte er sich zu mir ans Zeichenbrett, um noch mehr von seinen Heldentaten zu berichten. Sein HJ-Trupp war zur Synagoge in der Friedberger Anlage abkommandiert worden. Gegenüber der Synagoge am Anlagenring stand bereits ein Auto, das mehrere Benzinkanister geladen hatte. Der Brandanschlag war also gründlich vorbereitet. Durch das Hauptportal und die zertrümmerten Fenster gossen sie das Benzin in das Gebäude und zündeten es mit Hilfe getränkter Putzwollappen an. Noch zweimal mußten sie Benzin nachschütten und von neuem anzünden, bis die Synagoge endlich in Flammen stand.

Die Nazis sprachen von einer spontanen Aufwallung gegen die Juden, ausgelöst durch den Mord in Paris.

In Wahrheit war diese Aktion aber bis in die kleinsten Einzelheiten geplant worden. Diese Nacht ging in die Geschichte als »Kristallnacht« ein, abgeleitet von den vielen zerbrochenen Fensterscheiben.

Mein Vater, der damals Häftling im KZ Buchenwald war, hat die Einlieferung der Juden miterlebt und mir nach dem Krieg erzählt, wie man sie behandelte: Sie wurden mit Gewehrkolben geschlagen, die Bärte wurden ihnen abgeschnitten oder abgebrannt, SS-Männer spuckten ihnen ins Gesicht und man zwang sie, ihnen die Stiefel zu küssen oder glänzend zu lecken.

Mein Vater sagte: »Du glaubst nicht, zu welcher Bestialität Menschen fähig sind, und du glaubst nicht, was ein Mensch alles ertragen kann. Vieh, das zum Schlachten geführt wird, hatte es besser.«

Er sprach nur ein einziges Mal von dieser Zeit. Dann, trotz meiner drängenden Fragen, nie wieder.

Nach der »Kristallnacht« wurden die Juden, die noch nicht verhaftet waren, direkt unter Polizeirecht gestellt. Sie waren sozusagen über Nacht vogelfrei geworden. Sie konnten kein deutsches Gericht mehr anrufen, um Recht und Gerechtigkeit zu fordern.

Daß die Ereignisse der »Kristallnacht« keine spontane Reaktion des Volkes war, zeigen folgende Berichte:

Berlin Nr. 234 404 9.11. 2355
An alle Stapo-Stellen und Stapo-Leitstellen
An Leiter oder Stellvertreter

Dieses FS ist sofort auf dem schnellsten Wege vorzulegen.
1. Es werden in kürzester Frist in ganz Deutschland Aktionen gegen Juden, insbesondere gegen deren Synagogen, stattfinden. Sie sind nicht zu stören. Jedoch ist im Benehmen mit der Ordnungspolizei sicherzustellen, daß Plünderungen und sonstige besondere Ausschreitungen unterbunden werden können.
2. Sofern sich in Synagogen wichtiges Archivmaterial befindet, ist dieses durch eine sofortige Maßnahme sicherzustellen.

3. Es ist vorzubereiten die Festnahme von etwa 20 000–30 000 Juden im Reiche. Es sind auszuwählen vor allem vermögende Juden. Nähere Anordnungen ergehen noch im Laufe dieser Nacht.

4. Sollten bei den kommenden Aktionen Juden im Besitz von Waffen angetroffen werden, so sind die schärfsten Maßnahmen durchzuführen. Zu den Gesamtaktionen können herangezogen werden Verfügungstruppen der SS sowie Allgemeine SS. Durch entsprechende Maßnahmen ist die Führung der Aktionen durch die Stapo auf jeden Fall sicherzustellen.

An
SA-Gruppe Kurpfalz
Mannheim
(Bei Antwortschreiben Datum und
Briefbuchnummer angeben.)

Am 10. 11. 1938 3 Uhr erreichte mich folgender Befehl:
»Auf Befehl des Gruppenführers sind sofort innerhalb der Brigade 50 sämtliche jüdische Synagogen zu sprengen oder in Brand zu setzen.
Nebenhäuser, die von arischer Bevölkerung bewohnt werden, dürfen nicht beschädigt werden. Die Aktion ist in Zivil auszuführen. Meutereien oder Plünderungen sind zu unterbinden. Vollzugsmeldung bis 8.30 Uhr an Brigadeführer oder Dienststelle.«
Die Standartenführer wurden von mir sofort alarmiert und genauestens instruiert, und mit dem Vollzug [wurde] sofort begonnen.
Ich melde hiermit, es wurden zerstört im Bereich der Standarte 115

1. Synagoge	in Darmstadt, Bleichstr.	durch Brand zerstört	
2. "	in Darmstadt, Fuchsstr.	"	" "
3. "	in O./.Ramstadt	Innenraum u. Einrichtung	
4. "	in Gräfenhausen	zertrümmert	
5. "	in Griesheim	"	"
6. "	in Pfungstadt	"	"
7. "	in Eberstadt	durch Brand zerstört	

Standarte 145

1. Synagoge	in Bensheim	durch Brand zerstört	
2. "	in Lorsch in Hessen	"	" "
3. "	in Heppenheim	durch Brand u. Sprengung zerstört	

4. Synagoge	in Birkenau	durch Brand zerstört
5. Gebetshaus	in Alsbach	" " "
6. Versammlungsraum	in Alsbach	" " "
7. Synagoge	in Rimbach	Inneneinrichtung vollständig zerstört

Standarde 168

1. Synagoge	in Seligenstadt	durch Brand zerstört
2. "	in Offenbach	" " "
3. "	in Klein-Krotzenburg	" " "
4. "	in Steinheim a. M.	" " "
5. "	in Mühlheim a. M.	" " "
6. "	in Sprendlingen	" " "
7. "	in Langen	" " "
8. "	in Egelsbach	" " "

Standarde 186

1. Synagoge	in Beerfelden	durch Sprengung zerstört
2. "	in Michelstadt	Inneneinrichtung zertrümmert
3. "	in König	" "
4. "	in Höchst i. O.	" "
5. "	in Groß-Umstadt	" "
6. "	in Dieburg	" "
7. "	in Babenhausen	" "
8. "	in Groß-Bieberau	durch Brand zerstört
9. "	in Fränk. Crumbach	Inneneinrichtung zerstört
10. "	in Reichelsheim	" "

Standarde 221

1. Synagoge	und Kapelle in Gr. Gerau	durch Brand zerstört
2. "	in Rüsselsheim	niedergerissen u. Inneneinrichtung zerstört
3. "	in Dornheim	Inneneinrichtung zerstört
4. "	in Wolfskehlen	" "

Der Führer der Brigade 50 (Starkenburg)
Lucke, Brigadeführer

Bericht des Chefs der Sicherheitspolizei, Heydrich,
an den preußischen Ministerpräsidenten, Göring,
vom 11. November 1938

. . . Die bis jetzt eingegangenen Meldungen der Staatspolizei-
stellen haben bis zum 11. 11. 1938 folgendes Gesamtbild
ergeben:
In zahlreichen Städten haben sich Plünderungen jüdischer
Läden und Geschäftshäuser ereignet. Es wurde, um weitere
Plünderungen zu vermeiden, in allen Fällen scharf durchge-

griffen. Wegen Plünderns wurden dabei 174 Personen festgenommen.

Der Umfang der Zerstörungen jüdischer Geschäfte und Wohnungen läßt sich bisher ziffernmäßig noch nicht belegen. Die in den Berichten aufgeführten Zahlen: 815 zerstörte Geschäfte, 29 in Brand gesteckte oder sonst zerstörte Warenhäuser, 171 in Brand gesetzte oder zerstörte Wohnhäuser, geben, soweit es sich nicht um Brandlegungen handelt, nur einen Teil der wirklich vorliegenden Zerstörungen wieder. Wegen der Dringlichkeit der Berichterstattung mußten sich die bisher eingegangenen Meldungen lediglich auf allgemeinere Angaben, wie »zahlreiche« oder »die meisten Geschäfte zerstört« beschränken. Die angegebenen Ziffern dürften daher um ein Vielfaches überstiegen werden.

An Synagogen wurden 191 in Brand gesteckt, weitere 76 vollständig demoliert. Ferner wurden 11 Gemeindehäuser, Friedhofskapellen und dergleichen in Brand gesetzt und weitere 3 völlig zerstört.

Festgenommen wurden rund 20 000 Juden, ferner 7 Arier und 3 Ausländer. Letztere wurden zur eigenen Sicherheit in Haft genommen.

An Todesfällen wurden 36, an Schwerverletzten ebenfalls 36 gemeldet. Die Getöteten bzw. Verletzten sind Juden. Ein Jude wird noch vermißt. Unter den getöteten Juden befinden sich ein, unter den Verletzten 2 polnische Staatsangehörige.

Heydrich

Der Zynismus der Nazis ging so weit, daß die Schäden an jüdischen Geschäften, verursacht durch SA und SS, von den Juden selbst bezahlt werden mußten. Damit setzte man sich auf bequeme Art in den Besitz jüdischen Eigentums.

Außerdem mußten die Juden an das deutsche Reich eine Milliarde Reichsmark in Devisen bezahlen.

Im Ausland erschien ein Flugblatt, unterzeichnet von deutschen Emigranten, Kommunisten, Sozialdemokraten, Schriftstellern und Künstlern. Ihre Warnung wurde im Ausland wohl gehört, aber in das deutsche Reich drang ihre Stimme nicht.

**Gegen Krieg und Autarkie, für Frieden
und Zusammenarbeit!**

Hitler braucht den Krieg um der Erhaltung seiner Herrschaft und um der Erreichung der imperialistischen Ziele seiner

Auftraggeber willen. Das neue Deutschland braucht den Frieden zur Befestigung seiner jungen Freiheit und für seinen
sozialen und wirtschaftlichen Aufbau. Es wird eine große
starke Macht des Friedens sein, die die Politik der friedenstö-
renden Einmischung in die Angelegenheiten anderer Länder
verlassen wird. Sie wird der gewissenlosen Hetze gegen die
Sowjetunion ein Ende bereiten. Das Recht, das an Stelle der
Gewalt das staatliche und private Leben Deutschlands beherrschen soll, wird auch maßgebend für die Gestaltung der
Beziehungen unter den Völkern sein. Internationale wirtschaftliche Zusammenarbeit tritt an die Stelle der das gesamte Wirtschaftsleben zerstörenden Autarkie.

Zur Erreichung dieser Ziele haben wir uns zusammengefun-
den, sicher der Zustimmung unserer Gesinnungsgenossen in
der Heimat. Allen Gegnern des blutigen Schandregimes rufen
wir zu:

Sucht Verbindung untereinander und mit uns!

Vereinigt Eure Kräfte mit den unsern zu gemeinsamem
Kampf!

Schlagen wir in einer Front den, der unser aller Feind ist!

Unser nächstes Ziel ist der Sturz Hitlers und aller Peiniger des
deutschen Volkes!

Für Frieden, Freiheit und Brot!

19. Dezember 1938.

Der Aufruf trägt folgende Unterschriften:

Rudolf Breitscheid	Emil Kirschmann
Albert Grzesinski	Dr. Hans Hirschfeld
Max Braun	Max Hofmann
Prof. Denicke	Bruno Süss
Toni Sender	Siegfried Aufhäuser
Prof. Siegfried Marck	Karl Böchel
Dr. E. Drucker	Alexander Schifrin
Prof. Alfred Meusel	Richard Kirn
Alfred Braunthal	Bernhard Menne
Professor Julius Lips	Dr. Otto Friedländer

(Sozialdemokraten)

Wilhelm Pieck	Ackermann
Wilhelm Florin	Weber
Walter Ulbricht	Bertz
Franz Dahlem	Wilhelm Koenen
Kurt Funk	Philipp Daub
Paul Merker	Hugo Gräf
Willi Münzenberg	Philipp Dengel

(Kommunisten)

140

Willi Brandt
H. Diesel
K. Franz
R. Frey
Dr. Fried

J. Ewas
M. Koch
K. Sachs
J. Schwab
Th. Vogt

(Für die Sozialistische Arbeiterpartei, SAP)

Lion Feuchtwanger
Arnold Zweig
Heinrich Mann
Prof. Georg Bernhard
Ernst Toller
Prof. E. J. Gumbel
Rudolf Olden
Balder Olden
Egon Erwin Kisch
Rudolf Leonhard
Prof. Alfons Goldschmidt
Kurt Rosenfeld
Prof. Anna Siemsen
Otto Lehmann-Russbüldt
Dr. Wolfgang Hallgarten

Bodo Uhse
Theodor Fanta
Wolf Frank
Dr. Felix Boenheim
Johannes R. Becher
Walter Schönstedt
Prof. Dr. J. Schaxel
Prof. Fritz Lieb
Klaus Mann
Dr. Budzislawski
Kurt Kersten
Ernst Bloch
Wieland Herzfelde
Max Seydewitz

Ein Schulkamerad von mir war von einem Fähnleinführer, dem Führer einer Hitlerjugendformation auf offener Straße zusammengeschlagen worden. Was war passiert?

Die Hitlerjugend unserer Kleinstadt zog im Marschtritt durch den Ort, vorweg der Spielmannszug mit Fanfaren und Trommeln, dahinter der Fahnenträger, dann die drei Züge. Mein Schulkamerad, selbst Hitlerjunge, konnte an diesem Tag nicht mitmarschieren, denn seine Mutter war krank, und er mußte für sie einkaufen gehen. Bevor er die Straße überquerte, ließ er die braune Kolonne, in der er nur zufällig nicht mitmarschierte, vorbei.

Es war Pflicht, die Fahne mit erhobenem Arm zu grüßen. Er vergaß es. Daraufhin rannte der Fähnleinführer aus der Kolonne und streckte den Jungen mit zwei Faustschlägen nieder, so daß er aus Mund und Nase blutete. Kein Wunder, denn der Fähnleinführer war achtzehn Jahre und stark, mein Schulkamerad gerade dreizehn und schmächtig.

Nirgendwo konnte er sich darüber beschweren, geschweige denn den Fähnleinführer wegen Körperverletzung anzeigen. Niemand hätte dem Jungen Recht gegeben – nicht umsonst hieß es in einem Lied der HJ: ». . . denn die Fahne ist mehr als der Tod.«

Die Fahne im Dritten Reich nicht zu grüßen war kein Vergehen, es war ein Verbrechen.

Ein Nachspiel hatte die ganze Sache aber doch, nämlich in der Schule. Wir lasen gerade »Wilhelm Tell« von Schiller. In diesem Schauspiel erläßt der tyrannische Landvogt Geßler eine Verordnung, daß nicht nur er zu grüßen sei, sondern auch sein Hut, wenn er durch die Straßen der Stadt getragen werde.

Der vom Fähnleinführer niedergeschlagene Junge fragte unseren Lehrer, warum in unserer Schule gelehrt würde, daß es Unterdrückung sei, wenn man den Hut des Herrn Geßler grüßen müsse, und wollte wissen, warum man niedergeschlagen würde, wenn man die Fahne nicht grüße, schließlich sei es doch dasselbe.

Wir saßen alle mucksmäuschenstill. Wir warteten auf Antwort, aber unser Lehrer sagte nur: »Bestelle deinem Vater, er soll sich morgen Mittag beim Rektor melden.«

Ich habe nie erfahren, was bei der Unterredung herauskam. Mein Schulkamerad schwieg hartnäckig, wenn wir ihn darauf ansprachen und als ich einmal merkte, wie er heimlich weinte, hörten wir mit den Fragen auf.

Es wurde darüber getuschelt, der Rektor habe dem Vater gedroht, daß er ihn wegen Verunglimpfung hoheitlicher Symbole anzeigen werde, wenn er weiterhin darauf bestehen würde, für seinen Sohn Genugtuung zu fordern.

Daß es sogar lebensgefährlich war, die Hakenkreuzfahne nicht zu grüßen, beweist der Fall des evangelischen Pfarrers Paul Schneider.

Paul Schneider, am 29. August 1897 in Pferdsfeld bei Kreuznach geboren, evangelischer Pfarrer in Hochelheim und Dickenschied, kam mit seiner aufrechten Haltung und seiner liberalen Gesinnung frühzeitig in Konflikt mit den nazistischen Machthabern. Nach mehrmaligen Inhaftierungen wurde Pfarrer Paul Schneider 1937 in das KZ Buchenwald verschleppt. Weil er sich weigerte, die Hakenkreuzfahne zu grüßen, wurde er von der SS im Bunker eingesperrt, unmenschlich geschlagen und schließlich am 18. Juli 1939 ermordet.

Hitler war mit dem Münchner Abkommen nicht zufrieden,
denn ihm waren nur die deutschsprechenden Teile der CSR
zugesprochen worden, er aber wollte die ganze Tschechoslowakei.
Die bekam er knapp ein halbes Jahr später, und wieder zeigte
sich, daß Hitlers Unterschrift nur solange etwas wert war, wie
sie seinen Zielen, Europa zu beherrschen, dienlich waren.
In der Rest-Tschechoslowakei gab es nur noch zwei große
Volksgruppen, die Tschechen und die Slowaken. Die deutsche
Propaganda legte es darauf an, den tschechoslowakischen
Staat auseinanderzubrechen. Sie gaukelte den Slowaken vor,
daß sie von den Tschechen unterdrückt würden.
Am 10. 3. trat der slowakische Ministerpräsident Tiso zurück,
genauer, er wurde von der Prager Regierung abgesetzt. Drei
Tage später reiste er nach Berlin, wo ihm ein Text in slowaki-
scher Sprache vorgelegt wurde, in dem er, Tiso, erklärte, daß
ab sofort die Slowakei ein selbständiger Staat sei. Diesen Text
sollte Tiso, nach Hause zurückgekehrt, nach Berlin telegrafie-
ren, mit dem Nachsatz, die Slowakei erbitte Hilfe vom deutschen Reich.
Als der tschechische Staatspräsident Hacha das erfuhr, eilte er
nach Berlin und bat Hitler am 14. März, die CSR als selbständigen Staat nicht anzutasten. Hacha war 66 Jahre alt und
herzkrank. Vier Stunden ließ Hitler ihn im Hotel Adlon
warten, um ihn willfährig zu machen. Er wurde dann schließlich so unter Druck gesetzt, daß er ein Papier unterschrieb, in
dem er das Schicksal des tschechischen Volkes vertrauensvoll
in die Hände des Führers des Großdeutschen Reiches legte.
Hitler hatte Hacha gedroht, er werde Prag bombardieren, falls
er nicht unterschreibe. Tatsächlich überschritten deutsche
Truppen bereits die tschechische Grenze, als Hitler noch mit
Hacha verhandelte.
Am 15. März marschierten die deutschen Truppen in die
Rest-Tschechoslowakei, in Böhmen und Mähren ein. Hitler
reiste hinterher und proklamierte auf dem Prager Hradschin
das »Protektorat Böhmen und Mähren«.
Deutsche Emigranten, die nach 1933 in Prag Zuflucht gefunden
hatten, mußten abermals fliehen oder waren schon vorher
geflohen, wie zum Beispiel Bertolt Brecht.
Das tschechische Volk stand voll ohnmächtiger Wut diesen
Ereignissen gegenüber. Es fühlte sich von der ganzen Welt

144 verlassen, da Briten und Franzosen nach dem Münchner Abkommen nicht mehr zum Beistand verpflichtet waren.

Wie schon in Österreich folgten den Truppen die SS und die Gestapo. Eine Verhaftungswelle ohne Beispiel rollte über das Land. Verdächtig war jeder, der sich den Nazis nicht anschloß.

Die CSR war nun endgültig zerschlagen, und die Slowakei war ein »selbständiger« Staat von Hitlers Gnaden geworden, der bis 1945 sein Befehlsempfänger blieb.

Eine slowakische Delegation reiste am 20. April, an Hitlers Geburtstag, nach Berlin und huldigte dem deutschen Diktator.

Der tschechische Staat hatte aufgehört zu bestehen, der »Pfahl im Fleisch des deutschen Volkes«, war abgebrochen worden. Böhmen und Mähren wurden ein Reichsprotektorat mit dem früheren Reichsaußenminister von Neurath als Reichsprotektor.

Eine Willkürherrschaft sondergleichen drückte von da an das tschechische Volk, und das Konzentrationslager Theresienstadt, nördlich von Prag, wurde zum Schreckensort aller.

Nun hatte Hitler seine Skodawerke und die gesamte Industrie dazu. Tschechen wurden zur Arbeit in den Waffenfabriken gezwungen, und wer sich widersetzte, kam als Zwangsarbeiter ins deutsche Reich oder aber in ein KZ.

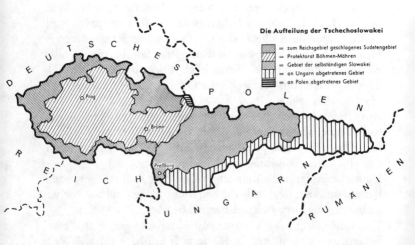

Die Aufteilung der Tschechoslowakei

= zum Reichsgebiet geschlagenes Sudetengebiet
= Protektorat Böhmen-Mähren
= Gebiet der selbständigen Slowakei
= an Ungarn abgetretenes Gebiet
= an Polen abgetretenes Gebiet

Wenige Tage später, am 23. März, marschierten deutsche Truppen ins Memelgebiet ein. Auch dieser schmale Landstreifen gehörte einmal zum Reich, zu Ostpreußen, war aber durch den Versailler Vertrag dem Staat Litauen zugeschlagen worden. Aus dem Volksempfänger kamen in immer kürzeren Abständen die Fanfarenstöße, die eine Sondermeldung ankündigten.

Meine Mutter war seit der Verhaftung meines Vaters völlig verändert. Sie war schweigsam geworden, hart im Gesicht und sie fand auch mir gegenüber harte Worte, die ich ihr nie zugetraut hatte. Ihr rutschte auch schon mal die Hand aus, wenn ich nach Haus kam und erzählte, daß Deutschland wieder um ein Stück Land größer geworden war. Zwischen den Nachbarn und uns bestand eine höfliche Distanz. Sie wollten zwar wieder mit meiner Mutter so verkehren, wie vor der Verhaftung meines Vaters, aber meine Mutter blieb zurückhaltend und ließ niemand in die Wohnung.

Mein Vater war seit einem halben Jahr spurlos verschwunden, und wir wußten nicht, wo er gefangen gehalten wurde. Alle Versuche, bei der Polizei etwas über seinen Verbleib zu erfahren, endeten damit, daß man uns sagte, die Polizei wisse selber nicht, wo er sich befinde.

Der Polizeichef unseres Ortes war ein Schulkamerad meines Vaters, auch ihm gelang es nicht herauszufinden, wo mein Vater war. Er gab meiner Mutter den freundschaftlichen Rat, ihre Versuche, den Verbleib meines Vaters zu erfahren, einzustellen. Er erbot sich, ihr sofort Nachricht zu geben, wenn er etwas unter der Hand erfahren würde.

Mein Großvater war der ruhende Pol in der Familie, ihm war das Siegesgeschrei so zuwider, daß er manchmal sagte: »Es ekelt mich an.« Bei Nachrichtensendungen verließ er die Wohnküche und paffte im Garten seine Pfeife.

Einmal, als meine Großmutter mit einer Nachbarin am Fenster das Genie des Führers nicht hoch genug loben konnte, sagte er, indem er mit seiner Pfeife auf die Großmutter deutete: »Ich weiß nicht, Bub, was das für eine Zeit ist, wenn ich mal besoffen war früher, bin ich am nächsten Tag wieder nüchtern aufgewacht. Jetzt werden die Leute überhaupt nicht mehr nüchtern. Bub, eine Zeit ist das, eine Zeit. Vielleicht hat es dein Vater besser getroffen, der wird bestimmt nicht besoffen.«

Die Mehrheit des Volkes glaubte, Hitlers Siege würden im Interesse des Volkes errungen. Nur wenige durchschauten diesen Schwindel, daß nämlich Hitler nicht die Interessen des Volkes, sondern einzig und allein die seinen vertrat. Der Schriftsteller Bertolt Brecht schrieb 1939:

[Nicht Deutschlands Interessen]

Kein deutscher Wissenschaftler, kein deutscher Künstler, kein deutscher Politiker, gleichgültig, was für politische und ökonomische Konzeptionen ihm vorschweben mögen, *wofern er nur dem unmittelbaren Zugriff der Gestapo entzogen ist,* hält heute Deutschland für von irgendeiner Macht bedroht oder für berechtigt, der Tschechoslowakei ihre innere oder äußere Politik zu diktieren. Niemand glaubt Herrn Hitler, daß er lediglich die deutschsprechenden Menschen der Tschechoslowakei »befreien« will, was sie der Gestapo ausliefern hieße; jedermann weiß, daß er die Tschechoslowakei als Ganzes zertrümmern, gleichschalten, besetzen will, um sich damit ein Sprungbrett nach Osten zu schaffen, eine Ausfallspforte für reine Raubkriege.

Als das Regime des dritten Napoleon, das Beispiel eines verlumpten, gewalttätigen und korrupten Regimes, im Jahre 1870 seinen Krieg vom Zaun brach, erklärten die Generäle des Regimes, sie seien »gerüstet bis zum letzten Knopf«, und eine »Volksabstimmung« ergab noch im Frühjahr eine fast hundertprozentige Mehrheit für das Regime. Ein paar Monate nach Kriegsausbruch saß dieser Herr als Gefangener in Deutschland. Weder seine Generäle noch seine Soldaten, weder seine Beamten noch seine Steuerzahler erkundigten sich nach seinem Befinden. Er hatte einen Blitzkrieg geführt.

Die deutschen Arbeiterparteien sind sich aber über die auf jeden Fall furchtbaren Folgen eines Krieges so sehr bewußt, daß sie, obgleich jene Schichten des deutschen Volkes vertretend, die am schwersten unter dem Hitlerregime leiden, doch keinen Augenblick daran denken, einen solchen Krieg, der den sicheren Sturz dieses verbrecherischen Regimes bedeuten würde, herbeizuwünschen: Der Preis einer Befreiung dieser Art wäre zu groß.

Niemand soll sich andrerseits über die kriegerischen Absichten des Hitlerregimes einer Täuschung hingeben, etwa dem Glauben, Deutschland habe in einem solchen Krieg gegen die ganze Welt zu wenig Chancen, als daß Herr Hitler ihn vom Zaune brechen würde. *Deutschlands einprozentige Chance*

ist Hitlers hundertprozentige Chance! Seine Interessen sind   147
nicht, waren nicht und werden nicht Deutschlands Interessen
sein!

Brecht hatte recht. Das Schicksal des deutschen Volkes war
Hitler gleichgültig, das deutsche Volk war ihm nur Mittel
zum Zweck, Herr über Europa zu werden.

Nach diesen »unkriegerischen« Besetzungen zweier souverä-
ner Staaten, Österreich und der Tschechoslowakei, fühlte sich
Hitler sicher. Wohl empörte sich das westliche Ausland über
den räuberischen Akt gegenüber der Rest-Tschechoslowakei,
aber es sah nicht so aus, als würden die Westmächte ernste
Schritte gegen Deutschland unternehmen.

Am 11. April erteilte Hitler die sogenannte Weisung »Fall
Weiß«. Der Krieg gegen Polen wurde vorbereitet.

Als offenkundig wurde, Hitler habe sich als nächstes Opfer
Polen vorgenommen, gaben England und Frankreich Garantieerklärungen ab. Beide Länder wollten, notfalls auch mit
Waffengewalt, die Selbständigkeit der Länder Polen, Rumänien und Griechenland gewährleisten.

Hitler nahm diese Garantieerklärungen zunächst nicht ernst,
denn für ihn sah es in diesem Jahr sehr günstig aus, sowohl
politisch als auch militärisch. Italien hatte nach dem Kaiser-
reich Abessinien auch Albanien besetzt, und in Spanien ging,
dank deutscher Waffenhilfe, der Bürgerkrieg zu Ende. Österreich war dem Reich einverleibt, die Slowakei zum Vasallen
geworden, und die Tschechoslowakei existierte nicht mehr als
selbständiger Staat. Hitler hatte in einem solchen Maße aufge-
rüstet, daß man sagen konnte, das deutsche Reich war zur
stärksten Militärmacht Europas geworden. Der Diktator Hitler war auf dem Höhepunkt seiner Macht.

Die Engländer und Franzosen verhandelten mit den Russen
über eine Abwehr der faschistischen Kriegsgefahr, aber die
Verhandlungen scheiterten.

Im Friedensvertrag von Versailles war Polen der Zugang zur
Ostsee versprochen worden. Deshalb wurde Ostpreußen vom
deutschen Reich durch einen »Korridor« getrennt. Die freie
Reichsstadt Danzig stand unter Aufsicht eines Beauftragten
des Völkerbundes und war autonom, gehörte also weder zu
Deutschland noch zu Polen.

Danzig wurde zum Streitpunkt. Hitler forderte Danzig, und

eine Straße und eine Eisenbahnverbindung durch den »Korridor« nach Ostpreußen. Warschau lehnte ab, und Großbritannien und Frankreich gaben Polen eine Beistandsgarantie.

Hitler wußte genau, daß dieses Ansinnen von keinem Staat der Welt erfüllt worden wäre, trotzdem bestand er auf seiner Forderung, und die Auseinandersetzungen mit Polen wurden immer hektischer. Aber gerade dies wollte er. Die Deutschen sollten glauben, er wolle den Frieden, und nur die »bösen« Polen wollten ihn nicht.

Durch die deutsche Propaganda und die polnische Gegenpropaganda kam es bis zum Ausbruch des Krieges, insbesondere in den früheren deutschen Gebieten zu Ausschreitungen zwischen Deutschen und Polen.

Nach der deutschen Propaganda hatten natürlich immer die Polen unrecht, weil sie diese Ausschreitungen entweder herbeiführten oder die Deutschen so lange provozierten, bis diese zurückschlugen, oder wie es im amtlichen deutschen Sprachgebrauch hieß: »sich wehren mußten«.

Das nützte natürlich Hitler aus. Vor der Welt wollte er als »Vermittler« in diese zum Teil blutigen Auseinandersetzungen eingreifen, um deutsches Leben vor den »barbarischen Polen« zu schützen.

Zu leugnen ist nicht, daß es in dieser Zeit viele Morde gab, und die Mörder sowohl auf deutscher als auch auf polnischer Seite zu finden waren. Die Menschen waren aufgehetzt, die Deutschen durch die NS-Propaganda, die Polen durch einen übertriebenen Nationalismus.

Am 28. April hielt Hitler vor dem Reichstag wieder eine große Rede. Darin erklärte er den deutsch-polnischen Nichtangriffspakt für aufgehoben und kündigte auch das deutsch-britische Flottenabkommen, nach dem die Stärke der deutschen Flotte nur 35 % der Gesamttonnage gegenüber der englischen betragen durfte.

Das bedeutete: Hitler würde sich in Zukunft nicht mehr um diese beiden Verträge kümmern, er würde Polen angreifen und die deutsche Flotte vergrößern.

Der Krieg, der für Hitler seit Jahren beschlossene Sache war, rückte näher. Die britisch-französischen Verhandlungen mit Moskau beunruhigten ihn, da er sich nicht in die Gefahr eines Zweifrontenkrieges begeben wollte. So ließ er Stalin wissen, daß er zur Anerkennung der sowjetischen Interessen »auf der

ganzen Linie von der Ostsee bis zum Schwarzen Meer« bereit
sei. Das war die Chance für Stalin: Hitler bot freiwillig an,
was den Westmächten nicht abzuringen war.

Der Reichsaußenminister an die Botschaft in Moskau
Telegramm
Citissime!
Nr. 189 vom 20. August
Berlin, den 20. August 1939 16 Uhr 35
Ankunft: 21. August 0 Uhr 45
Für Herrn Botschafter persönlich.

Führer beauftragt Sie, sich umgehend bei Molotow anzusa-
gen und ihm folgendes Telegramm Führers an Herrn Stalin
auszuhändigen:

Herrn Stalin, Moskau.
1. Ich begrüße die Unterzeichnung des neuen deutsch-sowjetischen Handelsabkommens als ersten Schritt zur Neugestal-
tung des deutsch-sowjetischen Verhältnisses aufrichtig.
2. Der Abschluß eines Nichtangriffspaktes mit der Sowjetunion bedeutet für mich eine Festlegung der deutschen Politik
auf lange Sicht. Deutschland nimmt damit wieder eine politische Linie auf, die in Jahrhunderten der Vergangenheit für
beide Staaten nutzbringend war. Die Reichsregierung ist daher in einem solchen Falle entschlossen, alle Konsequenzen
aus einer so eingreifenden Umstellung zu ziehen.
3. Ich akzeptiere den von Ihrem Außenminister Herrn Molotow
übergebenen Entwurf des Nichtangriffspaktes, halte es aber
für dringend notwendig, die mit ihm noch zusammenhängenden Fragen auf schnellstem Wege zu klären.
4. Das von der Regierung der Sowjetunion gewünschte Zusatzprotokoll kann nach meiner Überzeugung in kürzester
Zeit substantiell geklärt werden, wenn ein verantwortungsvol-
ler deutscher Staatsmann in Moskau hierüber selbst verhan-
deln kann. Sonst ist sich die Reichsregierung nicht darüber im
klaren, wie das Zusatzprotokoll in kurzer Zeit geklärt und
festgelegt werden könnte.
5. Die Spannung zwischen Deutschland und Polen ist unerträglich geworden. Das polnische Verhalten einer Großmacht
gegenüber ist so, daß jeden Tag eine Krise ausbrechen kann.
Deutschland ist jedenfalls entschlossen, diesen Zumutungen
gegenüber von jetzt an die Interessen des Reiches mit allen
Mitteln wahrzunehmen.

6. Es ist meine Auffassung, daß es bei der Absicht der beiden Reiche, in ein neues Verhältnis zu einander zu treten, zweckmäßig ist, keine Zeit zu verlieren. Ich schlage Ihnen daher noch einmal vor, meinen Außenminister am Dienstag, den 22. August, spätestens aber am Mittwoch, den 23. August, zu empfangen. Der Reichsaußenminister hat umfassendste Generalvollmacht zur Abfassung und Unterzeichnung des Nichtangriffspakts sowie des Protokolls. Eine längere Anwesenheit des Reichsaußenministers in Moskau als ein bis höchstens zwei Tage ist mit Rücksicht auf die internationale Situation unmöglich. Ich würde mich freuen, Ihre baldige Antwort zu erhalten. Adolf Hitler.

Ribbentrop

Der Botschafter in Moskau an das Auswärtige Amt
Telegramm
Nr. 200 vom 21. August

Citissime!
Geheim

Moskau, den 21. August 1939 19 Uhr 45
Ankunft: 21. August 21 Uhr 35

Im Anschluß an Telegramm Nr. 199 vom 21. August.

Wortlaut der Antwort Stalins:

An den Reichskanzler Deutschlands, Herrn A. Hitler.
Ich danke für den Brief.
Ich hoffe, daß der deutsch-sowjetische Nichtangriffspakt eine Wendung zur ernsthaften Besserung der politischen Beziehungen zwischen unseren Ländern schaffen wird.
Die Völker unserer Länder bedürfen friedlicher Beziehungen zueinander; das Einverständnis der Deutschen Regierung mit dem Abschluß eines Nichtangriffspaktes schafft die Grundlage für die Liquidierung der politischen Spannungen und für die Aufrichtung des Friedens und die Zusammenarbeit zwischen unseren Ländern. Die Sowjetregierung hat mich beauftragt, Ihnen mitzuteilen, daß sie einverstanden ist mit dem Eintreffen des Herrn von Ribbentrop in Moskau am 23. August.

gez.: J. Stalin
Schulenburg

Reichsaußenminister von Ribbentrop flog am 23. August nach Moskau, und nach kurzen Verhandlungen unterschrieben der deutsche und der sowjetische Außenminister einen

Nichtangriffspakt mit geheimem Zusatzprotokoll, in dem festgelegt war, daß Estland, Lettland, Litauen und auch Finnland, Ostpolen und das rumänische Bessarabien der sowjetischen Interessensphäre zugesprochen wurde.

Hitler meinte, damit den Weg nach Polen offen zu haben, da er nicht glaubte, daß Frankreich und Großbritannien Polen beistehen würden.

Geheimes Zusatzprotokoll

Aus Anlaß der Unterzeichnung des Nichtangriffsvertrages zwischen dem Deutschen Reich und der Union der Sozialistischen Sowjetrepubliken haben die unterzeichneten Bevollmächtigten der beiden Teile in streng vertraulicher Aussprache die Frage der Abgrenzung der beiderseitigen Interessensphären in Osteuropa erörtert. Diese Aussprache hat zu folgendem Ergebnis geführt:

1. Für den Fall einer territorial-politischen Umgestaltung in den zu den baltischen Staaten (Finnland, Estland, Lettland, Litauen) gehörenden Gebieten bildet die nördliche Grenze Litauens zugleich die Grenze der Interessensphäre Deutschlands und der UdSSR. Hierbei wird das Interesse Litauens am Wilnaer Gebiet beiderseits anerkannt.

2. Für den Fall einer territorial-politischen Umgestaltung der zum polnischen Staate gehörenden Gebiete werden die Interessensphären Deutschlands und der UdSSR ungefähr durch die Linie der Flüsse Narew, Weichsel und San abgegrenzt.

Die Frage, ob die beiderseitigen Interessen die Erhaltung eines unabhängigen polnischen Staates erwünscht erscheinen lassen und wie dieser Staat abzugrenzen wäre, kann endgültig erst im Laufe der weiteren politischen Entwicklung geklärt werden. In jedem Falle werden beide Regierungen diese Fragen im Wege einer freundschaftlichen Verständigung lösen.

3. Hinsichtlich des Südostens Europas wird von sowjetischer Seite das Interesse an Bessarabien betont. Von deutscher Seite wird das völlige politische Desinteressement an diesen Gebieten erklärt.

4. Dieses Protokoll wird von beiden Seiten streng geheim behandelt werden.

Ich kann mich an den Tag der Vertragsunterzeichnung erinnern, als ob es gestern gewesen wäre. Wahrscheinlich war das Aufsehen um diesen Vertrag deshalb so groß und berührte und bewegte so viele, weil seit 1933 dem deutschen Volk eingehämmert worden war, es führe einen Kampf auf Leben und Tod gegen den Bolschewismus. Nun aber paktierten die Nazis mit den Russen. Die Menschen verstanden das nicht, sie waren verunsichert, sie wurden plötzlich am Führer irre.

Meinen Großvater sah ich zum ersten Mal am Radio sitzen. Er kroch beinahe in den Lautsprecher hinein, obwohl er nicht schwerhörig war. Als die Sondermeldung vorbei war, drehte er sich um und sah alle, die im Zimmer zugehört hatten, an, als erwache er aus tiefem Schlaf. Alle erwarteten nun von ihm, daß er etwas sagen, etwas erklären würde. Diese Nachricht war so ungeheuerlich, daß wir darauf warteten, daß ein alter erfahrener Mann, der von der Politik Hitlers nichts wissen wollte, uns erklärte, was mit diesem Vertrag von Moskau gemeint war. Aber mein Großvater stand nur auf und sagte: »Ich muß noch mal in den Stall, der Wallach war heute so unruhig.«

Ich habe Großvater noch am selben Abend gefragt, warum er nichts gesagt habe, und er antwortete: »Bub, soll ich denen sagen, daß es Krieg gibt? Die würden es doch nicht glauben. Also warum erst was erzählen, die werden es früh genug merken.«

Bei den Schulungsabenden der Hitlerjugend, zu denen ich nun auf Anraten meiner Mutter ab und zu ging, verlangten wir Erklärungen, warum sich Hitler mit seinem Erzfeind Stalin verbündet hatte.

Die Aufklärung war einfach, der Fähnleinführer, eben der, der meinen Schulkameraden zusammengeschlagen hatte, erklärte: Hitler sei zwar immer gegen den Bolschewismus gewesen, aber nur gegen den im deutschen Reich, und nicht gegen den in der Sowjetunion, deshalb sei der Pakt logisch, überfällig und verständlich dazu.

So einfach wurden weltpolitische Ereignisse erklärt. Hitler hatte, ohne Zweifel, freie Hand im Osten bekommen. Er brauchte nicht mehr zu fürchten, daß die Russen ihn im Krieg gegen Polen aufhalten würden.

Und doch blieb die Verunsicherung. Die Lehrer in der Schule wußten auf unsere Fragen – falls überhaupt einer zu fragen wagte – keine Antwort. Sie redeten nach, was ohnehin durch Goebbels über den Rundfunk zu hören war. Der Führer werde schon wissen, was er tue, schließlich tue er sein bestes für das deutsche Volk und da sei es auch erlaubt, sich mit dem

Teufel zu verbünden. So wörtlich unser Geschichtslehrer.
Manche Lehrer konnten einem eigentlich leid tun. Was sie
sagen wollten, durften sie nicht, was sie durften, leierten sie
ohne Überzeugung herunter.
Der Krieg war unausweichlich geworden, weil Hitler ihn
wollte. Am 31. August erließ er die Weisung Nr. 1 für die
Kriegführung.

Weisung Nr. 1 für die Kriegführung

Berlin, den 31. 8. 1939
Geheime Kommandosache
Nachdem alle politischen Möglichkeiten er-
schöpft sind, um auf friedlichem Wege eine für
Deutschland unerträgliche Lage an seiner
Ostgrenze zu beseitigen, habe ich mich zur
gewaltsamen Lösung entschlossen.
Der Angriff gegen Polen ist nach den für den
Fall Weiß getroffenen Vorbereitungen zu führen mit den Abänderungen, die sich beim Heer
durch den inzwischen fast vollendeten Auf-
marsch ergeben.
Aufgabenverteilung und Operationsziel blei-
ben unverändert.
Angriffstag: 1. 9. 1939
Angriffszeit: 4.45.
Im Westen kommt es darauf an, die Verantwortung für die Eröffnung von Feindseligkei-
ten eindeutig England und Frankreich zu über-
lassen. Geringfügigen Grenzverletzungen ist
zunächst rein örtlich entgegenzutreten. Die
von uns Holland, Belgien, Luxemburg und der
Schweiz zugesicherte Neutralität ist peinlich
zu achten . . .
Der oberste Befehlshaber der Wehrmacht
ADOLF HITLER

Für den Angriff auf Polen brauchte aber Hitler noch einen aktuellen Anlaß. Da sich dieser nicht von selbst ergab, mußte er inszeniert werden: Im Auftrage des Chefs der Sicherheitspolizei Heydrich überfiel SS-Sturmbannführer Naujocks zusammen mit deutschen KZ-Häftlingen in polnischer Uniform den Radiosender Gleiwitz, der nahe der polnischen Grenze lag. So konnte nun Hitler vor das deutsche Volk hintreten und behaupten: »... Polen hat heute Nacht zum ersten Mal auf unserem Territorium auch durch reguläre Truppen geschossen. Seit 5.45 Uhr wird jetzt zurückgeschossen! Von jetzt ab wird Bombe mit Bombe vergolten ...«

Im Morgengrauen des 1. September überschritten deutsche Truppen die polnische Grenze.

Der Zweite Weltkrieg hatte begonnen.

Ich habe Hitlers Stimme noch heute in den Ohren, als wir am 1. September vor dem Radio saßen, denn seit Morgengrauen hatte sich herumgesprochen, der Führer werde im Reichstag eine Rede halten.

Am Ende der Rede hat niemand gejubelt, nicht einmal meine »Jubeltante«, niemand hat »Heil« gerufen, niemand vor Freude Purzelbäume geschlagen. Die Betroffenheit war auf allen Gesichtern zu sehen, niemand sprach, auch die Nachbarn, die gekommen waren, sagten nichts.

Mein Großvater weinte. Es war für mich kaum faßbar, diesen alten, abgearbeiteten Mann weinen zu sehen. Niemand fragte ihn, warum er weinte. Es war ihnen peinlich, weil alle wußten, was er im Ersten Weltkrieg mitgemacht hatte. Er hatte mir oft davon erzählt.

Keine Begeisterung war zu spüren. Nicht in der Schule, nicht auf den Straßen, nicht in den Läden, nicht einmal bei der HJ. Einer wagte den andern nicht anzusehen, aus Angst, er könne gefragt werden, was er vom Krieg halte.

Sicherlich gab es auch andere. Einige in meiner Klasse, wir waren 13 Jahre alt, bedauerten es, nicht älter zu sein, denn dann hätten sie sich freiwillig melden können, während ich mich damit tröstete, daß der Krieg vorbei sei, wenn ich aus der Schule entlassen würde.

Als ich wenige Tage später meinen Großvater im Pferdestall aufsuchte, um beim Füttern zu helfen, sagte er zu mir: »Weißt du, meinetwegen können die Krieg führen so lange sie wollen, wenn nur nicht immer die kleinen Leute die Zeche bezahlen müßten. Aber das verstehst du noch nicht.«

Großvater irrte sich, ich verstand das sehr wohl, denn ich hatte in meinem Vater und jetzt in meiner Mutter einen guten Lehrmeister.

Drei Tage nach dem Überfall Hitlers auf Polen erklärten Großbritannien und Frankreich Deutschland den Krieg.

Nach 18 Tagen war der Krieg gegen Polen zu Ende, nur Warschau, das zwei Wochen eingeschlossen war, leistete noch Widerstand, und obwohl dies für den Kriegsausgang ohne Bedeutung blieb, wurde Warschau auf Hitlers Befehl bombardiert.

Am 6. Oktober unterbreitete Hitler den Westmächten ein Friedensangebot, das von Frankreich und England abgelehnt wurde. In Paris und London waren endgültig die Würfel gefallen: Hitler mußte ausgeschaltet werden. Er war nicht nur eine tödliche Gefahr für Europa, sondern für die ganze Menschheit.

Schon am 9. Oktober gab Hitler die Weisung zum Überfall auf Frankreich und auf die neutralen Länder Luxemburg, Belgien und Holland. Für ihn war der Polenkrieg nur eine erste Etappe auf dem Weg zur Eroberung Europas.

Aber er hatte sich verrechnet. Großbritannien, das er fortwährend verspottete, mobilisierte seine Kräfte. Auch wenn zum Zeitpunkt des Kriegsbeginns die britische Armee schwach war, denn in Großbritannien gab es vor 1939 keine allgemeine Wehrpflicht, so stand doch hinter Großbritannien ein Weltreich mit unerschöpflichen Rohstoffquellen, und eine starke Flotte beherrschte die Nachschubwege zum Mutterland und kontrollierte die Kriegsgegner.

Im Jahre 1939 hatten wir wegen der vielen Siege oft schulfrei, worüber wir uns natürlich freuten.

Menschen, die Hitler bisher ablehnend gegenübergestanden hatten, erkannten ihn nun widerwillig als großen Feldherrn und Staatsmann an. Immerhin hatte er in nur 18 Tagen Polen besiegt.

Fünf Tage nach Ausbruch des Krieges hielt der britische Premierminister Chamberlain in deutscher Sprache über den englischen Rundfunk eine Rede an das deutsche Volk:

> »Ich bedaure, sagen zu müssen, daß in England niemand mehr das geringste Vertrauen in das Wort eures Führers hat. Er versprach, den Locarnopakt zu respektieren, doch hat er

sein Versprechen nicht gehalten. Er versprach weiter, daß er weder den Wunsch noch die Absicht habe, Österreich zu annektieren; auch hier hat er sein Wort gebrochen. Er erklärte, er wünsche nicht, die Tschechen dem Reich einzuverleiben, und er tat es dennoch. Er erklärte weiter, daß er nach München keine anderen territorialen Forderungen mehr in Europa zu stellen habe, und er hat auch hier sein Wort gebrochen. Er versprach, daß er keine polnische Provinz zu annektieren beabsichtige, und hat wieder sein Wort nicht gehalten.«

Mit dem Sieg über Polen brach auch über dieses Land wieder der Terror der SS herein: Massenverschleppungen, Massenerschießungen, Zwangsarbeit, für Männer, Frauen und Kinder. Die ersten Konzentrationslager auf polnischem Boden wurden errichtet, die später zu Massenvernichtungslagern erweitert und »perfektioniert« wurden. Im deutschen Reich fuhr man verstärkt fort, »lebensunwertes Leben« kalt, brutal, gnadenlos und bürokratisch auszurotten.

Aus dem Protokoll über eine Besprechung in der Kanzlei Adolf Hitlers am 9. Oktober 1939 zum Mord an psychisch Kranken
(»Euthanasieprogramm«)

PG Brack:
»Heutige Besprechung dient der endgültigen Klärung: Wer und Wie? Beide Fragen hängen zusammen. Über die erste wird MR Dr. Linden berichten.«
PG Dr. Linden:
»Am heutigen Tage gehen mit Runderlaß des RMdI an alle Pflege- und Heilanstalten Meldebogen heraus [. . .]. Ein Verdacht, zu welchem wirklichen Zweck die Meldebogen ausgefüllt werden müssen, kann nicht aufkommen, da im Runderlaß als Grund die Notwendigkeit planwirtschaftlicher Erfassung angegeben ist.«
PG Brack dankt PG Dr. Linden und äußert sich zur Zahl der voraussichtlich zu behandelnden Fälle. Die Zahl ergibt sich aus einer Berechnung, der das Verhältnis 1000 : 10 : 5 : 1 zugrunde liegt. Das bedeutet: Von 1000 Menschen bedürfen 10 psychiatrischer Betreuung: von diesen 5 in stationärer Form. Davon aber fällt ein Kranker unter die Aktion. Das heißt: Von 1000 Menschen wird einer von der Aktion erfaßt. Auf die Bevölkerungszahl des Großdeutschen Reiches übertragen,

hat man demnach mit 65–70 000 Fällen zu rechnen. Mit dieser Feststellung dürfte die Frage des »Wer?« beantwortet sein.

PG Prof. Dr. Heyde nimmt zur Frage des »Wie?« Stellung. Die von PG Brack genannte Zahl entspricht auch seiner Berechnung. Sie macht die ursprünglich von PG Prof. Dr. Nitsche vorgeschlagene Behandlungsart durch Injektionen unmöglich. Aus dem gleichen Grunde kommt auch eine Behandlung durch Medikamente nicht in Frage [. . .]

PG ORGR Werner: Die Frage ist mit dem Leiter des Reichskriminalpolizeiamtes Nebe besprochen worden. In Übereinstimmung mit ihm hält man CO (Kohlenoxyd) für das geeignete Mittel.

Was Menschen an Grausamkeit erdenken können, das wurde auch in die Tat umgesetzt. Ein Beispiel dafür ist der Bericht eines KZ-Insassen aus Buchenwald; jenes Lagers, über dessen Eingangstor zu lesen stand: »Jedem das Seine«.

Jakob Boulanger, Vier Jahre Stehbunker (1939–43)

[16½ Stunden täglich, über vier Jahre hin, ließen die KZ-Bewacher den Arbeiter und Widerstandskämpfer J. Boulanger in einer Bunkerzelle in Buchenwald stehen – eine Tortur, die sich menschlichem Vorstellungsvermögen entzieht, die aber gleichwohl von Menschen erfunden worden ist. Boulangers Bericht ist eines der erschütterndsten Dokumente des Sadismus, dessen die Faschisten fähig waren, aber auch der Widerstandskraft eines Menschen, der aus seiner sozialistischen Überzeugung heraus lebt.]

Spät in der Nacht kam unser Zug in Weimar an. Wir blieben in den Waggons, bis es hell wurde. Dann mußten wir unter Stößen und Schlägen antreten. Im Eilmarsch ging es zum Lager Buchenwald auf dem Ettersberg.

Mein Herz pumpte wie verrückt. Die sechs Jahre Einzelhaft hatten mir schwer zugesetzt. Aber ich durfte nicht schlappmachen.

Meine Kameraden hofften, wir würden in Buchenwald nicht mehr in den Bunker kommen. Ich war nicht so optimistisch. Sie redeten auf mich ein: »Du warst doch schon drei Jahre im Bunker, Jack! Sicher kommst du jetzt ins allgemeine Lager.« Wer kann es mir übelnehmen, daß ich nur zu gern bereit war, ihnen zu glauben.

Es ging ziemlich steil bergan. Links und rechts von unserer Kolonne SS-Leute mit Gewehren und Hunden. »Blutstraße« nannte man diesen Weg zum Lager. Häftlinge hatten sie gebaut. Sie waren zu Tausenden dabei umgekommen.

»Los, vorwärts, ihr Hunde! Links, zwei, drei, vier! Wer zurückbleibt, wird umgelegt!«

Schwer, sehr schwer war der Marsch. Wenn wir doch endlich da wären!

Gegen neun Uhr erreichten wir unseren Bestimmungsort. Die SS war schon auf dem Appellplatz angetreten, um uns zu empfangen. Nun ging es durch das Tor, über dem zur Verhöhnung der Geschlagenen, Getretenen und Mißhandelten der Spruch prangte: »Jedem das Seine.«

Kaum hatte der Lagerälteste Ernst Frommhold (er war früher Organisationsleiter der Kommunistischen Partei in Erfurt gewesen) die Front der Neuangekommenen abgeschritten – er zwinkerte mir im Vorübergehen zu –, als es aus dem Lautsprecher tönte: »Nummer 24 073 ans Tor!« Damit war ich gemeint. Nun wußte ich, daß ich doch wieder in den Bunker kam. Gleich darauf wurden auch die anderen sechzehn Kameraden aufgerufen, die in Dachau mit mir im Bunker gewesen waren.

Am Tor stand Sommer, Hauptscharführer Sommer. Er war der schrecklichste von all den SS-Bütteln, die ich in meiner langen Haftzeit kennengelernt habe. Sommer führte uns in den Bunker. Wir mußten uns in dem schmalen Gang vor den Zellen aufstellen. Was sage ich, Zellen! Todeskammern waren das! Zwei Meter lang und ein Meter zwanzig breit, ein Raum der gerade ausreichte, eine Leiche aufzubahren. Und doch habe ich in diesem Grabgewölbe leben müssen, dreieinhalb Jahre lang.

Sommer fragte jeden von uns, wieviel Monate im Bunker er schon hinter sich hätte. Bei keinem der anderen waren es mehr als zwölf. Sommer brüllte: »Herhören! In zehn Monaten lebt ihr bei mir nicht mehr, verstanden! Da seid ihr alle verreckt!« Dann schlossen sich die Türen hinter uns.

Ich sah mich in meiner Zelle um. Grau die Wände, der Fußboden aus Zement – ein Zementsarg. An der Wand ein Brett, hochgeklappt und durch ein Schloß gesperrt. Am Abend wurde dieses Brett mein Nachtlager. Neunzig Zentimeter breit, ein Meter siebzig lang, schräg gestellt und ohne Erhöhung für den Kopf! Auf diesem Brett mußte ich ohne Decke, ohne Strohsack, ohne Kissen schlafen. Als Kopfkissen dienten mir meine Schuhe. Ich fragte mich: Und wo soll ich sitzen, wenn das Brett hochgeschlossen ist? Es gibt hier ja nicht einmal einen Schemel. Sicher werde ich morgen einen bekommen.

Aber nichts dergleichen geschah. Das Brett wurde tagsüber hochgeschlossen. Ich mußte stehen – von morgens bis abends stehen. Zunächst war ich völlig fassungslos. Man mutete einem Menschen zu, den ganzen Tag auf den Beinen zu bleiben, einem Menschen, der sich obendrein nur vier Schritte hin und zurück bewegen konnte! Aber da half nichts. Ich mußte stehen. Von 4.30 Uhr morgens bis abends 21 Uhr. Den ganzen Tag. Und wenn es dem Hauptscharführer Sommer einfiel, die Pritsche nicht herunterzulassen, dann auch noch die ganze Nacht. Sich auf den Boden zu setzen war streng verboten. »Wer sich auf den Boden setzt«, sagte Sommer, »kriegt fünfundzwanzig auf den Arsch!«

Es bleibt mir also, dachte ich, nichts anderes übrig, als von morgens bis abends zu stehen. Aber nein, auch das geht nicht. Wenn man zu lange steht, bekommt man Wasser in die Beine. Wasser in den Beinen aber ist gleichbedeutend mit einem Todesurteil, denn es gibt für uns natürlich weder ärztliche Hilfe noch irgendwelche Medikamente.

Hatten sich Bunkerhäftlinge krankgemeldet, so erschien der SS-Arzt Dr. Hoven und sagte sein Sprüchlein auf: »Na, da wollen wir mal eine Spritze zurechtmachen, dann wird es gleich besser gehen.« Und wirklich, dem Häftling ging es bald besser: Er wurde durch den Tod erlöst.

Also hieß es gehen, in einem fort gehen, auf und ab, vier Schritte zum Fenster, vier Schritte zur Tür, vier Schritte zum Fenster, vier Schritte zur Tür, vier Schritte zum Fenster, vier Schritte zur Tür. Stunde um Stunde, Tag um Tag, Monat um Monat, Jahr um Jahr. Dreimal kam der Frühling, dreimal der Sommer, der Herbst und der Winter, und ich blieb eingeschlossen in diesem Zementsarg. Wir hatten auch keinen Freihof wie im Zuchthaus, wo die Sträflinge täglich eine halbe Stunde an der Luft sein durften. Es gab für uns keine Arbeit, keine Beschäftigung, nichts zu lesen. Immer nur gehen, immer nur auf und ab, vier Schritte zum Fenster, vier Schritte zur Tür . . .

Um 4 oder 5 Uhr morgens, je nach seiner Laune, erschallte die Stimme des Hauptscharführers Sommer: »Pritschen hoch!« Da hieß es mit einem Satz aufspringen, die Pritsche hochschließen, das Hemd ausziehen und, Nachtgeschirr und Kanne in der Hand, warten, bis die Zellentür aufgeschlossen wurde. Dann ging es im Eilschritt in den Waschraum, um das Nachtgeschirr zu entleeren, und ebenso schnell zurück in die Zelle. Waschen war nicht erlaubt, das blieb der SS vorbehalten.

Und nun begann die Tagesewigkeit. Wie lang ist doch eine Minute, wenn man die Sekunden zählt. Und gar eine Stunde. Ich zählte 60 mal 60 Sekunden, 3600 Sekunden. Die Stunde schien kein Ende zu nehmen. Ich zählte abermals 60 mal 60 Sekunden. Doch der Tag ist lang, und zeitlos ist die Zeit im Bunker.

Es ist niederdrückend, immer ohne Beschäftigung zu sein. Irgend etwas muß der Mensch tun, lesen, arbeiten, ganz gleich was. Dieses ewige Nichtstun, diese vollkommene Leere ist eine furchtbare Qual. Das Schlimmste aber ist das Grübeln, das Grübeln über die eigene Lage. Jeden Tag der Gedanke, ob man den morgigen Tag noch erlebt, Tag für Tag die Frage, wie lange man in dieser Steingruft lebendig begraben bleiben wird und wie lange man das physisch und psychisch noch ertragen kann. Immer wieder vier Schritte zum Fenster, vier Schritte zur Tür, hin und her wie das Pendel einer Uhr. Das kann eine Zeitlang beruhigen, auf die Dauer aber bringt es einen Menschen dem Wahnsinn nahe.

Also stellte ich mir Aufgaben, die mich von den quälenden Gedanken ablenkten, vorzugsweise solche, deren Lösung viel Zeit in Anspruch nahm. Ich überlegte zum Beispiel, was wir alles in der Partei richtig und was wir falsch gemacht hatten, ich übernahm im Geiste die verschiedensten Funktionen und ersann die raffiniertesten konspirativen Regeln für die illegale Arbeit. Ich übte mich darin, das Abc rückwärts aufzusagen, so schnell es irgend ging, ich löste mathematische Aufgaben, eine immer komplizierter als die andere.

Aber jedes Thema ist einmal erschöpft. Ich lebte in steter Angst, daß mir der Stoff ausgehen könnte. Schnell, versuch, etwas anderes zu finden, sagte ich mir. Und so erdachte ich eine Robinsonade. [. . .]

In Deutschland traute einer dem andern nicht mehr. Denunzieren wurde zur vaterländischen Ehre. Es genügte, den Arm zum Gruß nicht zu heben, und schon war man verdächtig. Gerichtsverfahren gab es kaum noch, und wenn es dennoch dazu kam, stand das Urteil vorher schon fest. Die eigentlichen Richter waren Polizei, Gestapo und SD (Sicherheitsdienst) geworden. Sie entschieden über Freiheit und Gefangenschaft, Leben und Tod. Wir Kinder wußten von all dem gar nichts oder hörten nur gerüchteweise davon. Selbst ich wußte nicht mehr als die anderen, obwohl mein Vater im KZ war. Dies hatten die amtlichen Stellen meiner Mutter mittlerweile in

wenigen Worten mitgeteilt. Mein Vater befand sich im KZ
Flossenbürg und arbeitete dort in den Granitbrüchen.

Eines Tages ging mein Deutschlehrer mit mir zusammen nach
dem Unterricht nach Hause, da wir in der gleichen Straße
wohnten. Vor unserem Haus gab er mir ein in Zeitungspapier
eingewickeltes Päckchen. Beschwörend sagte er mir, ich dürfe
es niemandem zeigen, und mit niemandem darüber sprechen.
Das Päckchen enthielt ein Buch. Stefan Zweigs »Sternstunden
der Menschheit«. Für mich war es die Sternstunde meines
Lebens: Ich begann bewußt zu lesen. Ich fing an, mich für
Geschichte zu interessieren, und das las sich alles ganz anders
als das, was wir im Unterricht hörten. Mir wurden Zusam-
menhänge klarer, kurzum, ich begann die Geschichte der
Besiegten zu lesen, nicht die der Sieger. Ich hatte zum ersten
Mal Zugang zur Literatur gefunden.

Ich habe oft darüber nachgedacht, warum er gerade mir das
Buch gegeben hat. Vielleicht, weil er wußte, daß ich gerne las,
aber seiner Meinung nach nicht die Bücher, die ich hätte lesen
sollen. Und vielleicht auch, weil er wußte, daß mein Vater
im KZ saß, und ich nicht ausplaudern würde, daß er mir verbotene Literatur gegeben hatte. Doch meine Mutter hatte
mich gelehrt, besser ein Wort zu wenig als eines zuviel zu
sagen.

Mein Deutschlehrer hat mir durch Literatur die Augen geöffnet. Im Kohlenkeller hinter den Stößen des Winterholzes
hatte er seine Bücher versteckt, die zu besitzen lebensgefährlich war. Mitte der fünfziger Jahre ist er in meiner fränkischen
Heimat gestorben, ein alter, ausgelaugter Mann. Obwohl ich
damals kaum Geld hatte, bin ich mit dem Zug zu seiner
Beerdigung gefahren. Als mich der Pfarrer, der mich konfirmiert hatte, erkannte, sprach er mich an. Er fragte, warum ich
den weiten Weg gemacht hatte, und ob mir mein alter Lehrer
denn so viel bedeutete? »Ja«, antwortete ich, »für mich war er
ein großer Mann.« Als ich sein erstauntes Gesicht sah, fügte
ich hinzu: »In der Zeit damals, wo es schon den Tod bedeuten
konnte, nicht zu jubeln, wenn jubeln befohlen wurde, da hat
er nicht gejubelt.« Der Pfarrer verabschiedete sich. Ein Jahr
später ist auch er gestorben. Zu seiner Beerdigung bin ich
nicht gefahren. Er hatte mich einmal in der Kirche beim
Konfirmandenunterricht geohrfeigt, weil ich ihn gefragt hatte,
ob es Gottes Wille sei, daß mein Vater im KZ sitze.

»Alle Obrigkeit ist von Gott«, hatte er gesagt.

Und ich erwiderte: »Dann stimmt entweder der liebe Gott nicht oder die Obrigkeit.«

Ich weiß heute nicht mehr, woher ich den Mut hatte, das zu sagen. Meine Mutter jedenfalls weinte, als ihr der Vorfall berichtet wurde. Sie fürchtete, daß ich noch mehr in Schwierigkeiten kommen könnte als ohnehin, weil mein Vater, nicht wie andere anständige Deutsche im Krieg war oder in der Heimat für den Krieg arbeitete, sondern hinter Stacheldraht »verwahrt« wurde.

Das Jahr 1939 brachte nicht nur die »Ausweitung« der Reichsgrenzen und den Beginn des Weltkrieges. Für die jüdische Bevölkerung in Deutschland und in den »friedlich« eroberten Gebieten war es ein Jahr des Terrors und der Verfolgung. Nach der »Kristallnacht« stieg die Zahl der Auswanderer und erreichte die Ausmaße einer Massenflucht. Hunderttausende flohen in das Ausland, um der Verhaftung zu entgehen. Bereits am 30. Januar hatte Hitler im Falle eines Krieges die Vernichtung der jüdischen Rasse prophezeit. In den Konzentrationslagern errichtete er neue Arbeitsplätze, an denen für den Krieg gearbeitet wurde. Am 15. Mai wurde das Konzentrationslager Ravensbrück errichtet, in dem bis Kriegsende 92 000 Frauen ermordet wurden. Nach dem Einfall in Polen fielen über zwei Millionen jüdischer Menschen in deutsche Hände. Nach Terror, Plünderungen und Mord setzte die deutsche Zivilverwaltung den Krieg gegen die jüdische Bevölkerung mit Gesetzen, Aufrufen und Verordnungen fort. Alle Juden vom 10. Lebensjahr an, mußten nun den Judenstern tragen.

Die Eroberer amüsierten sich damit, alten Juden die Bärte abzuschneiden, sie zu berauben und zu verprügeln. Vorschrift folgte auf Vorschrift: Anmeldung des Vermögens, Einführung des Arbeitszwanges, Aufenthaltsverbot für bestimmte Stadtteile, Ausschluß von den Verkehrsmitteln. Die Juden sollten all ihrer Habe beraubt und rechtlos gemacht werden.

Der Distriktschef von Krakau

ANORDNUNG
Kennzeichnung der Juden im Distrikt Krakau

Ich ordne an, dass alle Juden im Alter von über 12 Jahren im Distrikt Krakau mit Wirkung vom 1. 12. 1939 ausserhalb ihrer eigenen Wohnung ein sichtbares Kennzeichen zu tragen haben. Dieser Anordnung unterliegen auch nur vorübergehend im Distriktsbereich anwesende Juden für die Dauer ihres Aufenthaltes.

Als Jude im Sinne dieser Anordnung gilt:

1. wer der mosaischen Glaubensgemeinschaft angehört oder angehört hat,

2. jeder, dessen Vater oder Mutter der mosaischen Glaubensgemeinschaft angehört oder angehört hat.

Als Kennzeichen ist am rechten Oberarm der Kleidung und der Überkleidung eine Armbinde zu tragen, die auf weissem Grunde an der Aussenseite einen blauen Zionstern zeigt. Der weisse Grund muss eine Breite von mindestens 10 cm. haben, der Zionstern muss so gross sein, dass dessen gegenüberliegende Spitzen mindestens 8 cm. entfernt sind. Der Balken muss 1 cm. breit sein.

Juden, die dieser Verpflichtung nicht nachkommen, haben strenge Bestrafung zu gewärtigen.

Für die Ausführung dieser Anordnung, insbesondere die Versorgung der Juden mit Kennzeichen, sind die Ältestenräte verantwortlich.

Krakau, den 18. 11. 1939.

gez. *Wächler*
Gouverneur

Szef dystryktu krakowskiego

ROZPORZĄDZENIE
Znamionowanie żydów w okręgu Krakowa

Zarządzam z ważnością od dnia 1. XII. 1939, iż wszyscy żydzi w wieku ponad 12 lat winni nosić widoczne znamiona. Rozporządzeniu temu podlegają także na czas ich pobytu przejściowo w obrębie okręgu przebywający żydzi.

Żydem w myśl tego rozporządzenia jest:

1) ten, który jest lub był wyznania mojżeszowego,

2) każdy, którego ojciec, lub matka są lub byli wyznania mojżeszowego.

Znamieniem jest biała przepaska noszona na prawym rękawie ubrania lub odzienia wierzchniego z niebieską gwiazdą sjonistyczną. Przepaska winna mieć szerokość conajmniej 10 cm, a gwiazda średnicę 8 cm. Wstążka, z której sporządzono gwiazdę, winna mieć szerokość conajmniej 1 cm.

Niestosujący się do tego zarządzenia zostaną surowo ukarani.

Za wykonanie niniejszego zarządzenia, zwłaszcza za dostarczenie opasek czynię odpowiedzialna Radę starszych.

Kraków, dnia 18. XI. 1939.

(—) *Wächler*
Gubernator

Dieses Bild verängstigter jüdischer Kinder, die mit ihren Eltern durch ein Spalier grinsender SA-Leute fliehen, erschien in der englischen Presse. Die »Endlösung« wurde Schritt für Schritt vorbereitet.

Am Palmsonntag, eine Woche vor Ostern, wurde ich konfirmiert. Wir Jungen kamen uns komisch und auch ein wenig lächerlich vor, als wir in langen dunkelblauen oder schwarzen Hosen, und einer schwarzen Fliege, Propeller nannten wir das damals, durch die Stadt zur Kirche gingen.

In der Kirche betete der Pfarrer: Herr, schütze Führer, Volk und Vaterland.

Mancher Vater der Konfirmanden war in Militäruniform in die Kirche gekommen, doch bei einigen fehlten die Väter, denn sie waren entweder schon im Polenfeldzug gefallen oder hatten nicht rechtzeitig Urlaub bekommen.

Die Konfirmation war ein großes Familienfest, und zu meiner Zeit sicherlich von größerer Bedeutung als heute; wer von den Verwandten anreisen konnte, kam.

Ich bekam eine Armbanduhr und zum ersten Mal trug ich Halbschuhe und keine selbstgestrickten Socken, sondern dünne mit Sockenhaltern. Nach der Konfirmation saßen wir im Familienkreis an einer langen, weißgedeckten Tafel. Alle waren festlich gekleidet, und ich hatte dauernd Angst, ich könnte meinen Anzug bekleckern, den meine Mutter unter Entbehrungen erspart hatte.

Die täglichen Bedarfsartikel waren schon knapp geworden, und selbst mit Bezugsscheinen war es schwer, etwas zu bekommen.

In den Tageszeitungen las man schon Todesanzeigen mit dem eisernen Kreuz, unter dem die Worte standen: Gefallen für Führer, Volk und Vaterland.

Wenige Wochen später waren schon ganze Zeitungsseiten mit Todesanzeigen gefüllt, und meine Mutter, die täglich ihre Zeitung von hinten nach vorne las, rief oft ungläubig aus: »Was, der auch?«

Ich hatte Schulkameraden, die sich freiwillig zum Militär gemeldet hatten. Natürlich wurden sie mit vierzehn Jahren noch nicht angenommen. Wenn ich meiner Mutter davon erzählte, war ihre Antwort nur: »Mein Gott, diese dummen Buben, die können nicht erwarten, daß sie totgeschossen werden.«

Nach der Schulentlassung begann ich eine kaufmännische Lehre bei den Porzellanfabriken Rosenthal in Oberfranken.

Täglich fuhr ich sechs Kilometer mit dem Fahrrad zu meiner Arbeitsstelle, im Winter ging ich zu Fuß. Das machte mir nichts aus, auch nicht bei schlechtem Wetter, denn daran war ich von klein auf gewohnt. Mit der Eisenbahn zu reisen galt als Luxus.

Meine besten Freunde besuchten die Realschule oder das Gymnasium, und ich sah sie seltener.

Bei Rosenthal bekam ich einen Lehrvertrag, in dem stand, daß ich

im ersten Lehrjahr 40 Reichsmark monatlich,

im zweiten Lehrjahr 80 Reichsmark und

im dritten Lehrjahr 120 Reichsmark

Lehrlingsbeihilfe bekam.

Zweimal in der Woche besuchte ich die kaufmännische Abendschule zusätzlich zur Berufsschule, in der ich Schreibmaschine schreiben, Stenografie, Buchführung, Korrespondenz und Englisch als einzige Fremdsprache lernte.

Natürlich wußten alle im Büro über meine Familie Bescheid, aber niemals hat mich jemand daraufhin angesprochen. Alle waren freundlich und hilfsbereit und der Prokurist wurde für mich ein väterlicher Freund.

Nach einem halben Jahr durfte ich schon Büroarbeiten erledigen, die im Ausbildungsrahmen erst im dritten Lehrjahr vorgesehen waren. Ich habe bei Rosenthal viel gelernt und zu Hause viel gelesen.

Auch Zeitungen habe ich weiterhin ausgetragen, damit ich mir von dem Geld Bücher kaufen konnte. In der Erntezeit arbeitete ich abends oder an den Wochenenden nach wie vor bei den Bauern der Umgebung. Aber jetzt war es anders: früher arbeiteten wir, um unsere Kartoffeln und sonstige Naturalien umsonst zu bekommen, nun waren wir zur Arbeit bei den Bauern verpflichtet. Erntefront nannte man das damals.

Ich war mit vierzehn Jahren »Soldat der Ernteschlacht« geworden, für zwanzig Pfennig Stundenlohn.

»Volksgenossen auf dem Lande zur Sicherung der Ernährung«, war die Parole.

Die Arbeitskräfte waren knapp geworden, weil die Männer zum Militär mußten. Auch meine vier Onkel waren dort, und manchmal schickten sie Briefe. Jedoch ohne Absender, sie waren nur mit einer Nummer, der Feldpostnummer versehen. Das geschah aus Sicherheitsgründen, damit der Feind nicht

erfahren sollte, wo die jeweilige militärische Einheit stationiert war.

Immer mehr Frauen wurden an die Arbeitsplätze verpflichtet,
die vorher von Männern besetzt waren.

Der Arbeitskräftemangel sollte sich bald ändern, denn schon
wenige Monate später kamen Kriegsgefangene aus Dänemark,
Polen, Frankreich, Holland und Belgien nach Deutschland,
oder es kamen Fremdarbeiter, die man zur Arbeit in Deutschland zwangsverpflichtet hatte.

Heinrich Himmler, der oberste Chef der SS, hatte am 15. Mai
1940 niedergeschrieben, wie er sich in Zukunft die Behandlung der »Fremdvölker« vorstellte, jener also, die nicht
Deutsche waren.

»Einige Gedanken über die Behandlung der Fremdvölkischen
im Osten.

Bei der Behandlung der Fremdvölkischen im Osten müssen
wir darauf sehen, so viel wie möglich einzelne Völkerschaften
anzuerkennen und zu pflegen, also neben den Polen und
Juden die Ukrainer, die Weißrussen, die Goralen, die Lemken
und die Kaschuben. Wenn sonst noch irgendwo Volkssplitter
zu finden sind, auch diese.

Ich will damit sagen, daß wir nicht nur das größte Interesse
daran haben, die Bevölkerung des Ostens nicht zu einem,
sondern im Gegenteil in möglichst viele Teile und Splitter zu
zergliedern.

Aber auch innerhalb der Völkerschaften selbst haben wir nicht
das Interesse, diese zu Einheit und Größe zu führen, ihnen
vielleicht allmählich Nationalbewußtsein und nationale Kultur
beizubringen, sondern sie in unzählige kleine Splitter und
Partikel aufzulösen.

Die Angehörigen aller dieser Völkerschaften, insbesondere
der kleinen, wollen wir selbstverständlich in den Stellen von
Polizeibeamten und Bürgermeistern verwenden.

Spitzen in solchen Völkerschaften dürfen nur die Bürgermei-
ster und die örtlichen Polizeibehörden sein; bei den Goralen
die einzelnen, sich ohnehin schon befehdenden Häuptlinge
und Sippenältesten. Eine Zusammenfassung nach oben darf
es nicht geben, denn nur dadurch, daß wir diesen ganzen
Völkerbrei des Generalgouvernements von 15 Millionen und
die 8 Millionen der Ostprovinzen auflösen, wird es uns möglich sein, die rassische Siebung durchzuführen, die das Fun-
dament in unseren Erwägungen sein muß, die rassisch Wert-

vollen aus diesem Brei herauszufischen, nach Deutschland zu tun, um sie dort zu assimilieren.

Schon in ganz wenigen Jahren – ich stelle mir vor, in 4 bis 5 Jahren – muß beispielsweise der Begriff der Kaschuben unbekannt sein, da es dann ein kaschubisches Volk nicht mehr gibt (das trifft besonders auch für die Westpreußen zu). Den Begriff Juden hoffe ich, durch die Möglichkeit einer großen Auswanderung sämtlicher Juden nach Afrika oder sonst in eine Kolonie völlig auslöschen zu sehen. Es muß in einer etwas längeren Zeit auch möglich sein, in unserem Gebiet die Volksbegriffe der Ukrainer, Goralen und Lemken verschwinden zu lassen. Dasselbe, was für diese Splittervölker gesagt ist, gilt in dem entsprechend größeren Rahmen für die Polen.

Eine grundsätzliche Frage bei der Lösung aller dieser Probleme ist die Schulfrage und damit die Frage der Sichtung und Siebung der Jugend. Für die nichtdeutsche Bevölkerung des Ostens darf es keine höhere Schule geben als die vierklassige Volksschule. Das Ziel dieser Volksschule hat lediglich zu sein:

Einfaches Rechnen bis höchstens 500, Schreiben des Namens, eine Lehre, daß es ein göttliches Gebot ist, den Deutschen gehorsam zu sein und ehrlich, fleißig und brav zu sein. Lesen halte ich nicht für erforderlich.« [. . .]

»Es solle daher ja kein Lehrer daherkommen und plötzlich den Schulzwang für die unterworfenen Völker verkünden wollen. Kenntnisse der Russen, Ukrainer, Kirgisen und so weiter im Lesen und Schreiben könnten uns nur schaden. Denn sie ermöglichen es helleren Köpfen, sich ein gewisses Geschichtswissen zu erarbeiten und damit zu politischen Gedankengänge zu kommen, die irgendwie immer ihre Spitze gegen uns haben müßten.« [Adolf Hitler]

Am 9. April hatte Deutschland Dänemark und Norwegen überfallen, zwei kleine neutrale Länder.

Am 10. Mai marschierten die deutschen Armeen im Westen los, und überfielen erneut neutrale Länder wie Luxemburg, Belgien und Holland. Der »Westfeldzug« hatte begonnen, er dauerte bis zum 22. Juni. Nach dem Sieg über Frankreich bildete General de Gaulle in London ein »provisorisches Komitee der freien Franzosen«.

»Die Männer, die seit vielen Jahren an der Spitze der französischen Armeen stehen, haben eine Regierung gebildet. Diese Regierung hat sich unter dem Vorwand der Niederlage

unserer Armeen mit dem Feind in Verbindung gesetzt, um
den Kampf zu beenden.

Gewiß, wir waren und wir sind überschwemmt von der technischen Übermacht des Feindes zu Lande und in der Luft.

Unendlich viel mehr noch als ihre Zahl haben uns die Panzer,
die Flugzeuge, die Taktik der Deutschen zurückweichen lassen. Die Panzer, die Flugzeuge, die Taktik der Deutschen
haben unsere Heerführer so überwältigt, daß sie dorthin ge-
langt sind, wo sie sich heute befinden.

Aber ist das letzte Wort gesagt? Muß die Hoffnung schwin-
den? Ist die Niederlage endgültig? Nein!

Glaubt mir, glaubt dem, der die Dinge kennt, von denen er
spricht, und der euch sagt, daß für Frankreich noch nichts
verloren ist. Dieselben Mittel, die uns überwältigt haben,
können eines Tages den Sieg herbeiführen.

Denn Frankreich ist nicht allein! Es ist nicht allein! Es ist nicht
allein! Es hat ein großes Weltreich hinter sich. Es kann einen
Block bilden mit dem Britischen Empire, das die Meere beherrscht und weiterkämpft. Es kann, wie England, uneinge-
schränkt Gebrauch machen von der unermeßlichen Industrie
der Vereinigten Staaten von Nordamerika.

Dieser Krieg ist nicht auf unser unglückliches Mutterland
beschränkt. Dieser Krieg ist nicht durch die Schlacht von
Frankreich entschieden. Dieser Krieg ist ein Weltkrieg. Alle
Fehler, alles Hinzögern, alle Leiden verhindern nicht, daß in
der Welt die Mittel vorhanden sind, um eines Tages unsere
Feinde zu vernichten. Obgleich wir heute von der technischen
Übermacht zerschmettert sind, werden wir in der Zukunft
durch eine überlegene technische Macht siegen können.
Darin liegt das Schicksal der Welt.

Ich, General de Gaulle, zur Zeit in London, fordere die französischen Offiziere und Soldaten auf, ob sie sich mit oder ohne
Waffen auf britischem Boden befinden oder einfinden werden,
sich mit mir in Verbindung zu setzen. Ich fordere ebenso auf
die Ingenieure und die Spezialarbeiter der Rüstungsindustrie,
die sich auf britischem Boden befinden oder einfinden werden. Was auch immer geschehen mag, die Flamme des
französischen Widerstandes darf nicht erlöschen und wird
nicht erlöschen.

Morgen werde ich, wie heute, über Radio London sprechen.«

Am 22. Juni wurde der Waffenstillstand zwischen Deutschland und Frankreich unterzeichnet, und zwar im Wald von
Compiègne, nahe Paris, im selben Eisenbahnwagen, in dem

der Waffenstillstand zwischen Frankreich und Deutschland nach dem Ersten Weltkrieg unterzeichnet worden war. Hitler hatte auf diesem Platz und auf diesem Eisenbahnwaggon bestanden, um damit endgültig die »Schmach« des Versailler Vertrages auszulöschen.

Vier Wochen später schon, am 21. Juli, beschloß Hitler, die Sowjetunion anzugreifen. Der Kriegsplan gegen die Sowjetunion lief unter dem Decknamen »Barbarossa«.

Das geht aus dem Kriegstagebuch des Generals Halder hervor, der zu dieser Zeit Chef des Heeresstabes war und Einblick in alle geheimen Planungen hatte.

> Ist aber Rußland zerschlagen, dann ist Englands letzte Hoffnung getilgt. Der Herr Europas und des Balkans ist dann Deutschland.
> Entschluß: Im Zuge dieser Auseinandersetzung muß Rußland erledigt werden. Frühjahr 1941.
> Je schneller wir Rußland zerschlagen, um so besser. Operation hat nur Sinn, wenn wir [den] Staat in einem Zug schwer zerschlagen. Gewisser Raumgewinn allein genügt nicht. Stillstehen im Winter bedenklich [. . .]
> Mai 1941. 5 Monate Zeit zur Durchführung. Am liebsten noch in diesem Jahre.
> Geht aber nicht, um Operation einheitlich durchzuführen.
> Ziel. Vernichtung der Lebenskraft Rußlands.

Am 27. September wurde der Dreimächtepakt zwischen Deutschland, Italien und Japan unterzeichnet.

Italien war nun auch in den Krieg gegen Frankreich und Großbritannien eingetreten, und dadurch weitete sich das Kriegsgebiet erstmals über Europa hinaus nach Afrika aus. Italien besaß in Afrika Kolonien wie Lybien, Eritrea, das heutige Somalia und Äthiopien, das zu dieser Zeit noch Abessinien hieß.

Dem Dreimächtepakt traten kleinere Staaten, wie Ungarn, Rumänien und die Slowakei bei, die von Deutschland abhängig waren. Daß dies mehr oder minder auf den Druck Deutschlands geschah, mag die nebenstehende Karte verdeutlichen. Hitler brauchte ein großes Aufmarschgebiet für den geplanten Krieg gegen die Sowjetunion.

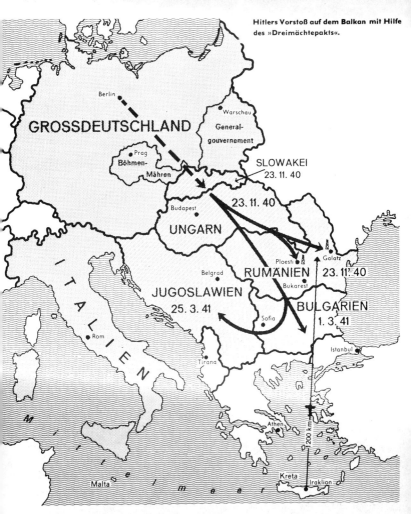

Im Büro meiner Firma hing eine große Europakarte. Einer der Lehrlinge, der mit mir gleichzeitig die Lehre begonnen hatte, war ein fanatischer Hitlerjunge. Er kam anfangs sogar in HJ-Uniform ins Büro, bis es ihm vom Direktor untersagt wurde. Dieser Junge steckte farbige Fähnchen dort auf die Landkarte, wo deutsche Truppen lagen, um so die Ausdehnung des deutschen Reiches zu verfolgen.

Einmal war ich mit dem Prokuristen allein, von dem ich vorher nicht wußte, wo ich ihn einordnen sollte. Plötzlich sagte er zu mir und wies auf die Landkarte: »Weißt du, es geht alles vorüber, wenn sich erst mal diese Armeen über ganz Europa verlaufen haben, dann bricht der Spuk zusammen.«

Auch dorthin, wo deutsche Flugzeuge ihre Bomben über Großbritannien abwarfen, steckte mein Kollege Fähnchen. Nach Beendigung des Westfeldzuges wollte Hitler eine Invasion in England riskieren, und ließ darum beinahe Tag und Nacht England bombardieren. Die Propaganda nannte das die »Luftschlacht über England«.

Der furchtbare Luftangriff auf die englische Stadt Coventry, die in einer Nacht praktisch dem Erdboden gleichgemacht wurde, wurde zum Beispiel für Hitlers höhnische Parole: »Wir werden ihre Städte ausradieren!«

Doch durch die Bombenangriffe wurde der Widerstandswille der Briten nicht gebrochen, sondern noch gestärkt.

Winston Churchill, der am 10. Mai 1940, kurz vor dem Tode Chamberlains (9. 11. 1940) eine neue Regierung gebildet hatte, prägte den berühmt gewordenen Satz: »Ich habe nichts zu bieten als Blut, Mühsal, Tränen und Schweiß.« Je mehr Bomben auf England fielen, desto entschiedener wuchs der Widerstandswille des englischen Volkes.

Die deutschen Verluste an Flugzeugen und Piloten wurden so groß, daß schließlich die »Luftschlacht über England« abgebrochen werden mußte, und damit auch Hitlers Plan, eine Invasion in England zu wagen.

Wenn immer gesagt wird, Stalingrad sei die Wende des Krieges gewesen, und von da an seien die deutschen Truppen nur noch zum Rückzug verurteilt gewesen, so meine ich, bereits die verlorene Luftschlacht über England bedeutete die Wende, denn dadurch wurde es Hitler unmöglich gemacht, England als Staat und Gegner auszuschalten. Das Weltreich blieb intakt.

Durch das Radio kamen immer wieder Fanfarenstöße, neue Sondermeldungen, etwa wenn Schiffe versenkt, Flugzeuge abgeschossen und Städte bombardiert wurden.

Mein schwerkranker Großvater lenkte sein Fuhrwerk nach wie vor in den Wald oder in die Steinbrüche. Er hatte Krebs. Wenn er abends müde auf der Couch saß und niemand im Zimmer war, mußte ich mich neben ihn setzen und von meiner Arbeit im Büro erzählen. Er tätschelte manchmal meine Hand und sagte: »Hoffentlich haben die sich schon zu

Tode gesiegt, bevor du zu diesem Haufen mußt.«
In Polen ging die Vernichtung der Juden weiter. Am 30. April
wurde in Lodz das erste bewachte Getto für Juden, am
20. Mai das Konzentrationslager in Auschwitz errichtet.

In den Ghettos
Ghettos sind Durchgangsstationen auf dem Wege in den Tod,
für viele sind sie die letzte Station.

Zunächst gehen die Menschen noch an ihren gewohnten
Arbeitsplatz im »arischen« Teil der Stadt und kehren abends
ins Ghetto zurück. Eines Tages ist das Ghetto mit Stacheldraht abgesperrt, und die Tore sind mit bewaffneten Posten
besetzt.

Die Abschnürung von der Außenwelt bringt die wirtschaftliche
Katastrophe. Die kleinen Betriebe innerhalb der Umzäunung
können nur Wenigen Arbeit verschaffen. Hunderttausende
sitzen in einem riesigen Käfig gefangen, dem sicheren Hungertod preisgegeben, den Hitler über sie verhängt hat. Und
immer neue Menschenmassen werden in die schon überfüll-
ten Ghettos gepfercht.

Beschlagnahmen, Schikanen, Plünderungen, wilde Schießereien und öffentliche Hinrichtungen hören auch hier nie auf.
Doch eine Plage ist so fürchterlich, daß alle anderen daneben
verblassen: der Hunger. Hunger heißt das Klagelied der Bett-
ler, die mit ihren obdachlosen Angehörigen auf der Straße
sitzen, Hunger ist der Schrei der Mütter, denen die Neugebo-
renen dahinsterben. Menschen schlagen sich bis aufs Blut
wegen einer rohen Kartoffel, Kinder riskieren ihr Leben für
eine Handvoll geschmuggelter Rüben, auf die schon eine
ganze Familie wartet.

Ein Kilogramm Brot, 250 Gramm Zucker, 100 Gramm Marme-
lade und 50 Gramm Fett beträgt zum Schluß in Warschau die
Monatsration. Oft werden verdorbene Nahrungsmittel gelie-
fert, die von der Wehrmacht zurückgewiesen worden sind. Mit
Fleiß und Einfallsreichtum versucht man die Not zu lindern. In
primitiven Werkstätten werden durch mühselige Handarbeit
Tauschwerte für den »arischen« Stadtteil produziert. Aus einem Stück Holz entstehen nützliche Küchengeräte, aus alten
Bettlaken stellt man buntbedruckte Kopftücher her. Ganze
Wagenladungen von Lebensmitteln werden mit Hilfe der
Wachposten, die von den Hungrigen enorme Bestechungs-
gelder erpressen, ins Ghetto hineingeschmuggelt. Trotzdem
steigen die Sterblichkeitsziffern ununterbrochen. In den
Elendsquartieren bricht das Fleckfieber aus. Immer öfter kom-
men die Leichenkarren. Aber die Anordnung der deutschen

Behörden, daß Tote nicht länger als fünfzehn Minuten auf der Straße liegen dürfen, kann nicht eingehalten werden. Die an Erschöpfung Sterbenden legen sich auf den Rinnstein, und die noch Lebenden gehen vorüber, ohne sich umzudrehen. Armut, Hunger und Verzweiflung fressen sich weiter, bis schließlich nichts mehr übrigbleibt.

Wer hier nicht den Tod findet, den erwartet ein noch schlimmeres Ende. Im Juli 1942 beginnt in allen Ghettos der Abtransport in die Vernichtungslager. Der Ausrottung durch Hunger folgt die Ausrottung durch Gas. Die Judenräte werden gezwungen, die Deportationslisten zusammenzustellen. Allein aus Warschau werden in einem Vierteljahr 400 000 Menschen nach Belzec und Treblinka deportiert. Massenunterkünfte, Hospitäler und Kinderheime werden als erste geräumt. Dann kommt die Reihe an alle, die nicht in kriegswichtigen Betrieben arbeiten. Anfangs melden sich manche Obdachlosen freiwillig, um das halbe Brot und die Büchse Marmelade zu erhalten, die jedem für die Reise versprochen werden. So groß ist das Unglück, daß sie selbst das Konzentrationslager nicht mehr fürchten, von dem sie sich wenigstens eine Pritsche für die Nacht und einen Napf Essen erhoffen.

Später, als die ersten Gerüchte über die Gaskammern in das Ghetto dringen, muß brutalste Gewalt angewandt werden, um die verängstigten Menschen in die Waggons zu treiben. Tagelang gleicht die Stadt einem Dschungel, in dem eine wilde Hetzjagd auf Menschen gemacht wird. Die Straßen hallen wider vom Fluchen der Polizisten und den Schreien der Opfer. Unter blutigen Hieben werden die mit Händen und Füßen sich Sträubenden zum »Umschlagplatz« geschleppt. Zu Hunderten in die Viehwaggons gepreßt, sterben viele schon auf der Fahrt. Als der Andrang in Treblinka zu groß wird, läßt man die plombierten Züge tagelang auf offenem Gleis stehen, bis alle Insassen erstickt sind.

Im Sommer 1943 werden die Ghettos, mit Ausnahme von »Litzmannstadt« (Lodz), endgültig aufgelöst. Nur einige jüdische Häftlingskompanien in Zwangsarbeitslagern bleiben übrig, aber auch sie treten früher oder später den Weg in die Erschießungsgruben und Gaskammern an.

[Gerhard Schoenberner]

Im Warschauer Getto, das am 16. Oktober eingerichtet wurde, starben später 350 000 Juden. Ein erschütterndes Dokument vom Leben jüdischer Menschen auf dem Lande ist das Tagebuch des kleinen David Rubinowitsch, der später vierzehnjährig in Treblinka vergast wurde.

21. März 1940. Früh am Morgen ging ich durch das Dorf, in dem wir wohnen. Von weitem sah ich an der Mauer des Ladens eine Bekanntmachung; schnell ging ich hin, sie zu lesen. Die neue Bekanntmachung war, daß Juden gar nicht mehr auf Wagen fahren dürfen (mit Zügen war schon lange verboten).

4. April 1940. Heute stand ich früher auf, weil ich nach Kielce gehen wollte. Nach dem Frühstück verließ ich das Haus. Mir war traurig zumute, so allein die Feldwege zu gehen. Nach vierstündiger Reise kam ich in Kielce an. Als ich beim Onkel eintrat, sah ich, daß alle niedergeschlagen dasitzen, und erfuhr, daß man die Juden aus verschiedenen Straßen aussiedelt, und auch mich überkam Trauer.

5. April 1940. Die ganze Nacht konnte ich nicht schlafen, seltsame Gedanken gingen mir durch den Kopf. Nach dem Frühstück ging ich nach Hause.

9. Juni 1940. Heute waren Übungen des deutschen Militärs. Das ganze Militär hatte sich über die Felder verstreut, sie stellten Maschinengewehre auf und schossen aufeinander.

18. Juni 1940. Die Polizei machte bei uns Haussuchung nach irgendwelchen militärischen Sachen. Die Polizisten fragten mich, wo diese Sachen sind, und ich sagte immerzu, es gibt keine und basta. Also fanden sie nichts und gingen wieder.

5. August 1940. Gestern war der Wächter aus der Gemeinde beim Dorfschulzen vorgefahren, daß alle Juden mit ihren Familien zum Registrieren in die Gemeinde gehen sollen. Um 7 Uhr früh waren wir bereits in der Gemeinde. Wir waren dort einige Stunden. Denn die Älteren wählten einen Ältestenrat der Juden. Dann gingen wir nach Hause.

12. August 1940. Den ganzen Krieg über lerne ich allein zu Hause. Wenn ich daran denke, wie ich zur Schule ging, dann könnte ich weinen. Aber heute muß ich dasitzen, darf nirgends 'rausgehen. Und wenn ich bedenke, was für Kriege in der Welt stattfinden, wie viele Menschen täglich durch Kugeln, Gase, Bomben, Epidemien und andere Feinde des Menschen umkommen, dann vergeht mir die Lust zu allem.

1. September 1940. Heute ist der erste Jahrestag des Kriegs-
ausbruchs. Ich überdenke, was wir in dieser kurzen Zeit
schon alles erlebten, wieviel Leid wir schon durchgemacht
haben . . .

10. Juli 1941. Eine sehr schwere Zeit ist angebrochen. Jede
Stunde zu überleben ist schwierig. Immer hatten wir einen
kleinen Lebensmittelvorrat, wenigstens für einen Monat. Jetzt
aber ist es schwierig, für einen Tag Lebensmittel zu kaufen.
Es vergeht kein Tag, an dem nicht jemand betteln kommt,
jeder, der kommt, will nichts anderes, als nur etwas zu essen,
was jetzt das schwierigste ist.

8. Januar 1942. Am Nachmittag erfuhr ich, daß es in Bodzen-
tyn unter den Juden wieder zwei Opfer gibt. Der eine war
gleich tot, der andere verletzt. Den Verletzten haben sie
verhaftet und zur Wache in Bieliny mitgenommen, dort werden sie ihn dann zu Tode schlagen.

11. Januar 1942. Seit dem frühen Morgen herrscht Schnee-
treiben und starker Frost, er erreicht heute bis 20 Grad
Celsius. Als ich so beobachtete, wie der Wind über die Felder
fegt, da bemerke ich, daß der Dorfwächter eine Bekanntmachung anklebt. Sofort ging ich nachsehen, was es Neues auf
der Bekanntmachung gibt. Auf der Bekanntmachung stand
nichts Neues, der Wächter sagte nur, daß er zum Schulzen
Bekanntmachungen hinbrachte, daß alle Juden aus allen
Dörfern ausgesiedelt werden sollen. Als ich das zu Hause
erzählte, waren wir alle sehr niedergeschlagen. Jetzt, in einem so strengen Winter, werden sie uns aussiedeln, wo und
wohin? Jetzt sind wir an die Reihe gekommen, schwere
Qualen zu ertragen. Der Herrgott weiß, wie lange.

Ich war 15 Jahre alt, als ich zum ersten Mal einen Menschen sterben sah.

Mein Großvater war im Pferdestall beim Füttern der Pferde zusammengebrochen. Man schaffte ihn nach Hause, wo er noch vier Wochen unter entsetzlichen Qualen lebte.

Als ich eines Abends aus dem Büro nach Hause kam, sagte meine Mutter: »Großvater liegt im Sterben. Wir gehen Abschied nehmen.« In der Wohnstube waren alle versammelt, meine Großmutter, meine Mutter, zwei Tanten, ein Onkel, der zufällig auf Urlaub war, und ich. Großmutter führte uns ins Schlafzimmer. Ich erkannte meinen Großvater kaum wieder. Jeder nahm seine Hand, die er selbst nicht mehr heben konnte. Später kam der Pfarrer und betete am Fußende. Zwei Stunden später war mein Großvater tot.

Ich hatte nicht nur meinen geliebten Großvater verloren, ich hatte einen Freund und Lehrer weniger. Was ich über die Natur und das Leben weiß, habe ich von ihm.

Im Trauerzug ging ich in der ersten Reihe zwischen Großmutter und meinem jüngsten Onkel, der in Wehrmachtsuniform gekommen war. Er hieß auch Max, und war vor 1933 in der SPD gewesen. Drei Wochen nach Großvaters Beerdigung war auch er tot, gefallen für Führer, Volk und Vaterland in Rußland. Mein Onkel war der erste in unserer Kleinstadt, der in Rußland fiel.

Meine Großmutter bekam, da mein Onkel unverheiratet war, von einer militärischen Stelle ein Päckchen mit seinen Habseligkeiten. Es war nicht viel: eine Taschenuhr, ein paar vergilbte Fotografien, ein Notizbüchlein, in dem nichts stand, ein größeres Foto von seiner früheren Verlobten, zwanzig Reichsmark und ein Zettel an mich, auf dem stand: Lieber Max, kümmere dich um Großmutter. Sei tapfer. Ich habe diesen Zettel aufgehoben und rätsele noch heute manchmal darüber, was dieses »sei tapfer« bedeuten sollte. War er vielleicht schon von der Sinnlosigkeit des Krieges überzeugt?

1941 weitete sich der Krieg zu einem Weltbrand aus.

Am 8. Februar war das Afrikakorps unter General Rommel aufgestellt worden. Das war notwendig, um die Italiener beim Kampf an der afrikanischen Mittelmeerküste zu unterstützen.

Am 6. April überrannten deutsche Truppen Jugoslawien und

Griechenland. Dieser Feldzug dauerte bis zum 21. April und war für Deutschland der »unblutigste«.

Hitler und Mussolini wollten Südosteuropa nach eigenen Wünschen »neu ordnen«.

Hitler besetzte den gesamten Balkan und bekam die rechte Flanke für seinen längst beschlossenen Überfall auf die Sowjetunion frei.

Am 22. Juni überschritten deutsche Truppen von Rumänien bis zur Ostsee die Grenze zur UdSSR ohne Kriegserklärung. Während die UdSSR ihre Vertragsverpflichtungen einhielt, wurde Hitler erneut vertragsbrüchig. Der blutigste, der grausamste, der aussichtsloseste Krieg der europäischen Geschichte begann. Hitlers Forderungen nach Eroberung von Lebensraum im Osten sollten nun verwirklicht werden. Den deutschen Truppen gelang es rasch vorzudringen. Bis Dezember 1941 hatten sie einige Kesselschlachten gewonnen, Leningrad eingeschlossen und den »neuen Lebensraum«, die Ukraine, besetzt.

Die Hetze im Reich konzentrierte sich nun wieder auf die russische Bevölkerung. Die Propaganda verkündete, daß der Russe ein minderwertiger Mensch sei, ein Untermensch, und die russischen Kriegsgefangenen vogelfrei. Man konnte sie verhungern lassen, erschießen und zur Arbeit pressen. Ein menschenwürdiges Leben wurde ihnen nicht mehr zugestanden.

. . . So wie die Nacht aufsteht gegen den Tag, wie sich Licht und Schatten ewig feind sind – so ist der größte Feind des erdebeherrschenden Menschen der Mensch selbst.

Der Untermensch – jene biologisch scheinbar völlig gleichgeartete Naturschöpfung mit Händen, Füßen und einer Art von Gehirn, mit Augen und Mund, ist doch eine ganz andere, eine furchtbare Kreatur, ist nur ein Wurf zum Menschen hin, mit menschenähnlichen Gesichtszügen – geistig, seelisch jedoch tiefer stehend als jedes Tier. Im Inneren dieses Menschen ein grausames Chaos wilder, hemmungsloser Leidenschaften: namenloser Zerstörungswille, primitivste Begierde, unverhüllteste Gemeinheit.

Untermensch – sonst nichts!

Denn es ist nicht alles gleich, was Menschenantlitz trägt. – Wehe dem, der das vergißt!

Was diese Erde an großen Werken, Gedanken und Künsten

besitzt – der Mensch hat es erdacht, geschaffen und vollendet, er sann und erfand, für ihn gab es nur ein Ziel: sich hinaufzuarbeiten in ein höheres Dasein, das Unzulängliche zu gestalten, das Unzureichende durch Besseres zu ersetzen.

So wuchs die Kultur.

So wurde der Pflug, das Werkzeug, das Haus.

So wurde der Mensch gesellig, so wurde Familie, so wurde Volk, so wurde Staat. So wurde der Mensch gut und groß. So stieg er weit über alle Lebewesen empor.

So wurde er Gottes Nächster!

Aber auch der Untermensch lebte. Er haßte das Werk des anderen. Er wütete dagegen, heimlich als Dieb, öffentlich als Lästerer – als Mörder. Er gesellte sich zu seinesgleichen.

Die Bestie rief die Bestie. –

Nie wahrte der Untermensch Frieden, nie gab er Ruhe. Denn er brauchte das Halbdunkel, das Chaos.

Er scheute das Licht des kulturellen Fortschritts.

Er brauchte zur Selbsterhaltung den Sumpf, die Hölle, nicht aber die Sonne. –

Und diese Unterwelt der Untermenschen fand ihren Führer:
– den ewigen Juden! . . .   [Aus dem SS-Hauptamt]

Wir werden also wieder betonen, daß wir gezwungen waren, ein Gebiet zu besetzen, zu ordnen und zu sichern; im Interesse der Landeseinwohner müßten wir für Ruhe, Ernährung, Verkehr usw. sorgen; deshalb unsere Regelung. Es soll also nicht erkennbar sein, daß sich damit eine endgültige Regelung anbahnt! Alle notwendigen Maßnahmen – Erschießen, Aussiedeln etc. – tun wir trotzdem und können wir trotzdem tun [. . .]

Grundsätzlich kommt es also darauf an, den riesenhaften Kuchen handgerecht zu zerlegen, damit wir ihn erstens beherrschen, zweitens verwalten und drittens ausbeuten können. [. . .]

Eiserner Grundsatz muß sein und bleiben: Nie darf erlaubt werden, daß ein anderer Waffen trägt, als der Deutsche! [. . .]

Das Gebiet um Leningrad wird von den Finnen beansprucht; der Führer will Leningrad dem Erdboden gleichmachen lassen, um es dann den Finnen zu geben.

[16. 7. 1941: Protokoll einer Besprechung bei Adolf Hitler]

Wieder kam nach den deutschen Truppen die SS ins Land. Sie erschossen die politischen Kommissare, die allen größeren sowjetischen Truppenteilen zugeordnet waren. Wie Hitler mit den besiegten Russen zu verfahren gedachte, zeigt eine Aktennotiz vom 2. Mai 1941, in der die wirtschaftliche Ausplünderung der besetzten Gebiete beschlossen, und der Hungertod von Millionen russischen Menschen zynisch dabei in Kauf genommen wurde.

1. Der Krieg ist nur weiterzuführen, wenn die gesamte Wehrmacht im 3. Kriegsjahr aus Rußland ernährt wird.

2. Hierbei werden zweifellos zig Millionen Menschen verhungern, wenn von uns das für uns Notwendige aus dem Lande herausgeholt wird.

3. Am wichtigsten ist die Bergung und der Abtransport von Ölsaaten, Ölkuchen, dann erst Getreide. Das vorhandene Fett und Fleisch wird voraussichtlich die Truppe verbrauchen.

4. Die Beschäftigung der Industrie darf nur auf Mangelgebieten wiederaufgenommen werden.

[Aktennotiz einer geheimen Besprechung vom 2. Mai 1941]

Und Hitler erläuterte noch selbst, wie die unterworfene Bevölkerung zu behandeln sei:

»Das Impfen und was es sonst an vorbeugenden Gesundheitsmaßnahmen gebe, komme für die nichtdeutsche Bevölkerung keineswegs in Betracht. Man solle deshalb ruhig den Aberglauben unter ihnen verbreiten lassen, daß das Impfen usw. eine ganz gefährliche Sache sei ... Man müsse ihnen zwar Schulen geben, für die sie bezahlen müßten, wenn sie hineingingen. Man dürfe sie in ihnen nicht mehr lernen lassen als höchstens die Bedeutung der Verkehrszeichen. Inhalt des Geographieunterrichts dürfe im großen und ganzen nur sein, daß die Hauptstadt des Reiches Berlin heiße und jeder in seinem Leben einmal in Berlin gewesen sein müsse. Darüber hinaus genüge es vollkommen, wenn die nichtdeutsche Bevölkerung etwas Deutsch lesen und schreiben lerne. Unterricht im Rechnen und dergleichen sei überflüssig.«

Das erste große Massaker des Rußlandfeldzuges fand in Kiew statt, wo am 28. September nicht weniger als 34 000 Menschen erschossen, erschlagen und mit Maschinengewehren niedergemäht wurden.

Im Jahr 1970 war ich auf Einladung des sowjetischen Schriftstellerverbandes und meines Moskauer Verlages in der Sowjetunion, wo ich auch Kiew besuchte und dort die grau

envolle Stätte, die Babij Jar heißt (zu deutsch: Jungfrauen-
schlucht), in der das Massaker stattgefunden hat. Die Stadt
Kiew ist mittlerweile bis an die Schlucht herangerückt, die
damals viele Kilometer von der Stadt entfernt war.
Es war nicht viel zu sehen. Ein Stein stand dort, auf dem in
kyrillischer Schrift zu lesen war, daß an dieser Stelle einmal
ein Denkmal errichtet werden solle.
In Kiew lernte ich eine alte Frau kennen, der es im September
1941 gelungen war, sich nachts unter einem Berg toter Leiber
herauszuarbeiten, und der es trotz strenger Bewachung und
mit einer schweren Verletzung gelang, sich bis nach Kiew zu
schleppen. Dort berichtete sie davon, was in Babij Jar wirklich geschehen war, denn die Deutschen hatten verkünden
lassen, die Schlucht sei lediglich ein Ort für Schießübungen.

Einsatzgruppe A über Massenmord in der UdSSR

Es war von vornherein zu erwarten, daß allein durch Pogrome
das Judenproblem im Ostlande nicht gelöst werden würde.
Andererseits hatte die sicherheitspolizeiliche Säuberungsar-
beit gemäß den grundsätzlichen Befehlen eine möglichst um-
fassende Beseitigung der Juden zum Ziel [. . .]
Anlage 8 Übersicht über die Zahl der bisher durchgeführten
Exekutionen

	Juden	Kommunisten	zusammen
Litauen	80 311	860	81 171
Lettland	30 025	1843	31 868
Estland	474	684	1 158
Weißruthenien	7 620	–	7 620
	118 430	3 387	121 817

Dazu kommen:
In Litauen u[nd] Lettl[an]d durch Pogrome
beseitigte Juden   5 500
Im altruss[ischen] Raum exekutierte Juden,
Kommunisten u[nd] Partisanen   2 000
Geisteskranke   748
                                                                    _____
                                                                    130 065
Von Stapo u[nd] SD-Abschnitt Tilsit im
Grenzstreifen liquidierte Kommunisten und Juden   5 502
                                                                    _____
                                                                    135 567

Durch diese Frau erfuhr die Weltöffentlichkeit, was sich in Kiew tatsächlich zugetragen hatte. Aber Goebbels, der unermüdliche Lügner für Hitler, tat ihre Schilderung im Rundfunk als »Greuelmärchen« der Feindpropaganda ab.

Ich bin überzeugt, daß der Großteil der Deutschen Goebbels glaubte, denn niemand konnte sich vorstellen, daß deutsche Männer zu solchen Greueltaten fähig seien.

Am 31. Juli beauftragte Hermann Göring den Chef des Reichssicherheitshauptamtes Heydrich, einen skrupellosen Machttechniker, damit, alle Juden im besetzten Europa zu den Konzentrationslagern abzutransportieren, um sie dort umbringen zu lassen.

Tatsächlich begannen am 23. September die ersten Versuchsvergasungen in Auschwitz, zunächst mit Autoabgasen, später mit dem Giftgas Zyklon B. Mit Schläuchen wurden die Abgase von Dieselmotoren in eigens dafür errichtete Baracken geleitet. Die eingesperrten Menschen fanden einen qualvollen Tod.

»Im Herbst 1941 wurden durch einen geheimen Sonderbefehl in den Kriegsgefangenen-Lagern die russischen Politruks, Kommissare und besondere politische Funktionäre durch die Gestapo ausgesondert und dem nächstgelegenen KL zur Liquidierung zugeführt. In Auschwitz trafen laufend kleinere Transporte dieser Art ein, die durch Erschießen in der Kiesgrube bei den Monopol-Gebäuden oder im Hof des Blocks II getötet wurden. Gelegentlich einer Dienstreise hatte mein Vertreter, der Hauptsturmführer Fritzsch, aus eigner Initiative Gas zur Vernichtung dieser russischen Kriegsgefangenen verwendet und zwar derart, daß er die einzelnen im Keller gelegenen Zellen mit den Russen vollstopfte und unter Verwendung von Gasmasken Zyklon B in die Zellen warf, und das den sofortigen Tod herbeiführte. Das Gas Zyklon B wurde in Auschwitz durch die Firma Tesch & Stabenow laufend zur Ungezieferbekämpfung verwendet, und es lagerte daher immer ein Vorrat dieser Gasbüchsen bei der Verwaltung [. . .] Beim nächsten Besuch Eichmanns berichtete ich ihm über diese Verwendung von Zyklon B, und wir entschlossen uns, bei der zukünftigen Massenvernichtung dieses Gas zur Anwendung zu bringen [. . .]

Ich befehligte Auschwitz bis zum 1. Dezember 1943 und schätze, daß mindestens 2 500 000 Opfer dort durch Vergasung und Verbrennen hingerichtet und ausgerottet wurden; mindestens eine weitere halbe Million starben durch Hunger

und Krankheit, was eine Gesamtzahl von ungefähr 3 000 000
Toten ausmacht. Diese Zahl stellt ungefähr 70 oder 80 Prozent aller Personen dar, die als Gefangene nach Auschwitz geschickt wurden; die übrigen wurden ausgesucht und für Sklavenarbeit in den Industrien des Konzentrationslagers verwendet.«

[Rudolf Höß, Kommandant des Konzentrationslagers Auschwitz]

Am 1. September trat eine Polizeiverordnung in Kraft, nach der jeder in Deutschland lebende Jude einen gelben Stern an seiner Kleidung zu tragen hatte, den »Judenstern«.
In unserer Stadt wohnte eine jüdische Familie, die bis zur Kristallnacht 1938 einen kleinen Konfektionsladen führte. 1938 wurde ihr Geschäft geschlossen, und ihnen jede Arbeit untersagt. Ich weiß nicht, wovon sie gelebt haben, vielleicht von Erspartem oder von Zuwendungen jüdischer Freunde.
An diesem Mann sah ich zum ersten Mal den Judenstern, der auf dem abgewetzten Mantel weithin leuchtete. Die Leute wandten sich scheu ab. Ich blieb stehen, weil ich dachte, es sei ein besonderer Orden. Ich wollte mich dem Mann nähern, um besser sehen zu können, doch in diesem Augenblick kam meine Mutter aus dem Metzgerladen und hielt mich zurück. Sie zischte mir zu: »Bleib hier, das kann gefährlich sein.« Aber vielleicht meinte sie auch, ich könne den alten Mann noch mehr demütigen, indem ich seinen Stern begaffte.

1. Juden, die das sechste Lebensjahr vollendet haben, ist es verboten, sich in der Öffentlichkeit ohne einen Judenstern zu zeigen.
2. Der Judenstern besteht aus einem handtellergroßen, schwarz ausgezogenen Sechsstern aus gelbem Stoff mit der schwarzen Aufschrift »Jude«. Er ist sichtbar auf der linken Brustseite des Kleidungsstücks fest angenäht zu tragen.

Als der Krieg gegen die UdSSR begann, war bei uns im Büro niemand froh darüber, obwohl, davon bin ich überzeugt, alle Angestellten Antikommunisten waren. Der Prokurist lief tagelang bedrückt herum und war zornig auf den Lehrling, der jeden Morgen eifrig seine Fähnchen auf der Landkarte weiter nach Osten verschob. Unser Oberbuchhalter las nun auch die Zeitungen nur noch von hinten nach vorne, genau wie meine Mutter. Die letzten Seiten waren gefüllt mit Todesanzeigen, die das eiserne Kreuz »schmückte«.

Eines Tages bekam der Oberbuchhalter mitten in der Arbeit einen Anruf, ich sehe ihn noch, wie er sich verfärbte, den Hörer fallen ließ und steif das Büro verließ. Drei Tage blieb er fort. Sein ältester Sohn war in Rußland gefallen.

Meine Mutter verfolgte das Kriegsgeschehen intensiv, sie verschlang die Zeitungen und wäre bei den Nachrichten am liebsten in das Radio gekrochen. Sie tat das nicht aus militärischem Interesse, sondern aus ganz anderen Gründen: ich wurde größer und älter und der Krieg, das war meiner Mutter klar geworden, war kein Spaziergang mehr, an dessen Ende ein glorreicher Sieg wartete. Es zeichnete sich schon ab, daß es ein langer Krieg werden würde und sie fürchtete, daß auch ich noch eingezogen werden würde. Manchmal fragte sie mich, ob ich mich auch wohl fühle, keine Krankheiten habe, auf die man sich vielleicht ausreden könne.

Natürlich fühlte ich mich wohl, ich trieb Sport, Turnen, Handball, Dauerlauf und im Winter lief ich Ski.

Mit meinen Schulfreunden unternahm ich lange Fahrradtouren ins Fichtelgebirge, in den Bayrischen Wald, oder auch hinüber zum Böhmerwald. Wir schliefen in den Scheunen im Heu und arbeiteten dann wieder einen Tag beim Bauern, um uns das Essen zu verdienen. Der Krieg war von dieser friedlichen und stillen Landschaft weit entfernt und man konnte fast vergessen, daß im Osten blutige Schlachten geschlagen wurden.

Während bei uns die Zeit stillzustehen schien, vergaste die SS Menschen, in den Kellern der Gefängnisse wurde gefoltert, alle Juden aus dem Reich wurden nach Polen geschafft, um dort vergast zu werden, und allein in diesem Jahr wurden 11 405 »Linksintellektuelle« verhaftet, von denen viele die Haft nicht überlebt haben.

Manchmal vergaß sogar ich, daß mein eigener Vater in einem solchen Lager ein erbärmliches Leben führte.

Aber die Wirklichkeit holte uns schnell ein. Wenn wir auf einem Bauernhof übernachteten, sahen wir meist nur Frauen und Kinder, die Männer waren im Krieg. Wenn Männer da waren, dann waren es Kriegsgefangene oder Zwangsverpflichtete, Franzosen, Belgier, Holländer und manchmal auch Tschechen.

Als ich am 7. Dezember nach Hause kam, lief mir meine Mutter aufgeregt gestikulierend entgegen, und sie erzählte

mir, daß durch das Radio gekommen sei, die Japaner hätten
mit Flugzeugen den amerikanischen Flottenstützpunkt Pearl
Harbour angegriffen und einen Teil der amerikanischen Flotte
vernichtet.
Ich holte sofort meinen Atlas und suchte Pearl Harbour. Der
Flottenstützpunkt lag auf der Hawaii-Insel Oahu.

Aus der Rede Roosevelts vom 9. Dezember 1941

Die Politik, die Japan in den letzten zehn Jahren in Asien
verfolgt hat, läuft parallel mit der Politik Hitlers und Mussolinis
in Europa und Afrika. Seit heute ist sie weit mehr als eine
parallel gerichtete Politik. Sie ist eine Politik wohlberechneter
Zusammenarbeit der Strategen der Achsenmächte, die alle
Kontinente und Meere der Welt als ein einziges gigantisches
Schlachtfeld betrachten.
Im Jahre 1931 drang Japan in die Mandschurei ein – ohne
Warnung.
Im Jahre 1935 brach Italien in Abessinien ein – ohne
Warnung.
Im Jahre 1938 besetzte Hitler Österreich – ohne Warnung.
Im Jahre 1939 drang Hitler in die Tschechoslowakei ein
– ohne Warnung.
Später im selben Jahr 1939 fiel Hitler in Polen ein – ohne
Warnung.
Im Jahre 1940 überfiel Hitler Norwegen, Dänemark, die Nie-
derlande, Belgien und Luxemburg – ohne Warnung.
Im Jahre 1940 griff Italien Frankreich und später Griechenland
an – ohne Warnung.
Im Jahre 1941 griffen die Achsenmächte Jugoslawien und
Griechenland an und richteten ihre Herrschaft über den Bal-
kan auf – ohne Warnung.
Im Jahre 1941 fiel Hitler in Rußland ein – ohne Warnung.
Nun hat Japan Malaya, Thailand und die Vereinigten Staaten
überfallen – ohne Warnung.
[. . .]
Was wir gelernt haben, ist dies:
Es gibt keine Sicherheit für ein Volk oder ein Einzelwesen in
einer Welt, die von den Grundsätzen des Gangstertums be-
herrscht ist . . .
Es ist der Regierung der Vereinigten Staaten bekannt, daß
Deutschland bereits vor Wochen Japan unterrichtet hat, es
werde nach dem Kriege seine Beute nicht mit Japan teilen,
wenn Japan die Vereinigten Staaten nicht angreife. Deutsch-

land versprach Japan für den Fall, daß es in den Krieg eingreife, vollständige dauernde Herrschaft über das ganze Gebiet des Stillen Ozeans. Das hieße nicht allein Herrschaft über den Fernen Osten und alle Inseln des Stillen Ozeans, sondern auch Kontrolle über die Westküste Nord-, Mittel- und Südamerikas . . .

Nun sind wir mitten im Kriege – nicht in einem Eroberungs- oder Rachekrieg, sondern in einem Krieg für eine Welt, in der das amerikanische Volk und alle seine Ideale für unsere Kinder bewahrt werden sollen. Wir hoffen, der Gefahr, die uns von Japan droht, Herr zu werden, aber wir würden unserer Sache schlecht dienen, wenn wir nach Erfüllung dieser Aufgabe den Rest der Welt unter der Herrschaft Hitlers und Mussolinis beließen.

Wir werden den Krieg gewinnen, und wir werden den Frieden gewinnen, der ihm folgt.

Drei Tage später, am 11. Dezember erklärte Hitler den Vereinigten Staaten von Amerika den Krieg. Italien folgte. Hitler sagte im Reichstag, und ich hörte seine Rede am Radio: »Wenn die Vorsehung es so gewollt hat, daß dem deutschen Volk dieser Kampf nicht erspart werden kann, dann werde ich ihr dafür dankbar sein, daß sie mich mit der Führung eines historischen Ringens betraute, das für die nächsten fünfhundert oder tausend Jahre nicht nur unsere deutsche Geschichte, sondern auch die Geschichte Europas, ja der ganzen Menschheit entscheidend gestalten wird.«

Meine Mutter lauschte aufmerksam, aber eigenartigerweise war sie nicht so bedrückt wie sonst, wenn von neuen Kriegserklärungen und Feldzügen die Rede war. Sie schien eher erleichtert, ja, sie wurde fast fröhlich und sagte: »So Bub, jetzt brauchst du nicht mehr in den Krieg, jetzt wird der Krieg bald aus sein, die Amerikaner werden den Hitler nach ein paar Wochen zum Teufel gejagt haben.«

Sie hatte sich geirrt. Der Krieg sollte noch Jahre dauern, sollte noch Millionen Menschen das Leben kosten.

In Chelmno bei Posen wurde im Dezember das erste ständige Vergasungslager eingerichtet.

Wir wußten davon natürlich nichts. Ich bin überzeugt, die Mehrheit der Deutschen wußte nichts davon, was im Osten, hinter der Front wirklich passierte. Wenn doch einmal etwas durchsickerte, dann sprach Goebbels im Rundfunk und bezeichnete diese »Gerüchte« als schlimme Feindpropaganda.

Natürlich waren die wenigen Informationen auch so unvorstellbar, daß man lieber den Widerlegungen von Goebbels glaubte.

Die tägliche Sorge war nach wie vor, was wir am nächsten Tag essen sollen. Auf dem Lande hatten wir es immer noch etwas besser als die Menschen in der Stadt. Wir hatten einen großen Garten, in dem man Gemüse ziehen konnte, und die Arbeit beim Bauern brachte auch etwas ein. Aber die allgemeine Versorgungslage war im Jahr 1941 schon sehr schwierig geworden. Natürlich gab es längst keine Luxusgüter mehr, wie etwa Bohnenkaffee, den man sich auf dem sogenannten Schwarzen Markt ertauschte.

Seit Kriegsbeginn gab es Lebensmittelkarten. Auf jeden Abschnitt bekam man eine bestimmte Menge Brot, Fleisch oder Gemüse. Die Nahrung wurde gemessen und gewogen, und der Nährwert nach Kalorien ermittelt. Ich weiß noch, wie ich in meinem kleinen Lexikon nachgeschlagen habe, was eine Kalorie eigentlich bedeutet, aber da fand ich nur »Wärmeeinheit«, und damit konnte ich wieder nicht viel anfangen.

Die Ernährungslage im von Deutschen besetzten Europa sah noch viel schlimmer aus.

Pro Tag und pro Person erhielten:

Polen	800 Kalorien,
Belgier	950 Kalorien,
Norweger	1500 Kalorien,
Franzosen	1600 Kalorien,
Holländer	1900 Kalorien,
Deutsche	2500 Kalorien.

Am Beispiel der Kalorienzahlen läßt sich ablesen, wie die Nazis die einzelnen Völker ihrer Bedeutung nach einstuften. Bauern, die im deutschen Reich Lebensmittel für die »mageren Jahre« zurückhielten, kamen vor ein Standgericht. Sie wurden als Volksschädlinge angeklagt und verurteilt. Entweder kamen sie in ein KZ oder wurden sofort erschossen.

Gegenüber Ausländern wurde nach einem Lieblingswort Hitlers verfahren: Man machte »kurzen Prozeß«, indem sie ohne Gerichtsverfahren erschossen wurden.

In Griechenland brach eine furchtbare Hungersnot aus, der Tausende zum Opfer fielen. Nicht weniger grausam war es in Jugoslawien. Hitler und Mussolini hatten das Land in kleine Staaten aufgeteilt: Kroatien, Serbien und Montenegro waren

»unabhängige« Staaten, und der Rest war zwischen Deutschland und Italien aufgeteilt worden. Gegen die Besetzung
wehrten sich Widerstandsbewegungen, Konservative und
Kommunisten, die sich auch untereinander bekämpften.

Das Ausheben der Gruben nimmt den größten Teil der Zeit in
Anspruch, während das Erschießen selbst sehr schnell geht
(100 Mann 40 Minuten) . . . Anfangs waren meine Soldaten
nicht beeindruckt. Am zweiten Tage jedoch machte sich
schon bemerkbar, daß der eine oder andere nicht die Nerven
besitzt, auf längere Zeit eine Erschießung durchzuführen.
Mein persönlicher Eindruck ist, daß man während der Erschießung keine seelischen Hemmungen bekommt. Diese
stellen sich jedoch ein, wenn man nach Tagen abends in
Ruhe darüber nachdenkt.
                    Bericht von Oberleutnant Walther über eine
                    Erschießung bei Belgrad am 1. November 1941

Unter dem späteren Marschall Tito begann ein Partisanenkampf, den die deutschen Truppen niemals unter Kontrolle
bekamen.

Prahlerisch, pathetisch und realitätsfremd hatte Hitler bei der
Kriegserklärung an die USA von der Vorsehung gesprochen,
die diesen Krieg gewollt habe.

Er rechnete in Zeiträumen von tausend Jahren, sein Reich
nannte er das »Tausendjährige«. Es dauerte zum Glück nur
zwölf Jahre. Er hatte seine Politik immer darauf ausgerichtet,
keinen Zweifrontenkrieg führen zu müssen, doch nun hatte er
einen an vielen Fronten zugleich.

Im Osten die UdSSR, im Westen Großbritannien und die
USA, dem damals schon größten Lebensmittelproduzenten
der Welt.

Zunächst aber sah es so aus, als würde der Krieg nach Hitlers
Hoffnungen verlaufen. Die mit ihm verbündeten Japaner
siegten überall im ostasiatischen Raum. In einem Siegeslauf
eroberten sie Hongkong, Celebes, Borneo, Singapur, Neugui-
nea, die Salomonen-Inseln, die Philippinen und stießen bis an
die Grenzen Indiens und Australiens vor.

England geriet in ernste Schwierigkeiten, denn die japanische
Flotte und Luftwaffe beherrschten beinahe den Indischen und
Pazifischen Ozean.

In Rußland traten die deutschen Armeen zu großen Offensi-
ven an. Sie stießen bis nach Stalingrad an der Wolga und bis
zum Kaukasus vor. Japan und Deutschland befanden sich auf
dem Höhepunkt ihrer militärischen Macht, auch wenn Italien
alle seine Kolonien, bis auf Lybien an die Engländer verloren
hatte.

Doch Amerika rüstete zum Gegenschlag. Es dauerte nicht
lange, und die Amerikaner gewannen, dank der Überlegenheit
ihrer Luftwaffe Insel für Insel trotz japanischen Widerstandes
zurück, und die materielle Überlegenheit der USA wurde
allmählich auch in Europa spürbar.

Im Reich sollte nun Hitlers Plan, im Falle eines Krieges die
jüdische Bevölkerung zu vernichten, noch stärker vorange-
trieben werden. Am 20. Januar fand in Berlin eine Besprechung statt, auf der der Massenmord an den Juden beschlossen wurde. Auf der »Wannseekonferenz« mit dem Thema
»Endlösung der Judenfrage« wurde bürokratisch genau festgelegt, wie ein ganzes Volk ausgerottet werden sollte.

An Stelle der Auswanderung ist nunmehr als weitere Lösungsmöglichkeit nach entsprechender vorheriger Genehmigung durch den Führer die Evakuierung der Juden nach dem Osten getreten.

Diese Aktionen sind jedoch lediglich als Ausweichmöglichkeiten anzusprechen, doch werden hier bereits jene praktischen Erfahrungen gesammelt, die im Hinblick auf die kommende Endlösung der Judenfrage von wichtiger Bedeutung sind.

Im Zuge dieser Endlösung der europäischen Judenfrage kommen rund 11 Millionen Juden in Betracht [. . .]

Unter entsprechender Leitung sollen im Zuge der Endlösung die Juden in geeigneter Weise im Osten zum Arbeitseinsatz kommen. In großen Arbeitskolonnen, unter Trennung der Geschlechter, werden die arbeitsfähigen Juden straßenbauend in diese Gebiete geführt, wobei zweifellos ein Großteil durch natürliche Verminderung ausfallen wird.

Der allfällig endlich verbleibende Restbestand wird, da es sich bei diesem zweifellos um den widerstandsfähigsten Teil handelt, entsprechend behandelt werden müssen, da dieser, eine natürliche Auslese darstellend, bei Freilassung als Keimzelle eines neuen jüdischen Aufbaus anzusprechen ist. (Siehe die Erfahrungen der Geschichte.)

Im Zuge der praktischen Durchführung der Endlösung wird Europa von Westen nach Osten durchkämmt. Das Reichsgebiet einschließlich Protektorat Böhmen und Mähren wird, allein schon aus Gründen der Wohnungsfrage und sonstiger sozialpolitischer Notwendigkeiten, vorweggenommen werden müssen.

Von da ab brannten die Öfen in den Vernichtungslagern Tag und Nacht. Bald reichten die Lager nicht mehr aus, neue mußten gebaut werden. Am 16. März wurde das Vernichtungslager Belzec errichtet.

Heydrich, Stellvertreter Himmlers und Reichsprotektor von Böhmen und Mähren, der im Gebiet der Rest-Tschechoslowakei ein Schreckensregime aufgebaut hatte, wurde am 27. Mai durch tschechische Patrioten auf offener Straße durch ein Sprengstoffattentat umgebracht.

Diesem Attentat folgte eine unmenschliche »Vergeltungsaktion« der Deutschen. Die Attentäter, die sich ein paar Tage ohne Wissen der Bevölkerung in dem Ort Lidice versteckt hatten, wurden entdeckt. Alle Männer des Dorfes wurden von den Deutschen erschossen, die Frauen wurden in das Konzentrationslager Ravensbrück verschleppt, 81 der 88 Kinder wurden vergast.

Es waren Tschechen und keine Juden.

Je brutaler der Terror der deutschen Besatzung in den besiegten Ländern wurde, desto stärker wurde der Widerstand der Bevölkerung. Waren es früher nur einzelne Widerstandsgruppen, so wurden diese nun militärisch organisiert.

Deutsche Nachschubwege wurden überfallen, Militärposten, Munitionslager und Versorgungseinrichtungen angegriffen.

Die Deutschen reagierten mit Massenverhaftungen und Erschießungen von Geiseln, gleichgültig, ob es Männer, Frauen oder Kinder waren. Die Einwohner ganzer Dörfer wurden hingerichtet, so z. B. im französischen Ort Oradour-sur-Glan im Jahre 1944, oder die Einwohner des jugoslawischen Ortes Borysowka.

Staatspolizeileitstelle Prag über Vergeltungsmaßnahmen gegen die Ortschaft Lidice, 1942

Abschrift
Geheime Staatspolizei   Prag, den 24. Juni 1942
Staatspolizeileitstelle Prag – L –
Vergeltungsmaßnahmen gegen die Ortschaft Lidice
Auf Befehl des Führers wurden gegen die Ortschaft Lidice in Böhmen Vergeltungsmaßnahmen durchgeführt, weil flüchtige tschechische Fallschirmagenten nach ihrem Absprung aus englischen Flugzeugen in dieser Ortschaft angelaufen sind und von Verwandten ebenfalls bei der tschechischen Legion in England stehender Dorfeinwohner und einem großen Teil der Ortsbewohner unterstützt wurden.
Die Ortschaft, die aus 95 Häusern besteht, wurde vollständig niedergebrannt, 199 männliche Einwohner über 15 Jahren wurden an Ort und Stelle erschossen, 184 Frauen in das Konzentrationslager Ravensbrück, 7 Frauen in das Polizeigefängnis Theresienstadt, 4 schwangere Frauen in das Krankenhaus in Prag, 88 Kinder nach Litzmannstadt überführt, während 7 Kinder unter einem Jahr in ein Heim nach Prag gebracht wurden. 3 Kinder werden zur Eindeutschung in das Altreichsgebiet gebracht. Eine schwerkranke Frau liegt noch im Krankenhaus in Kladno.

gez.: Dr. Geschke

Bericht der französischen Regierung (Vichy) an den Oberbefehlshaber West

Juni 1944

Am Samstag, dem 10. Juni, brach eine Abteilung SS, die
wahrscheinlich der in der Gegend anwesenden Division »Das
Reich« angehörte, in den vorher gänzlich umstellten Ort ein
und befahl der Bevölkerung, sich auf dem Marktplatz zu
versammeln. Es wurde ihr mitgeteilt, daß einer Denunziation
gemäß Sprengstoffe im Ort versteckt sein sollten und daß
Haussuchungen sowie Identitätsfeststellungen vorgenommen
würden.

Die Männer wurden aufgefordert, sich in vier oder fünf Gruppen aufzustellen, von denen alsdann jede in einer Scheune
eingesperrt wurde. Die Frauen und Kinder wurden in die
Kirche geführt und dort eingeschlossen. Es war ungefähr zwei
Uhr nachmittags. Bald darauf krachten MG-Salven, und das
ganze Dorf sowie die umliegenden Bauernhöfe wurden in
Brand gesteckt. Die Häuser wurden eines nach dem andern
angezündet. Bei der räumlichen Ausdehnung des Dorfes
nahm diese Operation bestimmt mehrere Stunden in Anspruch.

Während dieser Zeit lebten die Frauen und die Kinder, welche
den Lärm der Feuersbrunst und der MG-Salven hörten, in
höchster Angst. Um 17 Uhr drangen deutsche Soldaten in die
Kirche ein und stellten auf der Kommunionbank ein Erstik-
kungsgerät auf, das aus einer Art Kiste bestand, aus der
brennende Zündschnüre hervorragten. In kurzer Zeit wurde
die Luft nicht mehr atembar; jemandem gelang es jedoch, die
Sakristeitüre aufzureißen, wodurch es möglich wurde, die von
der Erstickung betroffenen Frauen und Kinder wiederzubele-
ben. Die deutschen Soldaten begannen dann durch die Kirchenfenster zu schießen, sie drangen hierauf in die Kirche
ein, um die letzten Überlebenden durch Maschinenpistolenschüsse zu erledigen, und schütteten einen leicht entzündba-
ren Stoff auf den Boden.

Eine einzige Frau konnte sich retten. Sie war an einem
Kirchenfenster emporgeklettert, um zu fliehen, als die Rufe
einer Mutter, die dieser Frau ihr Kind anvertrauen wollte, die
Aufmerksamkeit eines Postens auf sie lenkte. Er gab Feuer
und verletzte sie schwer. Sie konnte ihr Leben nur dadurch
retten, daß sie sich tot stellte und wurde nachher in einem
Spital von Limoges gepflegt.

Gegen 18.00 Uhr hielten die deutschen Soldaten die in der
Nähe vorbeifahrende Lokalbahn an und ließen die nach Ora-

dour fahrenden Reisenden aussteigen. Sie streckten sie
durch Maschinenpistolenschüsse nieder und warfen ihre Leichen in die Feuersbrunst. [. . .]

Mancherorts wurden die deutschen Truppen in Rußland allerdings wie Befreier empfangen, wenn die Bevölkerung dem
Bolschewismus ablehnend gegenüberstand, oder ihn sogar
bekämpfte, und nun glaubte, mit den Deutschen, die insbesondere in der Ukraine einen guten Ruf genossen, kehre ein
besseres Leben ein. Aber die Unmenschlichkeit der Besatzung
trieb sie bald in die Reihen der Partisanen.
Am 10. Juni wurden im Reich alle noch bestehenden jüdischen Schulen geschlossen, am 12. Juni billigte Himmler den
sogenannten »Generalplan Ost«, der vorsah, daß alle Ostvöl-
ker nach Sibirien umgesiedelt werden sollten. Polen und das
europäische Rußland sollten zum deutschen Siedlungsgebiet
erklärt werden.
Der Plan, als »Germanisierung« Osteuropas gedacht, sah
außerdem die Dezimierung der slawischen Bevölkerung um
30 Millionen vor.

Aus dem Plan ergibt sich, daß es sich nicht um ein Sofortpro-
gramm handelt, daß vielmehr die Besiedlung des Raumes mit
Deutschen etwa 30 Jahre nach dem Kriege erreicht sein soll.
Wie aus dem Plan hervorgeht, sollen 14 Mill[ionen] Fremdvölkische in dem Raum verbleiben. Ob diese jedoch innerhalb
der vorgesehenen Zeit von 30 Jahren wirklich umgevolkt und
eingedeutscht werden, erscheint mehr als zweifelhaft, da
auch nach dem vorliegenden Plan die Anzahl der deutschen
Siedler nicht gerade beträchtlich ist [. . .]
Geht man davon aus, daß 14 Mill[ionen] Fremdvölkische in
den betreffenden Räumen bleiben, wie es der Plan vorsieht,
so müßten demgemäß 46 bis 51 Mill[ionen] Menschen ausgesiedelt werden. Die Zahl von 31 Mill[ionen] auszusiedelnder
Menschen, die der Plan angibt, dürfte nicht zutreffen [. . .]
Der Plan sieht nun die Aussiedlung von 80 bis 85% Polen vor,
d. h. es kommen, je ob man von 20 oder 24 Millionen Polen
ausgeht, 16 bis 20,4 Millionen Polen zur Aussiedlung, während 3 bis 4,8 Millionen Polen im deutschen Siedlungsraum
verbleiben sollen [. . .]
Wenn die Industriegebiete von Kusnezk, Nowosibirsk und
Karaganda erst mit voller Kraft arbeiten, werden Arbeitskräfte
in großen Massen gebraucht werden, insbesondere techni-

sche Kräfte. Warum sollen nicht wallonische Ingenieure, tschechische Techniker, ungarische Industriekaufleute und dergleichen im sibirischen Raum tätig sein können. Hier könnte man mit Recht dann von einem europäischen Siedlungs- und Rohstoffreserveraum reden [. . .]

Nach dem Plan des Reichssicherheitshauptamtes sollen auch die Westukrainer in den sibirischen Raum überführt werden. Es wird dabei ein Prozentsatz von 65% genannt [. . .]

Die Weißruthenen werden nach den Angaben des Planes zu 75% ausgesiedelt [. . .]

Es handelt sich nicht allein um die Zerschlagung des Moskowitertums, eine Zielsetzung, die durchgeführt, weil sie nur historisch gedacht ist, nie die restlose Lösung des Problems bedeuten würde. Vielmehr handelt es sich um die Zerschlagung der Kraft des russischen Volkes und damit die Zerschlagung des russischen Volkstums selbst, um seine Aufspaltung. Nur wenn die Probleme hier konsequent vom biologischen, insbesondere rassebiologischen Standpunkt aus gesehen werden und wenn demgemäß die deutsche Politik im Ostraum eingerichtet wird, besteht die Möglichkeit, der uns vom russischen Volke her drohenden Gefahr zu begegnen [. . .]

Nach den heute vorhandenen Auffassungen soll ein großer Teil der Tschechen, soweit sie rassisch nicht bedenklich erscheinen, zur Eindeutschung gelangen. Man rechnet hier mit ungefähr 50% der tschechischen Bevölkerung, die hierfür in Betracht kommt [. . .]

Die zukünftige deutsche Ostpolitik wird zeigen, ob wir gewillt sind, dem Dritten Reiche eine dauernde gesicherte Grundlage zu geben. Wenn jedenfalls das Dritte Reich ein tausendjähriges sein soll, müssen auch die Planungen hierfür auf Generationen getroffen werden. [Erich Wetzel]

Am 30. Juni hatte Hermann Göring erklärt: »... es ist mir dabei gleichgültig, ob Sie sagen, daß Ihre Leute wegen Hungers umfallen. Mögen sie das tun, solange nicht ein Deutscher wegen Hungers umfällt... wenn gehungert wird, dann hungert nicht der Deutsche, sondern andere... mich interessieren in den besetzten Gebieten überhaupt nur die Menschen, die für die Rüstung und für die Ernährung arbeiten, sie müssen so viel kriegen, daß sie gerade noch ihre Arbeit tun können...«
Kaum etwas kann die Menschenverachtung der Nazis deutlicher machen, denen außer dem »deutschen Herrenmenschen« nichts galt.
Am 22. Juli wurde das Vernichtungslager Treblinka in Polen

errichtet. Millionen Menschen wurden in den nächsten Jahren
in diesem Lager vergast. Es waren nicht nur Juden, sondern
praktisch alle Menschen, die dem Rassenwahn der deutschen
Herrscher nicht entsprachen, wie Zigeuner, religiöse Minderheiten, Bibelforscher, Widerstandskämpfer, Kommunisten
und Sozialisten.

Hitler, Himmler und Göring hatten für die Sowjetunion nur
einen Plan: »Ausbeuten, Aushungern, Aussiedeln, Erhängen,
Erschießen, Vergasen« und die Spezialtrupps der SS handelten
danach.

Doch gab es in den besetzten Ländern nicht nur Widerstand,
sondern auch Gruppen, die dort Naziparteien gründeten, so
in Norwegen, Belgien und Holland.

Von August 1942 bis Anfang 1943 verhaftete die Gestapo 130
Mitglieder einer Widerstandsgruppe, der die Nazis die Bezeichnung »Rote Kapelle« gegeben hatten. Die Gruppe, an
dessen Spitze der Oberregierungsrat Arvid von Harnack und
der Offizier im Reichsluftfahrtministerium Harro Schulze-
Boysen standen, gehörte auch der deutsche Schriftsteller
Günther Weisenborn an. 31 Männer und 18 Frauen wurden
hingerichtet, die meisten anderen erhielten langjährige Zucht-
hausstrafen.

Am 23. November bahnte sich die Wende des Krieges an.
Die Russen kesselten Stalingrad und damit die deutsche Armee von 220 000 Mann ein.

In Nordafrika landeten die ersten amerikanischen Truppen,
und eröffneten eine »zweite Front« gegen Deutschland und
Italien. Aber Hitler und Goebbels wurden nicht müde, dem
deutschen Volk einzureden, die Amerikaner seien Waschlap-
pen, die sich beim ersten Schuß im Sand verkröchen.

Die deutschen Soldaten wurden bald eines Besseren belehrt.
Unter dem Druck der amerikanischen Überlegenheit an Pan-
zern und Flugzeugen mußten sie ihre Stellung in Nordafrika
nach und nach aufgeben.

Im »Großdeutschen Reich«, glaubten immer noch viele an
den Endsieg. Sie blieben Hitleranhänger. Noch war er ihr
Gott, Staatsmann und Feldherr in einer Person. Jeder Meter
Bodengewinn weckte Hoffnung, jedes versenkte feindliche
Schiff und jedes abgeschossene feindliche Flugzeug wurde
bejubelt.

Ich war 16 Jahre alt geworden, zu jung für den Krieg, aber

schon alt genug, um nicht unruhig zu werden: Ich drängte mich nicht freiwillig zu den Waffen, wie viele meiner Schulkameraden, denn in mir hatte sich die Hoffnung meines Großvaters und meiner Mutter verstärkt, der Krieg werde beendet sein, bevor ich ein Gewehr in die Hand nehmen müsse.

Mein Altersgenosse im Büro steckte weiterhin seine Fähnchen auf der Landkarte Europas hin und her. Ein Jahr zuvor, als die Japaner in den Krieg eintraten, war auch eine Weltkarte hinzugekommen. Ein gutes hatte das allerdings: Ich lernte auf diese Weise Geographie. Wer sich damals eine Weltkarte ansah, konnte wirklich zu der Überzeugung kommen, Japan und Deutschland beherrschten die halbe Welt.

Eines Tages war ich eine halbe Stunde früher im Büro als mein Kollege. Ich hatte mir zu Hause Fähnchen aus Pappe und Streichhölzern angefertigt, die ich nun auf die Weltkarte in jene Länder steckte, die mit Japan, Deutschland und Italien im Krieg waren. Das war ganz Nord-, Mittel- und Südamerika, der gesamte afrikanische Kontinent, schon weil dort die meisten Länder französische oder englische Kolonien waren, der vordere Orient, Indien und Australien. Die Landkarte sah nun ganz anders aus.

Als mein eifriger Kollege ins Büro kam, sah er sofort die Veränderung und platzte beinahe vor Wut. Er konnte aber nicht beweisen, daß ich derjenige war, der ihm diesen Streich gespielt hatte. Er schrie mich an: »Ich werde dich melden.« Aber der Prokurist an seinem Stehpult, der die Veränderung der Landkarte grinsend gebilligt hatte, rief: »Ruhe da hinten. Wenn hier einer brüllt, dann bin ich es.«

Der Hunger wurde nun auch in unserer Gegend, die wie eine friedliche Insel in Deutschland lag, spürbarer. Wir hatten genug zu essen, aber es fehlten Obst und Gemüse. Von Kartoffeln allein wurde man zwar satt, aber volle Bäuche sind noch lange keine ausreichende Ernährung. Mit Geld konnte man wenig kaufen, da es an Wert verloren hatte. Die gängige Währung waren Lebensmittel.

Wollte man zum Beispiel einen neuen Schlauch oder eine neue Decke für das Fahrrad haben, mußte man mit Naturalien bezahlen. Ich hatte mir zwei Jahre vorher einen größeren Kaninchenstall gebaut und fütterte zeitweise bis zu dreißig Kaninchen. Das war unsere Fleischration. Das Futter besorgte ich mir von den Bauern, und zusätzlich pachtete ich einen

halben Kilometer Straßengraben, den ich mähen durfte. Auch
Abfälle gab es genug.

Im Garten baute ich noch einen Ziegenstall, zwei Ziegen versorgten uns mit Milch, und meine Mutter hielt sich sechs Hühner und ein paar Gänse, so daß wir fast, wie es damals hieß, Selbstversorger geworden waren.

In der Abendschule lernte ich weiterhin Steuerrecht, Eigentumsrecht, das Erstellen von Bilanzen, Kontenführung, Stenografie und Schreibmaschine schreiben. In der Berufsschule lernten wir nur für den Krieg und wie man sich als deutscher Herrenmensch zu verhalten habe. Einmal traf ich den HJ-Führer auf der Straße. Wir kamen ins Gespräch, und er fragte, warum ich mich bei den Schulungsabenden und Appellen überhaupt nicht mehr sehen ließe, an der fehlenden Uniform könne es doch nicht liegen. Das deutsche Volk, sagte er, stehe jetzt in einem Existenzkampf, da würde man schon großzügig darüber hinwegsehen, wenn ich in Lederhose oder anderer Zivilkleidung zum Appell erschiene. Ich fragte ihn, warum wir denn nun schon über ein Jahr Krieg gegen die UdSSR führten, obwohl wir doch mit dem Land einen Nichtangriffspakt abgeschlossen hätten. Seine Antwort war einfach, eine übernommene Parole: Im Grunde genommen führe das deutsche Volk ja einen Krieg gegen das internationale Judentum, und das sei in der Sowjetunion am stärksten vertreten.

Er war ein Jahr älter als ich, und er glaubte alles, was er im Radio hörte und was ihm seine braunen Führer vorlogen. Er war einer von Millionen verdummten und verhetzten Jugendlichen. Ich hütete mich, ihm das zu sagen.

Meine Mutter begann in diesem Jahr regelmäßig Radio London zu hören. Darauf stand die Todesstrafe. Wenn man Glück hatte, kam man »nur« in ein KZ.

Abends um neun hängte sie eine dicke Decke über das Radio und steckte ihren Kopf darunter. Nachher erzählte sie mir, welche Meldungen der »Feindsender« in deutscher Sprache durchgegeben habe.

Ich durfte nie mithören. Sie schickte mich, hartnäckig bis zum Schluß, aus dem Zimmer, und begründete das damit, wenn sie erwischt würde, könne sie immer noch beweisen, daß ich nichts damit zu tun hätte. Eine Logik, die mir einleuchtete.

So erfuhr meine Mutter über die Greueltaten im Reich und außerhalb der deutschen Grenzen. Sie wußte nun, was in den

Konzentrationslagern wirklich geschah, und sie erfuhr, daß nicht nur die Deutschen siegten, sondern daß auch die Alliierten im Vormarsch waren. Und doch war sie enttäuscht von den Amerikanern, weil diese sich, wie sie meinte, zuviel Zeit ließen. Wir hörten auch von den ersten großen Bombenangriffen auf deutsche Städte, und diese Nachrichten hörten sich anders an als das Geschrei eines Joseph Goebbels, der die Bombenangriffe als Terrorakte gegen die deutsche Zivilbevölkerung bezeichnete, weil dadurch Frauen, Kinder und Greise umkamen. Plötzlich bestand Goebbels auf Humanität, die er doch längst vergessen hatte. In diesem Jahr fuhren meine Mutter und ich an einem Sonntag mit den Fahrrädern nach Flossenbürg, wo mein Vater im KZ saß. Dreißig Kilometer waren zu fahren. Wir wollten endlich sehen, wie ein KZ aussah. Aber wir kamen nicht einmal bis auf Rufweite an das Lager heran, denn schon weit davor patrouillierten SS-Wachen, die uns mit dem Gewehr in der Hand vertrieben. Wir sahen keine Häftlinge, nur die Steinbrüche. Aber in diesen Steinbrüchen arbeiteten die Häftlinge, wie ich später erfuhr, bis zum Umfallen. Es waren nicht nur Deutsche, auch viele andere Nationen waren vertreten.

Nach dem Krieg erzählte mir mein Vater, wie die Häftlinge die Wege nannten, auf denen sie die schweren Steine schleppen mußten, und auf denen sie, wenn sie vor Hunger und Entkräftung umfielen, einfach erschossen wurden. Sie nannten sie Himmelsstraße, Himmelsstiege oder Blutstraße.

Auf einem dieser Wege ging damals auch mein Vater, Tag für

Tag. Aber von der Grausamkeit, mit der sich die Bewacher hinter Stacheldraht und dicken Mauern an den Häftlingen austobten, sahen wir an diesem Sonntag nichts. Dichter Wald, eine ruhige Landschaft, die alte Ruine oberhalb Flossenbürgs, sonst nichts. Ein Tag wie im tiefsten Frieden, nur zwei Wachttürme sahen wir durch die Fichten, hinter denen das Lager in einem Tal lag: Das Tal des Todes.

Links: Steinbruch im Konzentrationslager Flossenbürg

Am 8. Januar forderten die Sowjets General Paulus, den
Befehlshaber der 6. Armee im eingeschlossenen Stalingrad,
zur Übergabe auf. Paulus lehnte auf Befehl Hitlers ab. Daraufhin begann am 10. Januar der sowjetische Sturm auf Stalingrad. Am 31. Januar war dieser sinnlose Kampf zu Ende und
damit begann der Anfang vom Ende des Krieges.

> Die Oberen sagen:
> Es geht in den Ruhm.
> Die Unteren sagen:
> Es geht ins Grab.

Bertolt Brecht

Die Schlacht um Stalingrad kostete 146 000 Soldaten das
Leben, 90 000 gingen in die Gefangenschaft, aus der viele
nicht mehr zurückkehrten.

Der Führer hat fest versprochen, uns hier herauszuhauen,
das ist uns vorgelesen worden und wir glaubten auch fest
daran. Ich glaube es heute noch, weil ich doch an etwas
glauben muß. Wenn das nicht wahr ist, woran sollte ich dann
noch glauben? . . . Ich habe mein ganzes Leben oder wenigstens acht Jahre davon immer an den Führer und sein Wort
geglaubt. Es ist entsetzlich, wie sie hier am Zweifeln sind, und
beschämend, die Worte zu hören, gegen die man nichts
sagen kann, denn die Tatsachen sprechen für sie.
Wenn es nicht wahr ist, was man uns versprach, dann wird
Deutschland verloren sein, denn in diesem Fall kann kein
Wort mehr gehalten werden. Oh, diese Zweifel, diese furchtbaren Zweifel, wenn sie doch bald behoben werden.

Ich war entsetzt, als ich die Karte gesehen habe. Wir sind
ganz allein, ohne Hilfe von außen. Hitler hat uns sitzen lassen.
Dieser Brief geht noch ab, wenn der Flugplatz noch in unserem Besitz ist.

Bin mir nicht im klaren, wie hier herauszukommen ist. Ist ja
auch eigentlich nicht meine Aufgabe. Wir sind auf Befehl
einmarschiert, haben auf Befehl geschossen, schieben auf

Befehl Kohldampf, sterben auf Befehl, marschieren auch auf Befehl wieder heraus. Hätten wir schon lange können, aber die Strategen sind sich noch nicht einig. Es wird bald zu spät sein, wenn es das nicht schon ist. Aber auf Befehl werden wir bestimmt noch einmal marschieren. Mit großer Wahrscheinlichkeit auch in der ursprünglich geplanten Richtung, nur ohne Waffen und unter anderer Führung.

. . . darum sollst Du die Wahrheit wissen. Sie steht in diesem Briefe. Die Wahrheit ist das Wissen um den schwersten Kampf in hoffnungsloser Lage. Elend, Hunger, Kälte, Entsagung, Zweifel, Verzweiflung und entsetzliches Sterben. Mehr sage ich darüber nicht.
Meine persönliche Schuld an den Dingen ist nicht abzuleugnen. Aber sie steht im Verhältnis wie 1 zu 70 Millionen, das Verhältnis ist klein, aber es ist da. Ich denke nicht daran, mich um die Verantwortung herumzudrücken, und ich argumentiere so, daß ich durch die Hingabe meines Lebens die Schuld beglichen habe . . . Ich bin nicht feige, sondern nur traurig, daß ich keinen größeren Beweis meiner Tapferkeit abgeben kann, als für diese nutzlose Sache, um nicht von Verbrechen zu sprechen, zu sterben.
Unbekannte Soldaten

[Die Briefe wurden auf Anordnung des Führerhauptquartiers Ende Januar 1943 beschlagnahmt und geöffnet, man wollte aus ihnen »die Stimmung in der Festung Stalingrad kennenlernen«. Anschriften und Absender wurden entfernt.]

War vorher bei den Westmächten noch mit der Möglichkeit gespielt worden, Deutschland im Falle einer Kapitulation einen sogenannten ehrenvollen Frieden zu gewähren, so wurde das auf der Konferenz in Casablanca verworfen, wo sich der USA-Präsident Roosevelt und Churchill vom 14.–26. Januar trafen. Sie forderten nun die bedingungslose Kapitulation Deutschlands.
Nicht nur im besetzten Ausland bildeten sich immer stärker werdende Widerstandsgruppen, die gegen diesen sinnlosen Krieg, der täglich mehr und mehr Tote forderte, kämpften, auch im deutschen Reich verstärkte sich der Widerstand von Tag zu Tag.
Eine Widerstandsgruppe hatte sich in München gebildet.
Die Gruppe, die sich die »Weiße Rose« nannte, wurde ange-

führt von den Geschwistern Hans und Sophie Scholl, und dem Universitätsprofessor Kurt Huber. Mit gleichgesinnten Kommilitonen verfaßten sie Flugblätter, in denen sie zum Widerstand gegen das nationalsozialistische Regime aufriefen. Die Blätter der »Weißen Rose« wurden in Tausenden von Exemplaren in München, Stuttgart, Frankfurt/M., Freiburg, Wien und Hamburg verteilt.

Sophie Scholl
1921–1943
(hingerichtet)

Hans Scholl
1918–1943
(hingerichtet)

Kurt Huber
1893–1943
(hingerichtet)

Die Gruppe wurde verraten, ihre Mitglieder hingerichtet.

Aufruf an alle Deutschen!
Der Krieg geht seinem sicheren Ende entgegen. Wie im Jahre 1918 versucht die deutsche Regierung alle Aufmerksamkeit auf die wachsende U-Boot-Gefahr zu lenken, während im Osten die Armeen unaufhörlich zurückströmen, im Westen die Invasion erwartet wird. Die Rüstung Amerikas hat ihren Höhepunkt noch nicht erreicht, aber heute schon übertrifft sie alles in der Geschichte seither Dagewesene. Mit mathematischer Sicherheit führt Hitler das deutsche Volk in den Abgrund. *Hitler kann den Krieg nicht gewinnen, nur noch verlängern!* Seine und seiner Helfer Schuld hat jedes Maß unendlich überschritten. Die gerechte Strafe rückt näher und näher!
Was aber tut das deutsche Volk? Es sieht nicht und es hört nicht. Blindlings folgt es seinen Verführern ins Verderben. Sieg um jeden Preis! haben sie auf ihre Fahne geschrieben. Ich kämpfe bis zum letzten Mann, sagt Hitler – indes ist der Krieg bereits verloren.
Deutsche! Wollt Ihr und Eure Kinder dasselbe Schicksal erleiden, das den Juden widerfahren ist? Wollt Ihr mit dem gleichen Maße gemessen werden wie Eure Verführer? Sollen wir auf ewig das von aller Welt gehaßte und ausgestoßene Volk sein? Nein! Darum trennt Euch von dem nationalsozialistischen Untermenschentum! Beweist durch die Tat, daß Ihr

anders denkt! Ein neuer Befreiungskrieg bricht an. Der bessere Teil des Volkes kämpft auf unserer Seite. Zerreißt den Mantel der Gleichgültigkeit, den Ihr um Euer Herz gelegt! Entscheidet Euch, *ehe es zu spät ist!*

Glaubt nicht der nationalsozialistischen Propaganda, die Euch den Bolschewistenschreck in die Glieder gejagt hat! Glaubt nicht, daß Deutschlands Heil mit dem Sieg des Nationalsozialismus auf Gedeih und Verderben verbunden sei! Ein Verbrechertum kann keinen deutschen Sieg erringen. Trennt Euch *rechtzeitig* von allem, was mit dem Nationalsozialismus zusammenhängt! Nachher wird ein schreckliches, aber gerechtes Gericht kommen über die, so sich feig und unentschlossen verborgen hielten.

Was lehrt uns der Ausgang dieses Krieges, der nie ein nationaler war?

Der imperialistische Machtgedanke muß, von welcher Seite er auch kommen möge, für allezeit unschädlich gemacht werden. Ein einseitiger preußischer Militarismus darf nie mehr zur Macht gelangen. Nur in großzügiger Zusammenarbeit der europäischen Völker kann der Boden geschaffen werden, auf welchem ein neuer Aufbau möglich sein wird. Jede zentralistische Gewalt, wie sie der preußische Staat in Deutschland und Europa auszuüben versucht hat, muß im Keime erstickt werden. Das kommende Deutschland kann nur föderalistisch sein. Nur eine gesunde föderalistische Staatsordnung vermag heute noch das geschwächte Europa mit neuem Leben zu erfüllen. Die Arbeiterschaft muß durch einen vernünftigen Sozialismus aus ihrem Zustand niedrigster Sklaverei befreit werden. Das Truggebilde der autarken Wirtschaft muß in Europa verschwinden. Jedes Volk, jeder einzelne hat ein Recht auf die Güter der Welt!

Freiheit der Rede, Freiheit des Bekenntnisses, Schutz des einzelnen Bürgers vor der Willkür verbrecherischer Gewaltstaaten, das sind die Grundlagen des neuen Europas.

Unterstützt die Widerstandsbewegung, verbreitet die Flugblätter!

In diesem Flugblatt ist von dem U-Boot-Krieg die Rede, den Hitler befahl, um England in die Knie zu zwingen. Jedes Schiff, auch wenn es ein neutrales war, konnte durch deutsche U-Boote ohne Vorwarnung versenkt werden, wenn es sich in dem von Deutschen verhängten Sperrbereich befand. Am 18. Februar verkündete Goebbels im Sportpalast von Berlin den »totalen Krieg«. Wir hörten die Rede im Radio:

Ich frage Euch: Wollt Ihr den totalen Krieg? Wollt Ihr ihn wenn nötig totaler und radikaler, als wir ihn uns heute überhaupt noch vorstellen können? [. . .]
Wenn wir je treu und unverbrüchlich an den Sieg geglaubt haben, dann in dieser Stunde der nationalen Besinnung und der inneren Aufrichtung. Wir sehen ihn greifbar nahe vor uns liegen; wir müssen nur zufassen. Wir müssen nur die Entschlußkraft aufbringen, alles andere seinem Dienst unterzuordnen. Das ist das Gebot der Stunde.

Ich wußte damals nicht, was totaler Krieg eigentlich bedeutete, nämlich die Einschränkung des zivilen Lebens und die Konzentration aller Kräfte auf die Kriegsproduktion. Ich dachte mir: was soll das, dieser Krieg ist doch sowieso schon total.

Am 13. März mißlang ein Attentat auf Hitler, geplant von Offizieren der Heeresgruppe Mitte in Rußland, weil die Bombe nicht zündete. Am 5. April wurde wieder eine Widerstandsgruppe verhaftet. Der Pfarrer Bonhoeffer und sein Schwager Hans von Dohnany hatten an den Vorbereitungen des erfolglosen Attentats auf Hitler im März 1943 mitgewirkt. Beide wurden später im KZ Flossenbürg hingerichtet.

Der Krieg in Afrika war verloren. Im März war General Rommel von seinem Kommando abgelöst worden. Der Sprung der westlichen Alliierten vom afrikanischen Kontinent über das Mittelmeer nach Sizilien und Italien war danach nur noch eine Frage der Zeit. Militärisch war eine Invasion möglich geworden, die britische und amerikanische Luftwaffe in Verbindung mit der Flotte beherrschten unumschränkt das Mittelmeer, auch wenn die Deutschen noch auf der Insel Kreta und anderen griechischen Inseln saßen. Die Nachschubwege durch Jugoslawien waren nicht mehr sicher. Treibstoffmangel zwang die deutschen Flugzeuge mehr und mehr auf dem Boden zu bleiben.

Am 11. Juni ordnete Heinrich Himmler die Vernichtung des Warschauer Gettos an, in dem zu diesem Zeitpunkt noch 70 000 Juden lebten, die in Rüstungsbetrieben arbeiteten. Die Juden in dem Getto hatten sich über unterirdische Kanäle Waffen besorgt, mit denen sie sich gegen die systematisch betriebene Räumung zur Wehr setzten. Etwa 12 000 Juden fielen in den Kämpfen gegen die SS, weitere 7000 wurden mit Nebelkerzen vergast, die Verbliebenen wurden zur Vergasung

in das Vernichtungslager Treblinka geschickt.
Nach der Eroberung wurde das Getto dem Erdboden gleich-
gemacht.
Über die planmäßige Zerschlagung des Aufstandes schrieb
SS-Führer Jürgen Stroop einen Bericht, den er nach Abschluß
der »Aktion« Himmler überreichte. Dieses Dokument, das
heute noch zugänglich ist, kennzeichnet wiederum die brutale
Menschenverachtung der Hitlerischen »Herrenmenschen«.

A b s c h r i f t !
F e r n s c h r e i b e n

Absender: Der ƻƻ- und Polizeiführer im Distrikt Warschau

Warschau, den 8. Mai 1943

Az.: I ab St/Gr - 16 07 - Nr. r. 624/43 geh.
Betr.: Ghetto-Großaktion

An den

Höheren ƻƻ- und Polizeiführer Ost
ƻƻ-Obergruppenführer und General der Polizei Krüger
o.V.i.A.

K r a k a u

Verlauf der Aktion am 8.5.43, 10.00 Uhr:

Das gesamte Gebiet des ehem. jüdischen Ghettos wurde heute von
durch Brunngetto-Trupps nach verbliebenen Bunkern und Juden durch-
sucht. Wie schon vor einigen Tagen gemeldet, halten sich z.Zt.
noch das Untermenschentum, die Banditen und Terroristen in Bunkern auf, in denen durch die Brände die Hitze unerträglich geworden ist. Diese Kreaturen wissen nun genau, daß es nur eines gibt,
entweder sich verborgen zu halten, solange es geht oder an die
Erdoberfläche zu kommen, dabei aber den Versuch zu machen, möglichst die sie bedrängenden Männer der Waffen-ƻƻ, der Polizei und
der Wehrmacht zu verwunden bzw. umzulegen.

Die im gestrigen FS gemeldete Auffindung der Lager des Bunkers
der sog. engeren "Parteileitung" wurde am heutigen Tage weiter
verfolgt. Es ist gelungen, den Bunker der Parteileitung zu öffnen
und etwa 60 Banditen, die schwer bewaffnet waren, zu packen. Es
gelang, den stellv. Leiter der jüdischen militärischen Organisation "ZWZ" und seinen sog. Stabschef zu fangen und zu liquidieren.
In diesem Bunker waren etwa 200 Juden untergebracht, 60 davon
wurden erfaßt, 140 durch große Einwirkung von Nebelkerzen und
durch Anlegung großer Sprengladungen an verschiedenen Stellen
vernichtet. Durch die Nebelkerzen waren bereits ungezählte Tote
von den hervorgebrachten Juden gemeldet. Wenn der Kampf gegen
die Juden und Banditen in den ersten 6 Tagen schwer war, so muß
festgestellt werden, daß nunmehr die Juden und Jüdinnen erfaßt
werden, die die Träger des Kampfes dieser Tage waren. Es wird
kein Bunker mehr geöffnet, ohne daß von den darin sich befinden-
den Juden mit den ihnen zur Verfügung stehenden Waffen, 1MG.,
Pistolen und Handgranaten Widerstand geleistet wird. Heute wurden wiederum eine ganze Anzahl Jüdinnen erfaßt, die in ihren
Schlüpfern entsicherte und geladene Pistolen trugen.

Nach gemachten Aussagen sollen sich noch etwa 3 - 4000 Juden in
den unterirdischen Löchern, Kanälen und Bunkern aufhalten. Der
Unterzeichnete ist entschlossen, die Großaktion nicht eher zu be-

enden, wie auch der letzte Jude vernichtet ist.

Insgesamt wurden heute aus Bunkern 1 091 Juden erfaßt, im Feuer-
kampf wurden etwa 280 Juden erschossen, ungezählte Juden in den
43 gesprengten Bunkern vernichtet. Die Gesamtzahl der erfaßten
Juden erhöht sich auf 49 712. Die noch nicht durch Feuer ver-
nichteten Gebäude wurden heute angezündet und dabei festgestellt,
daß sich immer noch vereinzelte Juden irgendwie im Mauerwerk oder
in den Treppenhäusern versteckt hielten.

Eigene Kräfte:

Einsatzkräfte:	Deutsche Polizei	4/101
	TN	1/6
	Sipo	2/14
	Pioniere (WH)	3/69
	Waffen-SS	13/517

Absperrkräfte:	bei Tag	bei Nacht
Deutsche Polizei	1/87	1
Waffen-SS	-	1/
Trawniki	160	-
poln. Polizei	1/160	1/160

Eigene Verluste: 2 Waffen-SS tot
                   2 Waffen-SS verwundet
                   1 Pionier verwundet

Ein am 7.5.43 verwundeter Angehöriger der Orpo ist heute seinen
Verletzungen erlegen.

Erbeutet wurden etwa 15 - 20 Pistolen versch. Kalibers, größere
Bestände an Pistolen und Gewehrmunition, außerdem eine Anzahl
von in den ehem. Rüstungsbetrieben selbstgefertigten Handgranaten.

Ende der Aktion: 21.30 Uhr, Fortsetzung am 9.5.43, um 10.00 Uhr.

F.d.R.:   Der SS- und Polizeiführer
                                   im Distrikt Warschau

                                   gez. Stroop

                                   SS-Brigadeführer
SS-Sturmbannführer.   u. Generalmajor der Polizei.

Jüdische Kinder im Warschauer Getto. 1943.

Am 19. Juni erklärte Goebbels voller Stolz die Stadt Berlin für »judenfrei«. Sein Soll als NS-Gauleiter von Berlin war damit erfüllt.

Auf einer Tagung der SS-Gruppenführer in Posen erklärte Heinrich Himmler:

»Ein Grundsatz muß für den SS-Mann absolut gelten: ehrlich, anständig, treu und kameradschaftlich haben wir zu Angehörigen unseres eigenen Blutes zu sein und zu sonst niemandem. Wie es den Russen geht, wie es den Tschechen geht, ist mir total gleichgültig. Das, was in den Völkern an gutem Blut unserer Art vorhanden ist, werden wir uns holen, indem wir ihnen, wenn notwendig, die Kinder rauben und sie bei uns großziehen. Ob die anderen Völker in Wohlstand leben oder ob sie verrecken vor Hunger, das interessiert mich nur soweit, als wir sie als Sklaven für unsere Kultur brauchen, anders interessiert mich das nicht. Ob bei dem Bau eines Panzergrabens 10 000 russische Weiber an Entkräftung umfallen oder nicht, interessiert mich nur insoweit, als der Panzergraben für Deutschland fertig wird. Wir werden niemals roh und herzlos sein, wo es nicht sein muß: das ist klar. Wir Deutsche, die wir als einzige auf der Welt eine anständige Einstellung zum Tier haben, werden ja auch zu diesen Menschentieren eine anständige Einstellung einnehmen, denn es ist ein Verbrechen gegen unser eigenes Blut, uns um sie Sorge zu machen und ihnen Ideale zu bringen, damit unsere Söhne und Enkel es noch schwerer haben mit ihnen. Wenn mir einer kommt und sagt: »Ich kann mit den Kindern oder den Frauen den Panzergraben nicht bauen. Das ist unmenschlich, denn dann sterben die daran«, – dann muß ich sagen: »Du bist ein Mörder an Deinem eigenen Blut, denn, wenn der Panzergraben nicht gebaut wird, dann sterben deutsche Soldaten, und das sind Söhne deutscher Mütter. Das ist unser Blut.« Das ist das, was ich dieser SS einimpfen möchte und – wie ich glaube – eingeimpft habe, als eines der heiligsten Gesetze der Zukunft: Unsere Sorge, unsere Pflicht, ist unser Volk und unser Blut. Dafür haben wir zu sorgen und zu denken, zu arbeiten und zu kämpfen, und für nichts anderes. Alles andere kann uns gleichgültig sein. Ich wünsche, daß die SS mit dieser Einstellung dem Problem aller fremden, nichtgermanischen Völker gegenübertritt, vor allem den Russen. Alles andere ist Seifenschaum.«

Einen Satz aus dieser Rede möchte ich besonders herausgreifen: »Wir Deutsche, die wir als einzige auf der Welt eine anständige Einstellung zum Tier haben, werden ja auch zu diesen Menschentieren eine anständige Einstellung einnehmen.«

In den Vernichtungslagern wurden täglich Tausende von Menschen vergast, »Menschentiere« wie Himmler sagte.

Mag sein, daß andere Völker keine solche Einstellung zum Tier hatten, aber dafür vielleicht eine anständige Einstellung zum Menschen.

In den Kinos wurden immer mehr »Durchhaltefilme« gespielt, das heißt, solche Filme über die deutsche Geschichte, die zum Ausdruck brachten, daß die Deutschen immer gesiegt haben, selbst wenn es schon aussichtslos schien. Dafür war natürlich die Person Friedrichs II., genannt Friedrich der Große, sehr geeignet. Goebbels gab viele solcher Filme in Auftrag. Veit Harlan, der Regisseur des Dritten Reiches war dafür der richtige Mann, er hatte auch den Film »Jud Süß« gedreht.

> »Hiermit beauftrage ich Sie, einen Großfilm »Kolberg« herzustellen. Aufgabe dieses Films soll es sein, am Beispiel der Stadt, die dem Film den Titel gibt, zu zeigen, daß ein in Heimat und Front geeintes Volk jeden Gegner überwindet. Ich ermächtige Sie, alle Dienststellen von Wehrmacht, Staat und Partei, soweit erforderlich, um ihre Hilfe und Unterstützung zu bitten und sich dabei darauf zu berufen, daß der hiermit von mir angeordnete Film im Dienste unserer geistigen Kriegführung steht.«

Am 25. Juli wurde der italienische Führer Mussolini gestürzt, das war zugleich auch das Ende des faschistischen Regimes in Italien. Mussolini wurde auf die Bergfestung Gran Sasso D'Italia gebracht, wo er am 12. 9. von deutschen Fallschirmjägern unter dem Befehl von Otto Skorzeny herausgeholt wurde. Am gleichen Tag noch wurde er in Hitlers Hauptquartier nach Rastenburg in Ostpreußen geflogen.

Ich kann mich noch gut an die Bilder in den Wochenschauen erinnern, an die strahlenden Gesichter der Fallschirmjäger, deren Einsatz zur Befreiung Mussolinis als eine der größten Heldentaten gefeiert wurde. Skorzeny wurde der deutschen Jugend als Vorbild hingestellt.

Das Kinopublikum war gerührt: Seht, der Führer läßt seine Freunde nicht im Stich.

Meine Mutter, die mit mir im Kino war, sagte auf dem

Nachhauseweg: »Hitler wird genauso gestürzt werden. Aber hoffentlich befreit ihn dann keiner mehr!«

In meiner Heimat, im Fichtelgebirge, fielen keine Bomben, es gab kein Militär, hier war scheinbar die Welt noch in Ordnung. Wir feierten Feste mit Freunden und Mädchen, aber für die Mädchen waren wir nur dumme Jungen, weil wir keine Uniform trugen.

Mancher Schulkamerad, der das Glück hatte, bis zum Not-Abitur zu kommen, trauerte, weil er noch nicht in Uniform herumlaufen konnte. Es gab sogar Mädchen, die uns ganz offen als Feiglinge beschimpften, weil wir noch in der Heimat saßen.

Meine Mutter tröstete mich: »Mach dir nichts draus, von dummen Gänsen verspottet zu werden, ist immer noch besser als totgeschossen zu werden. Denk dran. Und vergiß nicht: Heul mit den Wölfen, aber nicht zu laut, das fällt auf. Jetzt heißt es einfach nur überleben.«

Die Alliierten landeten auf Sizilien. Der Sprung auf den europäischen Kontinent war geglückt.

In den deutschen Nachrichten hörte sich eine so weitreichende Unternehmung wie die einer Invasion eigentlich nur wie ein Betriebsunfall an, den man schleunigst bereinigen werde. Aber meine Mutter wußte es besser, da sie immer noch jeden Abend Radio London hörte.

Der Mann, der einmal erklärt hatte, daß nur wir Deutschen ein anständiges Verhältnis zum Tier entwickelt hätten, Heinrich Himmler, wurde am 24. August Reichsinnenminister und damit mächtigster Mann nach Hitler im deutschen Reich.

Seinem Rassenwahn waren keine Grenzen mehr gesetzt, die Vernichtungsmaschinerie lief auf Hochtouren, die Vergasungen fanden rund um die Uhr statt, die Öfen konnten die vielen Leichen nicht mehr verbrennen, und man warf sie einfach, wie in Treblinka, in große Gruben.

Augenzeugenberichte über Judenmassaker

a) In Rowno

Ich Hermann Friedrich Gräbe, erkläre unter Eid:
Von September 1941 bis Januar 1944 war ich Geschäftsführer und leitender Ingenieur einer Zweigstelle der Baufirma

Josef Jung, Solingen, mit Sitz in Sdolbunow, Ukraine. Als solcher hatte ich die Baustellen der Firma zu besuchen. Die Firma unterhielt u. a. eine Baustelle in Rowno, Ukraine.

In der Nacht vom 13. zum 14. Juli 1942 wurden in Rowno alle Insassen des Ghettos, in dem sich noch ungefähr 5000 Juden befanden, liquidiert.

Den Umstand, wie ich Zeuge der Auflösung des Ghettos wurde, die Durchführung der Aktion während der Nacht und am Morgen, schildere ich wie folgt: ...

Kurz nach 22.00 Uhr wurde das Ghetto durch ein großes SS-Aufgebot und einer etwa dreifachen Anzahl ukrainischer Miliz umstellt und daraufhin die im und um das Ghetto errichteten elektrischen Bogenlampen eingeschaltet. SS- und Miliztrupps von je 4 bis 6 Personen drangen nun in die Häuser ein oder versuchten einzudringen. Wo die Türen und Fenster verschlossen waren und die Hauseinwohner auf Rufen und Klopfen nicht öffneten, schlugen die SS- oder Milizleute die Fenster ein, brachen die Türen mit Balken und Brecheisen auf und drangen in die Wohnungen ein. Wie die Bewohner gingen und standen, ob sie bekleidet waren oder zu Bett lagen, so wurden sie auf die Straße getrieben. Da sich die Juden in den meisten Fällen weigerten und wehrten, aus den Wohnungen zu gehen, legten die SS- und Milizleute Gewalt an. Mit Peitschenschlägen, Fußtritten und Kolbenschlägen erreichten sie schließlich, daß die Wohnungen geräumt wurden. Das Austreiben aus den Häusern ging in einer derartigen Hast vor sich, daß die kleinen Kinder, die im Bett lagen, in einigen Fällen zurückgelassen wurden. Auf der Straße jammerten und schrien die Frauen nach ihren Kindern, Kinder nach ihren Eltern. Das hinderte die SS nicht, die Menschen nun im Laufschritt unter Schlägen über die Straßen zu jagen, bis sie zu dem bereitstehenden Güterzug gelangten. Waggon auf Waggon füllte sich, unaufhörlich ertönte das Geschrei der Frauen und Kinder, das Klatschen der Peitschen und die Gewehrschüsse. Da sich einzelne Familien oder Gruppen in besonders guten Häusern verbarrikadiert hatten und auch die Türen mittels Brecheisen und Balken nicht aufzubringen waren, sprengte man diese mit Handgranaten auf. Da das Ghetto dicht an dem Bahnkörper von Rowno lag, versuchten junge Leute über die Schienenstränge und durch einen kleinen Fluß aus dem Bereich des Ghettos zu entkommen. Da dieses Gelände außerhalb der elektrischen Beleuchtung lag, erhellte man dieses durch Leuchtraketen. Während der ganzen Nacht zogen über die erleuchteten Straßen die geprügelten, gejagten und verwundeten Menschen. Frauen trugen in ihren Armen tote Kinder, Kinder schleppten und schleiften an Armen und Beinen ihre toten Eltern über die Straßen zum Zuge. Immer wieder hallten durch das Ghettoviertel die Rufe »Aufmachen! Aufmachen!«

Ich entfernte mich gegen 6 Uhr früh für einen Augenblick und ließ Einsporn und einige andere deutsche Arbeiter, die inzwischen zurückgekommen waren, zurück. Da nach meiner Ansicht die größte Gefahr vorbei war, glaubte ich, dieses wagen zu können. Kurz nach meinem Weggang drangen ukrainische Milizleute in das Haus Bahnhofstraße 5 ein und holten 7 Juden heraus und brachten sie zu einem Sammelplatz innerhalb des Ghettos. Bei meiner Rückkehr konnte ich ein weiteres Herausholen von Juden aus diesem Hause verhindern. Um die 7 Leute zu retten, ging ich zum Sammelplatz. Auf den Straßen, die ich passieren mußte, sah ich Dutzende von Leichen jeden Alters und beiderlei Geschlechts. Die Türen der Häuser standen offen, Fenster waren eingeschlagen. In den Straßen lagen einzelne Kleidungsstücke, Schuhe, Strümpfe, Jacken, Mützen, Hüte, Mäntel usw. An einer Hausecke lag ein kleines Kind von weniger als einem Jahr mit zertrümmertem Schädel. Blut und Gehirnmasse klebte an der Hauswand und bedeckte die nähere Umgebung des Kindes. Das Kind hatte nur ein Hemdchen an . . .

b) Bei Dubno

. . . [5. Oktober 1942] Die von den Lastwagen abgestiegenen Menschen, Männer, Frauen und Kinder jeden Alters, mußten sich auf Aufforderung eines SS-Mannes, der in der Hand eine Reit- oder Hundepeitsche hielt, ausziehen und ihre Kleider nach Schuhen, Ober- und Unterkleidern getrennt an bestimmten Stellen ablegen. Ich sah einen Schuhhaufen von schätzungsweise 800 bis 1000 Paar Schuhen, große Stapel mit Wäsche und Kleidern. Ohne Geschrei oder Weinen zogen sich diese Menschen aus, standen in Familiengruppen beisammen, küßten und verabschiedeten sich und warteten auf den Wink eines anderen SS-Mannes, der an der Grube stand und ebenfalls eine Peitsche in der Hand hielt. Ich habe während einer Viertelstunde, als ich bei den Gruben stand, keine Klagen oder Bitten um Schonung gehört. Ich beobachtete eine Familie von etwa acht Personen, einen Mann und eine Frau, beide von ungefähr 50 Jahren, mit deren Kindern, so ungefähr 1-, 8- und 10jährig, sowie zwei erwachsene Töchter von 20 bis 24 Jahren. Eine alte Frau mit schneeweißem Haar hielt das einjährige Kind auf dem Arm und sang ihm

etwas vor und kitzelte es. Das Kind quietschte vor Vergnügen.
Das Ehepaar schaute mit Tränen in den Augen zu. Der Vater
hielt an der Hand einen Jungen von etwa 10 Jahren, sprach
leise auf ihn ein. Der Junge kämpfte mit den Tränen. Der
Vater zeigte mit dem Finger zum Himmel, streichelte ihn über
den Kopf und schien ihm etwas zu erklären. Da rief schon der
SS-Mann an der Grube seinem Kameraden etwas zu. Dieser
teilte ungefähr 20 Personen ab und wies sie an, hinter den
Erdhügel zu gehen. Die Familie, von der ich hier sprach, war
dabei. Ich entsinne mich noch genau, wie ein Mädchen,
schwarzhaarig und schlank, als sie nahe an mir vorbeiging,
mit der Hand an sich herunterzeigte und sagte: »23 Jahre!«
Ich ging um den Erdhügel herum und stand vor dem riesigen
Grab. Dicht aneinandergepreßt lagen die Menschen so aufeinander, daß nur die Köpfe zu sehen waren. Von fast allen
Köpfen rann Blut über die Schultern. Ein Teil der Erschossenen bewegte sich noch. Einige hoben ihre Arme und drehten
den Kopf, um zu zeigen, daß sie noch lebten. Die Grube war
bereits dreiviertel voll. Nach meiner Schätzung lagen darin
bereits ungefähr 1000 Menschen. Ich schaute mich nach dem
Schützen um. Dieser, ein SS-Mann, saß am Rand der
Schmalseite der Grube auf dem Erdboden, ließ die Beine in
die Grube herabhängen, hatte auf seinen Knien eine Maschinenpistole liegen und rauchte eine Zigarette. Die vollständig
nackten Menschen gingen an einer Treppe, die in die Lehm-
wand der Grube gegraben war, hinab, rutschten über die
Köpfe der Liegenden hinweg bis zu der Stelle, die der
SS-Mann anwies. Sie legten sich vor die toten oder ange-
schossenen Menschen, einige streichelten die noch lebenden
und sprachen leise auf sie ein. Dann hörte ich eine Reihe
Schüsse. Ich schaute in die Grube und sah, wie die Körper
zuckten oder die Köpfe schon still auf den vor ihnen liegenden
Körpern lagen. Von den Nacken rann Blut. Ich wunderte mich,
daß ich nicht fortgewiesen wurde, aber ich sah, wie auch zwei
oder drei Postbeamte in Uniform in der Nähe standen. Schon
kam die nächste Gruppe heran, stieg in die Grube hinab,
reihte sich an die vorherigen Opfer an und wurde erschossen.
Als ich um den Erdhügel zurückging, bemerkte ich wieder
einen soeben angekommenen Transport von Menschen.
Diesmal waren Kranke und Gebrechliche dabei. Eine alte,
sehr magere Frau mit fürchterlich dünnen Beinen wurde von
einigen anderen, schon nackten Menschen ausgezogen,
während zwei Personen sie stützten. Die Frau war anscheinend gelähmt. Die nackten Menschen trugen die Frau um den
Erdhügel herum. Ich entfernte mich mit Moennikes und fuhr

mit dem Auto nach Dubno zurück.

Am Morgen des nächsten Tages, als ich wiederum die Baustelle besuchte, sah ich etwa 30 nackte Menschen in der Nähe der Grube, 30 bis 50 Meter von dieser entfernt, liegen. Einige lebten noch, sahen mit stierem Blick vor sich hin und schienen weder die Morgenkälte noch die darumstehenden Arbeiter meiner Firma zu beachten. Ein Mädchen von etwa 20 Jahren sprach mich an und bat um Kleider und um Hilfe zur Flucht. – Da vernahmen wir auch schon das Herannahen eines schnellfahrenden Autos, und ich bemerkte, daß es ein SS-Kommando war. Ich entfernte mich zu meiner Baustelle. Zehn Minuten später hörten wir einige Schüsse aus der Nähe der Grube. Man hatte die Leichen durch die noch lebenden Juden in die Grube werfen lassen, sie selbst mußten sich daraufhin in diese legen, um den Genickschuß zu erhalten.

Ich mache die vorstehenden Angaben in Wiesbaden, Deutschland, am 10. November 1945. Ich schwöre bei Gott, daß dies die reine Wahrheit ist.

Fried Gräbe

Augenzeugenberichte über Massenvergasungen

a) Aus dem Gerstein-Bericht

. . . Am anderen Tage fuhren wir nach Belcec. Ein kleiner Spezialbahnhof war zu diesem Zweck an einem Hügel hart nördlich der Chaussee Lublin-Lemberg im linken Winkel der Demarkationslinie geschaffen worden. Südlich der Chaussee einige Häuser mit der Inschrift »Sonderkommando Belcec der Waffen-SS«. Da der eigentliche Chef der gesamten Tötungsanlagen, der Polizeihauptmann Wirth, noch nicht da war, stellte Globocnek mich dem SS-Hauptsturmführer Obermeyer (aus Pirmasens) vor. Dieser ließ mich an jenem Nachmittag nur das sehen, was er mir eben zeigen mußte. Ich sah an diesem Tage keine Toten, nur der Geruch der ganzen Gegend im heißen August war pestilenzartig, und Millionen von Fliegen waren überall zugegen. – Dicht bei dem kleinen zweigleisigen Bahnhof war eine große Baracke, die sogenannte Garderobe, mit einem großen Wertsachenschalter. Dann folgte ein Zimmer mit etwa 100 Stühlen, der Friseurraum. Dann eine kleine Allee im Freien unter Birken, rechts und links von doppeltem Stacheldraht umsäumt, mit Inschriften: Zu den Inhalier- und Baderäumen! – Vor uns eine Art Badehaus mit Geranien, dann ein Treppchen, und dann rechts und links je drei Räume 5 mal 5 Meter, 1,90 Meter hoch, mit Holztüren wie Garagen. An der Rückwand, in der Dunkelheit nicht recht sichtbar, große hölzerne Rampentüren. Auf dem Dach als »sinniger kleiner Scherz« der Davidstern!! – Vor dem Bauwerk eine Inschrift: Heckenholt-Stiftung! – Mehr habe ich an jenem Nachmittag nicht sehen können.

Am anderen Morgen um kurz vor sieben Uhr kündigt man mir an: In zehn Minuten kommt der erste Transport! Tatsächlich kam nach einigen Minuten der erste Zug von Lemberg aus an. 45 Waggons mit 6700 Menschen, von denen 1450 schon tot waren bei ihrer Ankunft. Hinter den vergitterten Luken schauten, entsetzlich bleich und ängstlich, Kinder durch, die Augen voll Todesangst, ferner Männer und Frauen. Der Zug fährt ein: 200 Ukrainer reißen die Türen auf und peitschen die Leute mit ihren Lederpeitschen aus den Waggons heraus. Ein großer Lautsprecher gibt die weiteren Anweisungen: Sich ganz ausziehen, auch Prothesen, Brillen usw. Die Wertsachen am Schalter abgeben, ohne Bons oder Quittung. Die Schuhe sorgfältig zusammenbinden (wegen der Spinnstoffsammlung), denn in dem Haufen von reichlich 25 Meter Höhe hätte sonst niemand die zugehörigen Schuhe wieder zusammenfinden können. Dann die Frauen und Mädchen zum Friseur, der mit zwei, drei Scherenschlägen die ganzen Haare abschneidet und sie in Kartoffelsäcken verschwinden läßt. »Das ist für irgendwelche Spezialzwecke für die U-Boote bestimmt, für Dichtungen oder dergleichen!« sagt mir der SS-Unterscharführer, der dort Dienst tut. –

Dann setzt sich der Zug in Bewegung. Voran ein bildhübsches junges Mädchen, so gehen sie die Allee entlang, alle nackt, Männer, Frauen, Kinder, ohne Prothesen. Ich selbst stehe mit dem Hauptmann Wirth oben auf der Rampe zwischen den Kammern. Mütter mit ihren Säuglingen an der Brust, sie kommen herauf, zögern, treten ein in die Todeskammern! – An der Ecke steht ein starker SS-Mann, der mit pastoraler Stimme zu den Armen sagt: Es passiert Euch nicht das geringste! Ihr müßt nur in den Kammern tief Atem holen, das weitet die Lungen, diese Inhalation ist notwendig wegen der Krankheiten und Seuchen. Auf die Frage, was mit ihnen geschehen würde, antwortete er: Ja, natürlich, die Männer müssen arbeiten, Häuser und Chausseen bauen, aber die Frauen brauchen nicht zu arbeiten. Nur wenn sie wollen, können sie im Haushalt oder in der Küche mithelfen. – Für einige von diesen Armen ein kleiner Hoffnungsschimmer, der ausreicht, daß sie ohne Widerstand die paar Schritte zu den Kammern gehen – die Mehrzahl weiß Bescheid, der Geruch kündet ihnen ihr Los! – So steigen sie die kleine Treppe herauf, und dann sehen sie alles. Mütter mit den Kindern an der Brust, kleine nackte Kinder, Erwachsene, Männer und Frauen, alle nackt – sie zögern, aber sie treten in die Todeskammern, von den anderen hinter ihnen vorgetrieben oder von den Lederpeitschen der SS getrieben. Die Mehrzahl, ohne ein Wort zu sagen. Eine Jüdin von etwa 40 Jahren mit flammenden Augen ruft das Blut, das hier vergossen wird, über die Mörder. Sie erhält fünf oder sechs Schläge mit der Reitpeitsche ins Gesicht, vom Hauptmann Wirth persönlich, dann verschwindet auch sie in der Kammer. – Viele Menschen beten. Ich bete mit ihnen, ich drücke mich in eine Ecke und schreie laut zu meinem und ihrem Gott. Wie gern wäre ich mit ihnen in die Kammern gegangen, wie gern wäre ich ihren Tod mitgestorben. Sie hätten dann einen uniformierten SS-Offizier in ihren Kammern gefunden – die Sache wäre als Unglücksfall aufgefaßt und behandelt worden und sang- und klanglos verschollen. Noch also darf ich nicht, ich muß noch zuvor künden, was ich hier erlebe! – Die Kammern füllen sich. Gut vollpacken – so hat es der Hauptmann Wirth befohlen. Die Menschen stehen einander auf den Füßen. 700 bis 800 auf 25 Quadratmetern, in 45 Kubikmetern! Die SS zwängt sie physisch zusammen, soweit es überhaupt geht. – Die Türen schließen sich. Währenddessen warten die andern draußen im Freien, nackt. Man sagt mir: Auch im Winter genauso! Ja, aber die können sich ja den Tod holen! sage ich. – Ja, grad for das sinn se ja doh! – sagt mir ein SS-Mann darauf in seinem Platt. – Jetzt endlich verstehe ich auch, warum die ganze Einrichtung Heckenholt-Stiftung heißt. Heckenholt ist der Chauffeur des Dieselmotors, ein kleiner Techniker, gleichzeitig der Erbauer der Anlage. Mit den Dieselauspuffgasen sollen die Menschen zu Tode gebracht werden. Aber der Diesel funktioniert nicht! Der Hauptmann Wirth kommt. Man sieht, es ist ihm peinlich, daß das gerade heute passieren muß, wo ich hier bin. Jawohl, ich sehe alles! Und ich warte. Meine Stoppuhr hat alles brav registriert. 50 Minuten, 70 Minuten – der Diesel springt nicht an! Die Menschen warten in ihren Gaskammern. Vergeblich. Man hört sie weinen, schluchzen. ... Der Hauptmann Wirth schlägt mit seiner Reitpeitsche dem Ukrainer, der dem Unterscharführer Heckenholt beim Diesel helfen soll, zwölf-, dreizehnmal ins Gesicht. Nach 2 Stunden 49 Minuten – die Stoppuhr hat alles wohl registriert – springt der Diesel an. Bis zu diesem Augenblick leben die Menschen in diesen vier Kammern, viermal 750 Menschen in viermal 45 Kubikmetern! – Von neuem verstreichen 25 Minuten. Richtig, viele sind jetzt tot. Man sieht das durch das kleine Fensterchen, in dem das elektrische Licht die Kammern einen Augenblick beleuchtet. Nach 28 Minuten leben nur noch wenige. Endlich, nach 32 Minuten ist alles tot! – –

Von der anderen Seite öffnen Männer vom Arbeitskommando die Holztür. Man hat ihnen – selbst Juden – die Freiheit versprochen und einen gewissen Promillesatz von allen gefundenen Werten für ihren schrecklichen Dienst. Wie Basaltsäulen stehen die Toten aufrecht aneinander gepreßt in den Kammern. Es wäre auch kein Platz, hinzufallen oder auch nur sich vornüber zu neigen. Selbst im Tode noch kennt man die Familien. Sie drücken sich, im Tode verkrampft, noch die Hände, so daß man Mühe hat, sie auseinanderzureißen, um die Kammern für die nächste Charge freizumachen. Man wirft die Leichen, – naß von Schweiß und Urin, kotbeschmutzt, Menstruationsblut an den Beinen heraus. Kinderleichen fliegen durch die Luft. Man hat keine Zeit, die Reitpeitschen der Ukrainer sausen auf die Arbeitskommandos. Zwei Dutzend Zahnärzte öffnen mit Haken den Mund und sehen nach Gold. Gold links, ohne Gold rechts. Andere Zahnärzte brechen mit Zangen und Hämmern die Goldzähne und Kronen aus den Kiefern. –

Unter allen springt der Hauptmann Wirth herum. Er ist in seinem Element. – Einige Arbeiter kontrollieren Genitalien und After nach Gold, Brillanten und Wertsachen. Wirth ruft mich heran: Heben Sie mal diese Konservenbüchse mit Goldzähnen, das ist nur von gestern und vorgestern! In einer unglaublich gewöhnlichen und falschen Sprechweise sagte er zu mir: Sie glauben gar nicht, was wir jeden Tag finden an Gold und Brillanten – er sprach es mit zwei L – und Dollar. Aber schauen Sie selbst! Und nun führte er mich zu einem Juwelier, der alle diese Schätze zu verwalten hatte, und ließ mich dies alles sehen. Man zeigte mir dann noch einen früheren Chef des Kaufhauses des Westens in Berlin und einen Geiger: Das ist ein Hauptmann von der alten Kaiserlich-Königlich österreichischen Armee, Ritter des Eisernen Kreuzes I. Klasse, der jetzt Lagerältester beim jüdischen Arbeitskommando ist! – Die nackten Leichen wurden auf Holztragen nur wenige Meter weit in Gruben von 100 mal 20 mal 12 Meter geschleppt. Nach einigen Tagen gärten die Leichen hoch und fielen alsdann kurze Zeit später stark zusammen, so daß man eine neue Schicht auf dieselben draufwerfen konnte. Dann wurde zehn Zentimeter Sand darüber gestreut, so daß nur noch vereinzelte Köpfe und Arme herausragten. – Ich sah an einer solchen Stelle Juden in den Gräbern auf den Leichen herumklettern und arbeiten. Man sagte mir, daß versehentlich die tot Angekommenen eines Transportes nicht entkleidet worden seien. Dies müsse natürlich wegen der Spinnstoffe und Wertsachen, die sie sonst mit ins Grab nähmen, nachgeholt werden. – Weder in Belcec noch in Treblinka hat man sich irgendeine Mühe gegeben, die Getöteten zu registrieren oder zu zählen. Die Zahlen waren nur Schätzungen nach dem Waggoninhalt . . . – Der Hauptmann Wirth bat mich, in Berlin keine Änderungen seiner Anlagen vorzuschlagen und alles so zu lassen, wie es wäre und sich bestens eingespielt und bewährt habe . . .

Alle meine Angaben sind wörtlich wahr. Ich bin mir der außerordentlichen Tragweite dieser meiner Aufzeichnungen vor Gott und der gesamten Menschheit voll bewußt und nehme es auf meinen Eid, daß nichts von allem, was ich registriert habe, erdichtet oder erfunden ist, sondern alles sich genauso verhält . . .

b) Die Gasautos

Die Menschen, die in den Gaskammern von Auschwitz umkamen, haben einen schnelleren Tod erlitten als diejenigen, die in den Gasautos von Minsk umgebracht wurden, denn die Leichen der Toten von Auschwitz waren ohne entstellende Merkmale. Der millionenfache Mörder des Todeslagers Auschwitz, Rudolf Höß, hat in seinem Prozeß in Nürnberg ausgesagt, bei seinen Opfern sei der Tod nach acht Minuten eingetreten.

Und wie war es in Minsk?

Sobald ein neuer Transportzug eingelaufen war, konnten die Insassen ihn ruhig und ungestört verlassen. Zu ihrer größten Verwunderung wurden sie weder angeschrien noch gehetzt. Dann wurden sie mit Lastkraftwagen zu einer etwa vierzehn Kilometer entfernten Wiese gefahren, wo verhältnismäßig gut aussehende »Wohnwagen« bereitstanden.

Sobald alle Transportteilnehmer versammelt waren, hielt ein SS-Offizier eine Ansprache, die etwa folgenden Wortlaut hatte:

»Ihr seid hierher gebracht worden, weil wir zu Euch mehr Vertrauen haben als zu den Russen. Ihr werdet auf unsere SS-Güter gefahren, um dort zu arbeiten. Ihr verbleibt dort bis zum Kriegsende, dann werden wir weitersehen. Ihr könnt unbesorgt sein, es geschieht Euch nichts. Ihr habt nichts zu befürchten. Sind Spezialarbeiter unter Euch, insbesondere

Radiotechniker? – die benötigen wir hier.«

Dann wurden junge, kräftig aussehende Männer herausge-
sucht und beiseite gestellt – insgesamt vierzig Männer von
tausend Männern, Frauen und Kindern, vierzig von tausend!
Die übrigen mußten die als Wohnwagen getarnten Lastwagen
besteigen. Von weitem sahen diese Wagen wirklich wie
Wohnwagen aus. Sie hatten aufgemalte Fenster, Gardinen,
Fensterläden sowie einen Schornstein. Als ich diesen
Schornstein zum ersten Male sah, fiel mir auf, daß er neu
lackiert war und im Gegensatz zu dem Wagen keine Ge-
brauchsmerkmale aufwies. Und dann lernte ich die grausige
Wirklichkeit kennen.

Wenn der Wagen so voller Menschen war, daß niemand mehr
hineinging, wurden die eisernen Türen zugeschlagen, und
dann, ja dann wurde der Motor angelassen, und das Auspuff-
rohr brachte das tödliche Gas in das Innere des Wagens.

Da die Chauffeure, um schneller mit ihrer grausigen Arbeit
fertig zu werden, den Motor auf höchsten Touren laufen ließen
– vielleicht wollten sie auch nicht das Schreien der Unglückli-
chen hören – drang weniger Gas in das Wageninnere als
vorgesehen war, so daß die Menschen in den Wagen nicht
vergast wurden, sondern erstickten. Ihr Todeskampf muß
furchtbar gewesen sein, denn die Leichen wiesen ausnahms-
los Spuren von Blut auf, das ihnen aus Augen, Ohren, Nase
und Mund gedrungen war.

Ich habe lange Zeit nicht verstanden, warum der SS-Offizier
vorher solch eine beruhigende Ansprache an die Todeskandi-
daten richtete. Das Geheimnis wurde mir erst offenbar, als ich
aus einer Meldung des SS-Arztes, SS-Untersturmführer Bek-
ker, entnahm, daß eine Beunruhigung der Schlachtopfer »tun-
lichst zu vermeiden sei«, damit der Tod schneller eintreten
könne. Also nicht aus Mitgefühl hielt man die Ansprache,
sondern um den Tod schneller herbeizuführen – um schnelle-
re Arbeit leisten zu können ...

Auch in »normalen« Konzentrationslagern, wie etwa in Buchenwald oder Dachau, die nicht als Vernichtungslager, sondern als Arbeitslager bezeichnet wurden, brannten die Öfen
Tag und Nacht.

In den Konzentrationslagern wurde nicht nur menschliches
Leben vernichtet. Die dort eingesperrten Häftlinge wurden in
SS-eigenen Betrieben auf das unmenschlichste ausgebeutet.
Fast alle Betriebe des SS-Konzerns »Deutsche Wirtschaftsbe-
triebe« waren an Konzentrationslager angeschlossen, in denen

die Häftlinge zur Sklavenarbeit gezwungen wurden. Die unvorstellbare Brutalität der SS wird in folgender »Rentabilitätsrechnung« deutlich, die von zynischen Bürokraten für lebende und tote Häftlinge des Konzentrationslagers Sachsenhausen aufgestellt wurde.

Täglicher Verleihlohn eines Häftlings
durchschnittlich   6,– RM
    abzüglich Ernährung   –,60 RM
    abzüglich Bekleidungs-
    Amortisation   –,10 RM   –,70 RM
durchschnittliche Lebensdauer
9 Monate   = 270 × 5,30 RM =   1431,– RM

Die Einnahmen, die eine Häftlingsleiche ihnen brachte, wurden in schamloser Weise so aufgerechnet:

1. Zahngold
2. Kleidung
3. Wertsachen
4. Geld
abzüglich Verbrennungskosten   2,– RM
durchschnittlicher Nettogewinn   200,– RM
Gesamtgewinn nach 9 Monaten   1631,– RM
zuzüglich ein weiterer Erlös aus den Knochen
und der Aschenverwertung

Wohl wußten die Menschen in meiner Umgebung, daß es Konzentrationslager gab, aber was dort wirklich geschah, und von den Vernichtungslagern wußten sie mit Bestimmtheit nichts. Diese befanden sich ja auch weit weg in Polen, in Gebieten, zu denen nur »Auserwählte« Zutritt hatten.
In diesem Jahr kehrte ein früherer Lehrer von mir nach Hause zurück. Obwohl er an Krücken ging, weil er sein rechtes Bein verloren hatte, hinkte er dennoch stolz in seiner Uniform durch die Stadt.
Einmal kam er mir auf der Hauptstraße entgegen, als ich vom Büro nach Hause kam. Er sah mich erstaunt an, ungläubig, hob den Arm zum Hitlergruß und sagte laut: »Heil Hitler!«
Ich erwiderte: »Grüß Gott, Herr Lehrer.«
»Nanu, von der Grün, immer noch Drückeberger in der Heimat?«
»Immer noch«, sagte ich, »aber nicht weil ich ein Drückeber-

ger bin, sondern weil ich erst 17 Jahre alt bin.«
Und dann sagte er etwas, worüber meine Mutter, der ich diese
Begegnung erzählte, in schallendes Gelächter ausbrach:
»Denk dran, von der Grün, jeder Tag ist ein Verlust für dich,
an dem du nicht für den Führer kämpfen darfst!«
Mein Gott, und solche Menschen hatten uns einmal unterrichtet! Ja, es gab Menschen, denen hatte man beide Beine
abgeschossen und dennoch hatten sie nichts begriffen. Es gibt
heute noch Menschen in der Bundesrepublik, die nicht begreifen wollen, und die alles leugnen, was geschehen ist, sogar die
Konzentrationslager und die Massenvernichtung von Millionen Menschen. Für sie sind das immer noch, wie Goebbels
sagte, »Greuelmärchen«. Wie diese Menschen es wagen können, zahllose Dokumente einfach vom Tisch zu wischen,
bleibt ein Rätsel.

Der König von Italien, der nach dem Sturz Mussolinis den
Befehl über die italienischen Truppen übernommen und eine
neue Regierung gebildet hatte, erklärte Deutschland den
Krieg. Das war am 13. Oktober, genau an dem Tag, an dem
ich zum Reichsarbeitsdienst eingezogen wurde; inzwischen
war ich siebzehneinhalb Jahre alt. Wenige Tage vorher hatte
ich, obwohl meine drei Jahre noch nicht abgelaufen waren,
meine Kaufmannsgehilfenprüfung abgelegt.
Wer fragte damals schon nach Einhaltung der gesetzlich vor-
geschriebenen Ausbildungszeit. Soldaten waren wichtiger.
Ich mußte nach Niederbayern, und meine Mutter begleitete
mich zum Bahnhof. Sie weinte nicht, sie war ganz ruhig. Sie
sprach auch nicht, und das wiederum war kein gutes Zeichen.
Als ich in den Zug nach Straubing stieg, mit einem kleinen
Koffer, in dem meine wenigen Habseligkeiten waren,
umarmte sie mich. Ich erschrak, denn Zärtlichkeiten, noch
dazu in der Öffentlichkeit, hatte es bei uns nie gegeben. Man
zeigte seine Gefühle nicht, das war etwas für Schauspieler im
Kino.
Sie flüsterte mir ins Ohr: »Mach deine Sache gut, so, wie ich
es dir immer gepredigt habe. Sieh zu, daß du nicht auffällst.
Dräng dich zu nichts.«
Beim Arbeitsdienst, keiner war älter als achtzehn Jahre, lern-
ten wir marschieren und mit dem Spaten salutieren. Der
Spaten war das Gewehr des Arbeitsmannes. Wir marschierten

fröhlich singend durch die niederbayrische Landschaft, und halfen den Bauern auf den Feldern, soweit das zu dieser Jahreszeit noch notwendig war. Wir hoben Gräben für Luftschutzunterstände aus und durften Krieg spielen und vor Vorgesetzten stramm stehen, die uns jeden Tag »klägliche Pfeifen« nannten. Wir lernten »Disziplin«, der im Militärjargon einfach Drill hieß.

Doch trotz der Warnung meiner Mutter fiel ich auf, und zwar durch meine sportlichen Leistungen, und bei Kameradschaftsabenden mit meinen Geschichts- und Literaturkenntnissen. Diese paßten nicht in das Bild unserer Arbeitsdienstführer.

Eines Tages, nach dem Abendappell nahm mich ein Arbeitsdienstführer beiseite und sagte mir, er sei aufgefordert, Leute zu nennen, die Lust hätten, sich freiwillig für die Fallschirmjägertruppe zu melden. Er wolle mich vorschlagen.

Mich freiwillig zu einer militärischen Einheit zu melden, das war nun das letzte, das ich wollte. Ich bat mir Bedenkzeit aus, denn für das kommende Wochenende hatte sich meine Mutter nach sieben Wochen erstmals zu Besuch angesagt.

Sie brachte einen Koffer voller Lebensmittel mit. Eier, Schinken, Kuchen und Leckereien, die damals auf ehrlichem Weg nicht mehr zu haben waren. Weil sie nicht ins Lager durfte, genehmigte man mir einen Tag Urlaub und wir trafen uns in einem Wirtshaus.

Ich erzählte ihr sogleich, während ich wie ein Verhungernder alles in mich hineinstopfte, was der Arbeitsdienstführer mir vorgeschlagen hatte. Aber sie war darüber weder empört noch mißtrauisch. Sie lächelte nur, und dann sagte sie etwas, das mich so überraschte, daß ich aufhörte zu essen:

»Du hast Glück gehabt. Melde dich freiwillig. Du kommst dann zu einer Spezialeinheit, und dort wird man länger ausgebildet. Wenn du dann bei diesem Haufen bist, melde dich für jeden Sonderkursus, der dir angeboten wird. Du bist doch nicht dumm, du hast doch was im Kopf. Aber dräng dich nicht dazu, das fällt auf und man erreicht oft nur das Gegenteil. Solange du ausgebildet wirst, solange brauchst du nicht zu schießen, und andere schießen nicht auf dich. Der Krieg dauert nicht mehr lange, die Amerikaner marschieren jetzt schon schneller.«

Das leuchtete mir ein. Ich habe diesen Rat beherzigt, bis der Krieg zu Ende war.

Je schneller das »Tausendjährige Reich« zerfiel, desto brutaler wurde der Terror im Reich und in den besetzten Ländern.

Von April bis Juni überrollte eine neue Verhaftungswelle Europa, 176 670 Personen wurden verhaftet oder verschleppt, davon mehr als 20 000 Deutsche. Am schlimmsten traf es die Balkanländer, wo alle Juden aufgegriffen und in die Vernichtungslager nach Polen transportiert wurden.

Ein Blutrausch hatte die Nazis erfaßt, so, als ob das Morden und das Abschlachten von wehrlosen Menschen den Zerfall des Reiches hätte aufhalten können.

Am 6. Juni landeten die Alliierten in Nordfrankreich. Die größte militärische Invasion der Kriegsgeschichte hatte begonnen. Der von Goebbels so großsprecherisch gepriesene »Atlantikwall« brach schon wenige Stunden nach der Landung der Amerikaner und Engländer auseinander. Die deutschen Verluste betrugen, einschließlich der Verwundeten, Verletzten und in Gefangenschaft geratenen 400 000 Mann.

Es war nur logisch, daß jetzt die Partisanentätigkeit zunahm. In Rußland, wie auch in Jugoslawien unter Marschall Tito waren die Partisanen schon reguläre militärische Verbände geworden. Dort, wie auch in Frankreich, fühlten sich die deutschen Truppen hinter der Front nicht mehr sicher.

Immer härtere Maßnahmen wurden sowohl von der deutschen Armee als auch von der SS gegen Partisanen angewendet. Generalfeldmarschall Hugo Sperrle, Oberbefehlshaber West gab folgenden Befehl heraus:

[. . .]

2.) Hierzu befehle ich:

A. Jeder Soldat, der sich ohne Schußwaffe außerhalb seiner militärisch gesicherten Unterkunft bewegt, ist ohne Rücksicht auf irgendwelche mildernden Umstände zu bestrafen. Wer keine Pistole hat, trägt Gewehr oder Karabiner. Wer beides nicht hat, trägt Maschinenpistole.

B. Wird eine Truppe in irgendeiner Form überfallen, sei es auf dem Marsch, in einer Unterkunft oder ähnliches, so ist der Führer verpflichtet, sofort von sich aus selbständige Gegenmaßnahmen zu treffen.

Dazu gehören:

a) Es wird sofort geschossen!

Wenn dabei Unschuldige mitgetroffen werden, so ist das bedauerlich, aber ausschließlich Schuld der Terroristen.

b) Sofortige Absperrung der Umgebung des Tatortes und Festsetzung sämtlicher in der Näher befindlicher Zivilisten ohne Unterschied des Standes und der Person.

c) Sofortiges Niederbrennen der Häuser, aus denen geschossen worden ist.

Erst nach diesen oder ähnlichen Sofortmaßnahmen kommt die Meldung an die Dienststellen des Militärbefehlshabers und des SD, die die Weiterverfolgung in gleich scharfer Weise fortzusetzen haben [. . .]

Bei der Beurteilung des Eingreifens tatkräftiger Truppenführer ist die Entschlossenheit und Schnelligkeit ihres Handelns unter allen Umständen an die erste Stelle zu setzen. Schwer bestraft werden muß nur der schlappe und unentschlossene Truppenführer, weil er dadurch die Sicherheit seiner unterstellten Truppe und den Respekt vor der deutschen Wehrmacht gefährdet. Zu scharfe Maßnahmen können angesichts der derzeitigen Lage kein Grund zur Bestrafung sein. [. . .]

Den Rat meiner Mutter hatte ich beherzigt, ich meldete mich freiwillig zu den Fallschirmjägern. Deswegen wurde ich auch frühzeitig vom Arbeitsdienst entlassen, war dann drei Tage zu Hause und rückte, dem Gestellungsbefehl zufolge, in eine Kaserne nach Gardelegen bei Magdeburg ein.

Meine Ausbildung verlief nach Plan: Infanterieausbildung, Fallschirmspringerausbildung, und dann hätte ich eigentlich, wie meine Kameraden auch, schon bei einer Fronteinheit eingesetzt werden können. Doch da kam eines abends ein Hauptmann auf unsere Stube und fragte mich, wobei alle Zimmergenossen in Ehrfurcht erstarrten, ob ich Funker werden wolle.

Ich weiß bis heute nicht, warum er ausgerechnet auf mich gekommen ist. Vielleicht weil ich der einzige war, der wie er klassische Musik hörte. Ich bestand den Test und eine Woche später begann meine Ausbildung.

Ich wurde von Gardelegen nach Köln-Ostheim verlegt. Während der Ausbildung zum Funker ergab sich, daß ich Talent zum Ver- und Entschlüsseln von Funksprüchen hatte.

Gefunkt wurde ja nicht, wie es in der Fachsprache heißt, im Klartext, denn dann wußte der Gegner, der den Funkspruch abhörte, was auf der anderen Seite vorging. Also wurde täglich ein Code ausgegeben, nach welchem der Klartext verschlüsselt werden mußte. Empfangene Funksprüche mußten dann logischerweise wieder entschlüsselt werden, und das mußte selbstverständlich schnell vor sich gehen, da nicht nur Minuten, sondern sogar Sekunden lebenswichtig waren.

Diese Spezialausbildung brachte mir wieder einen Aufschub. In Köln habe ich dann jede Nacht feindliche Flugzeuge gehört, die in das Reich einflogen. Bei Bombenangriffen mußten wir Soldaten die Frauen und Kinder betreuen, und sie in Luftschutzbunker oder in notdürftig dafür hergerichtete Splittergräben bringen. Die Frauen waren oft zum Umfallen müde, denn tagsüber arbeiteten die meisten in den Rüstungsfabriken. Die Kinder schliefen auf unseren Armen weiter. Sie wußten oft nicht einmal, was um sie herum passierte.

Bevor die feindlichen Flugzeuge ihre Bomben abwarfen, fielen erst die »Christbäume«. Das waren Leuchtkörper, gebündelte Leuchtkugeln, die die Nacht zum Tag machten, denn alle Städte waren seit Jahren so abgedunkelt, daß kaum ein Pilot bei Nacht ein Ziel hätte finden können.

Eines Nachts, als wir nach der Entwarnung aus dem Bunker wieder ins Freie traten, stand unser Barackenlager nicht mehr. Wenig später wurden wir, etwa hundertzwanzig junge Männer, in einen Zug verladen und nach Südfrankreich transportiert. Am Rande der Stadt Angoulême wurde unsere Ausbildung fortgesetzt. Dort erhielt ich Einblick in eine andere Nazi-Wirklichkeit.

Zur Abschreckung wurde die gesamte Kompanie zu einer Kriegsgerichtsverhandlung geführt. Angeklagt war ein junger Mann, der etwa in meinem Alter war. Er hatte nach Hause geschrieben, daß die Verpflegung schlecht sei, die Vorgesetzten brutal und der Krieg sinnlos. Sein Brief war abgefangen und geöffnet worden. Jeder von uns hätte einen Brief solchen Inhalts schreiben können, denn es war schließlich die Wahrheit.

Er wurde wegen Wehrkraftzersetzung zum Tode verurteilt. Ich dachte damals, alles sei nur inszeniert worden, um uns einzuschüchtern und nahm die Verhandlung nicht weiter ernst. Aber am nächsten Tag erzählte mir mein Zugführer, mit dem ich am Funkgerät zusammen Dienst tat, daß das Urteil noch an demselben Tag vollstreckt worden war.

Mein Gott, dachte ich, als ich diese schreckliche Nachricht

hörte, warum hatte er nicht eine Mutter wie ich, die mir eingehämmert hatte: Schreibe immer Gutes. Wenn es dir gut geht, dann schreibe, es geht mir gut, wenn es dir schlecht geht, dann schreibe, es geht mir sehr gut.

Briefe in die Heimat wurden oft geöffnet und gelesen, um »Staatsfeinden« auf die Spur zu kommen oder auch nur deshalb, um sich über die Stimmung in der Truppe zu informieren.

Als meine Ausbildung abgeschlossen war, wurde ich mit meinen Kameraden in einen Viehwagen gesteckt und in die Bretagne verfrachtet, wohin die Alliierten bereits vorgedrungen waren. Man teilte mich einer Funkstation zu, einem mobilen Funkwagen, der in einem Wäldchen in der Nähe der Stadt Quimper stationiert war.

Es muß Anfang August gewesen sein, denn das Obst war noch nicht reif. Ich saß in meinem Funkwagen und lauschte den Pieptönen aus dem Kopfhörer, als ich vor dem Funkwagen ein Geschrei hörte. Es war streng verboten, während eines Funkvorganges das Funkgerät zu verlassen, deshalb durfte ich nicht nachsehen, was sich draußen abspielte. Hinter mir riß plötzlich jemand die Tür auf und schrie: »Hands up!«

Nun wußte ich, was die Stunde geschlagen hatte. Ich stand auf, hob meine Arme und drehte mich um.

Zum ersten Mal in meinem Leben stand ich einem Schwarzen gegenüber.

Er winkte mich ins Freie, grinste mich an und sagte: »Okay, boy, the war is over for you.«

Er gab mir ein Zeichen, daß ich mich setzen sollte, dann fingerte er aus seiner Uniform eine Schachtel mit Schokolade und reichte mir ein Stück.

Seit Monaten aß ich erstmals wieder Schokolade.

Wenn jetzt nichts mehr passiert, dachte ich, dann habe ich überlebt.

Mit meinen drei Kameraden aus dem Funkwagen kam ich in ein großes Kriegsgefangenenlager in der Nähe von Brest. Dort blieben wir knapp eine Woche, dann wurden wir nachts auf ein Schiff verladen. Wir waren etwa tausend Kriegsgefangene. In England, ich weiß nicht mehr in welchem Hafen, wurden wir ausgeladen und in Güterzüge gepfercht.

Nach langer Fahrt, die mir endlos vorkam, hielt der Zug endgültig in Schottland, in der Nähe von Glasgow. Aber auch

in diesem Lager blieb ich nur vier Wochen. Wieder wurden
wir eingeschifft, und bald lag Europa hinter mir.

Vier Tage später lief unser Schiff im Hafen von New York ein.
Als ich in der Nacht auf Deck stand, sah ich nach fünf Jahren
zum ersten Mal wieder eine erleuchtete Stadt. Mein Gott,
dachte ich, und dieses Amerika wollte Hitler besiegen. Er
muß wahnsinnig sein.

Drei Jahre sollte ich in Amerika bleiben.

Was in Europa weiter passierte, las ich nur noch in amerikanischen Zeitungen oder hörte es im Radio.

Das Attentat auf Hitler am 20. Juli hatte ich noch in Frankreich miterlebt. Oberst von Stauffenberg hatte im Führerhauptquartier in Rastenburg eine Bombe gelegt. Doch Hitler
überlebte die Explosion und wurde nur leicht verletzt.

Am selben Abend wurden in Berlin Claus Schenk Graf von
Stauffenberg und seine Mitverschwörer mit Maschinenpisto-
len erschossen.

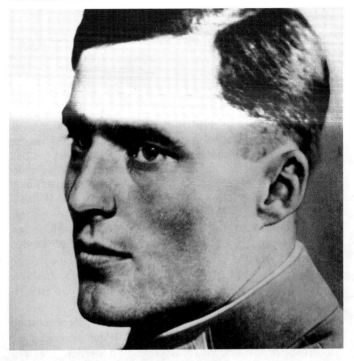

Claus Schenk Graf von Stauffenberg (1907–1944).

Nach dem Attentat hatte Hitler rasend vor Wut geschworen, »er werde diese Verräter« samt ihren Familien ausrotten. Die Menschenjagd, die nun eröffnet, und von einer 400 Beamte zählenden Sonderkommission geleitet wurde, dauerte mehrere Monate. Im KZ Buchenwald befanden sich gleichzeitig zehn Mitglieder der Familie Stauffenberg und acht Mitglieder der Familie Goerdeler. Der offizielle Bericht der SS nennt 7000 Verhaftungen. Der Widerstandskämpfer Fabian von Schlabrendorff sagte später über die Folterungen während der Haft aus:

> »Eines Nachts wurde ich aus meiner Zelle zur Vernehmung geholt. Im Vernehmungszimmer befanden sich mehrere Personen. Man machte mich darauf aufmerksam, es sei jetzt die letzte Gelegenheit zu einem Geständnis. Als ich an meinem bisherigen Leugnen festhielt, griff man zu den Mitteln der Folterung. Diese Folterung wurde in vier Stufen vollzogen. Während dieser unmenschlichen Prozedur gefielen sich alle Beteiligten in höhnenden Zurufen. Die erste Folterung endete mit meiner Ohnmacht. Keine Gewaltmaßnahme verleitete mich dazu, ein Wort des Geständnisses oder den Namen eines meiner Gesinnungsfreunde zu nennen. Nachdem ich die Besinnung wiedererlangt hatte, wurde ich in meine Zelle geführt. Die Wachbeamten empfingen mich mit unverkennbaren Ausdrücken des Mitleids und des Schauderns. Am folgenden Tag bekam ich eine Herzattacke. Der Gefängnisarzt wurde herbeigeholt. Voll Argwohn, aber unfähig, etwas dagegen zu tun, ließ ich seine Behandlung über mich ergehen. So lag ich mehrere Tage, bis ich wieder in der Lage war, das Bett zu verlassen und mich zu bewegen. Die Folge der Wiederherstellung meiner Gesundheit war eine Wiederholung der Folterung.«

In den Konzentrationslagern wurden weiterhin Menschen verschiedenster Nationalität ermordet und vergast. In den KZ's, die Vernichtungslager nicht gerechnet, befanden sich 1944 insgesamt 524 277 Häftlinge. Das Vernichtungslager Maidanek wurde am 24. Juli als erstes Lager von den Sowjettruppen befreit.

In der Tschechoslowakei wurde das Lager Theresienstadt teilweise »liquidiert«, das heißt, 18 404 Juden wurden nach Auschwitz deportiert, um dort vergast zu werden. Das war am 28. September.

In den Lagern wurden jahrelang von Ärzten medizinische Versuche an Menschen vorgenommen. Häftlinge, die solche Versuche überlebten, blieben ihr ganzes Leben Krüppel oder Pflegefälle. Ich selbst kenne einige Personen, an denen diese Versuche vorgenommen wurden, und die nun ihr Leben mit einer kärglichen Rente fristen.

Dr. med. S. Rascher   München, den 17. Februar 1945
SS-Hauptsturmführer

An den Reichsführer SS
und Chef der Deutschen Polizei
Herrn Heinrich Himmler
Berlin SW 11
Prinz-Albrecht-Str. 8

Hochverehrter Reichsführer!
In der Anlage überreiche ich, in kurze Form gebracht, eine Zusammenstellung der Resultate, welche bei den Erwärmungsversuchen an ausgekühlten Menschen durch animalische Wärme gewonnen wurden.
Zur Zeit arbeite ich daran, durch Menschenversuche nachzuweisen, daß Menschen, welche durch trockene Kälte ausgekühlt wurden, ebenso schnell wieder erwärmt werden können als solche, welche durch Verweilen im kalten Wasser auskühlten. Der Reichsarzt SS, SS-Gruppenführer Dr. Grawitz, bezweifelte diese Möglichkeit allerdings stärkstens und meinte, daß ich dies erst durch 100 Versuche beweisen müsse. Bis jetzt habe ich etwa 30 Menschen unbekleidet im Freien innerhalb 9–14 Stunden auf 27°–29° abgekühlt. Nach einer Zeit, welche einem Transport von einer Stunde entsprach, habe ich die Versuchspersonen in ein heißes Vollbad gelegt. Bis jetzt war in jedem Fall, trotz teilweise weißgefrorener Hände und Füße, der Patient innerhalb längstens einer Stunde wieder völlig aufgewärmt. Bei einigen Versuchspersonen trat am Tage nach dem Versuch eine geringe Mattigkeit mit leichtem Temperaturanstieg auf. Tödlichen Ausgang dieser außerordentlich schnellen Erwärmung konnte ich noch nicht beobachten. Die von Ihnen, hochverehrter Reichsführer, befohlene Aufwärmung durch Sauna konnte ich noch nicht durchführen, da im Dezember und Januar für Versuche im Freien zu warmes Wetter war und jetzt Lagersperre wegen Typhus ist und ich daher die Versuchspersonen nicht in die

SS-Sauna bringen darf. Ich habe mich mehrmals impfen lassen und führe die Versuche im Lager, trotz Typhus im Lager, selber weiter durch. Am einfachsten wäre es, wenn ich, bald zur Waffen-SS überstellt, mit Neff nach Auschwitz fahren würde und dort die Frage der Wiedererwärmung an Land Erfrorener schnell in einem großen Reihenversuch klären würde. Auschwitz ist für einen derartigen Reihenversuch in jeder Beziehung besser geeignet als Dachau, da es dort kälter ist und durch die Größe des Geländes im Lager selbst weniger Aufsehen erregt wird (die Versuchspersonen brüllen, wenn sie sehr frieren).

Wenn es, hochverehrter Reichsführer, in Ihrem Sinne ist, diese für das Landheer wichtigen Versuche in Auschwitz (oder Lublin oder sonst einem Lager im Osten) beschleunigt durchzuführen, so bitte ich gehorsamst, mir bald einen entsprechenden Befehl zu geben, damit die letzte Winterkälte noch genützt werden kann.

Mit gehorsamsten Grüßen
bin ich in aufrichtiger Dankbarkeit
mit Heil Hitler
Ihr, Ihnen stets ergebener
S. Rascher

In den letzten Monaten vor dem Zusammenbruch wurden noch schnell einige prominente Häftlinge ermordet, die manchmal schon seit 1933 inhaftiert waren, wie etwa der kommunistische Politiker Ernst Thälmann.

»Am 17. 8. 1944 kam nachmittags ein Telefongespräch aus der Telefonzentrale, daß die Öfen vorzubereiten sind [. . .] Gegen 20 Uhr wurden die Häftlinge in ihrer Unterkunft am Krematorium eingeschlossen. Der Kapo Jupp Müller gab die Anweisung, daß keiner die Wohnräume zu verlassen habe. Auch Müller und der Heizer Heinz Rohde hatten von den Kommandoführern entsprechende Anweisungen erhalten.
Ich verließ durch den Luftschacht dennoch meine Unterkunft und gelangte auf den Hof des Krematoriums. Hinter einem Schlackehaufen verbarg ich mich [. . .] 0 Uhr 10 Minuten kamen die beiden Kommandoführer des Krematoriums heraus und öffneten das Tor im Hofe, um einen großen Personenwagen einzulassen. Dem Wagen entstiegen drei Zivilisten, von denen offensichtlich zwei den dritten, der in der Mitte ging, bewachten. Den Gefangenen sah ich nur von hinten. Er war groß, breitschultrig und hatte eine Glatze. Ich konnte das bemerken, da er keinen Hut trug.

Inzwischen waren auch die übrigen SS-Leute auf den Hof gekommen und flankierten die Eingangstür des Krematoriums. Die Zivilisten ließen ihren Gefangenen vorgehen. In dem Augenblick, als er das SS-Spalier passiert hatte und das Krematorium betrat, fielen drei Schüsse hinter ihm vom Hof her.

Anschließend begaben sich alle SS-Leute und die beiden Zivilisten in das Krematorium und schlossen die Tür hinter sich. Etwa drei Minuten später fiel ein vierter Schuß im Krematorium. Offensichtlich war es der übliche Fangschuß.

20 bis 25 Minuten später verließen die Unterführer das Krematorium. Dabei sagte Hofschulte zu Otto: »Weißt Du, wer das war?« Otto antwortete: »Das war der Kommunistenführer Thälmann« [...]

Am anderen Morgen, dem 18. August 1944, beim Säubern der Öfen und beim Ziehen der Asche fand ich nur eine ausgeglühte Taschenuhr. Aus der Farbe der Asche war zu schließen, daß der Tote mit allen Kleidungsstücken verbrannt worden war.«

Am 16. Dezember, die Alliierten standen bereits in Belgien und Holland, eröffneten die Deutschen ihre letzte Offensive in den Ardennen. Wenige Tage später brach auch diese zusammen. Hitlers letzte Hoffnung, die Alliierten aus Frankreich zu vertreiben, scheiterte kläglich. Die noch kampffähigen deutschen Armeen waren geschlagen, 100 000 Mann, 600 Panzer und Sturmgeschütze und 1600 Flugzeuge waren verloren.

Als die Ardennenoffensive losbrach, berichteten auch amerikanische Zeitungen darüber. Viele meiner Mitgefangenen im Lager Monroe/Louisianna, glaubten tatsächlich, die deutschen Truppen würden in wenigen Tagen in Paris einmarschieren. So stark wirkte die Nazipropaganda noch über den Ozean hinweg. Immerhin waren sie zwölf Jahre damit gefüttert worden.

Im Lager waren wir gut untergebracht, wir schliefen in weiß überzogenen Betten und hatten reichlich zu essen. Die amerikanischen Wachtposten behandelten uns korrekt und auch freundlich. Die Nazipropaganda hatte täglich verkündet, auch Amerika werde bald die Folgen des Krieges zu spüren bekommen. Nichts davon stimmte, denn wir bekamen täglich Fleisch, Obst, Gemüse, Salate, Weißbrot. Das waren Dinge, von denen wir in Deutschland nur geträumt hatten. Als

Kriegsgefangene wurden wir besser ernährt als die deutschen Soldaten an der Front.

Amerika konnte es sich sogar leisten, Lebensmittel zu vergeuden, während in Deutschland und in den von Deutschen besetzten Ländern Menschen hungerten – und verhungerten.

Wir hatten im Lager einige Sportplätze, auf denen wir in der Freizeit Fuß- und Handballspiele austrugen. Um die Felder zu markieren, brauchten wir Sägespäne.

Als ich eines Tages vom amerikanischen Lagerleiter einige Säcke Sägespäne erbat, um die Markierungen zu streuen, war er zunächst ratlos. Wo sollte er Sägespäne hernehmen, da sich weit und breit kein Sägewerk befand. Doch da er selbst sportbegeistert war, billigte er uns zwei Säcke reines Weizenmehl zu, ein andermal teilte er uns extra einen Sack Staubzucker zu.

So irrsinnig das klingen mag, es ist wahr. In Deutschland streckten die Gefangenen ihre Arme durch den Stacheldraht, um von der Bevölkerung ein Stück Brot oder eine Kartoffel zu erbitten, während die Bevölkerung selbst nichts zu essen hatte.

Dort, in den Südstaaten Amerikas streuten wir Weizenmehl und Staubzucker auf einen Fußballplatz.

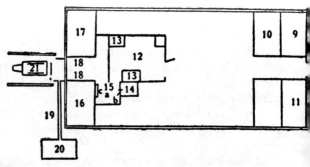

1 = Ankommendes Gefangenenauto
2 = Raum für Stroh
3 = Raum für Pferdefutter
4 = Auskleideraum für die Todes-
     kandidaten
5 = Tisch für Wertsachen und
     Erkennungsmarken
6 = Lautsprecher
7 = Radiozimmer
8 = Umkleideraum der SS
9 = Speisezimmer der SS
10 = Ruhezimmer der SS
11 = Toilette
12 = Sogenanntes Ärztezimmer
13 = Tisch mit ärztlichen
     Instrumenten

Vom 4. bis 11. Februar trafen sich Roosevelt, Churchill und Stalin in Yalta auf der Halbinsel Krim zu einer Konferenz, auf der sie beschlossen, Deutschland und Berlin nach dem Kriege in Besatzungszonen aufzuteilen. Die Konsequenz dieser Besprechung war letztlich, daß heute zwei deutsche Staaten existieren, die DDR und die Bundesrepubik.

In Deutschland wurde noch einmal alles mobilisiert, Frauen wurden zum »Volkssturm« eingezogen und fünfzehnjährige Hitlerjungen noch in den Krieg geschickt.

Am 4. April befreite sich das Konzentrationslager Buchenwald, zwei Tage vor dem Eintreffen amerikanischer Soldaten, selbst. Insgesamt waren bis Kriegsende etwa 239 000 Häftlinge in Buchenwald, von denen etwa 56 000 nicht überlebten. Unter unsäglichen Schikanen arbeiteten sie in den Außenstellen des Lagers in der Rüstungsindustrie der Firmen Krupp, Wintershall, IG Farben, Junkers, Braunkohle Benzin AG u. a. 1941/42 wurden in Buchenwald Tausende sowjetischer Kriegsgefangener ermordet.

Genickschuß-Anlage im Pferdestall des KZ Buchenwald

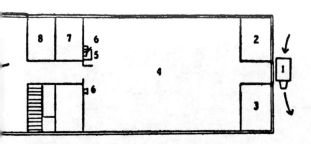

14 = Schützenzimmer der SS mit Schußöffnung zur Meßvorrichtung in 15

15 = Hinrichtungs-Raum mit Blutabflußöffnung (a), Holzwand für den SS-Mann mit Wasserschlauch (b) und Kugelfang mit Vorhang (c)

16 = Raum für Sägemehl

17 = Raum für Stroh

18 = Leichenstapel

19 = Blutabflußrinne

20 = Abfallgrube

21 = Auto zum Leichenabtransport

Am 13. April starb Präsident Roosevelt. Am nächsten Tag mußten alle Lagerinsassen unseres POW-Camps (prisoner of war) antreten, und uns wurde durch den amerikanischen Lagerleiter der Tod des Präsidenten mitgeteilt.

Einer neben mir in der Reihe, vielleicht vierzig Jahre alt, flüsterte mir zu: »Jetzt gewinnen wir den Krieg.«

Mir schien das unfaßlich, er hatte immer noch nichts gelernt. Als ob der Ausgang des Krieges von einem einzelnen Mann abhängig zu machen sei. Aber er stand nicht allein mit seiner Meinung, viele glaubten daran, weil sie das Funktionieren einer westlichen Demokratie nicht kannten. Sie verglichen immer mit Deutschland, wo alles auf eine Person, den »Führer« ausgerichtet war. In Amerika folgte auf Präsident Roosevelt Harry S. Truman, und dieser führte die Politik seines Vorgängers konsequent fort: Den Krieg zu beenden und den Faschismus zu zerschlagen.

Am 25. April trafen sich sowjetische und amerikanische Truppen an der Elbe bei Torgau. Was nicht bereits von sowjetischen und alliierten Truppen besetzt war, wurde nun in zwei Teile geteilt. Doch der Wahnsinnskrieg ging weiter, und es gab, wie mir meine Mutter später versicherte, tatsächlich auch noch in unserer Stadt Menschen, die an den »Endsieg« glaubten.

Sowohl die alliierten als auch die sowjetischen Truppen mach-

Konzentrationslager Gotha. Besuch Eisenhowers. 3. Mai 1945.

Konzentrationslager Nordhausen. Zwei Reihen Gräber mit toten Häftlingen. 3. Mai 1945.

ten auf ihrem Vormarsch nach Berlin grauenvolle Entdeckungen.

In manchen Konzentrationslagern wurden die Häftlinge, kurz vor Ankunft der alliierten Truppen mit Maschinengewehren niedergemäht. Dieser Anblick bekräftigte den Entschluß der Siegermächte, mit dem besiegten Deutschland schonungslos zu verfahren.

Am 30. April beging Hitler mit Eva Braun, die er kurz vorher geheiratet hatte, im Bunker der Reichskanzlei in Berlin Selbstmord. Die beiden Leichname wurden mit Benzin übergossen und verbrannt. Der »größte Feldherr aller Zeiten«, wie ihn seine Propaganda nannte, hatte sich der Verantwortung entzogen.

Am selben Tage beging auch Goebbels mit seiner Frau und seinen Kindern Selbstmord.

Hitler hinterließ ein »Testament« in dem es hieß: »... vor allem verpflichte ich die Führung der Nation zur peinlichen Einhaltung der Rassengesetze und zum unbarmherzigen Widerstand gegen den Weltvergifter aller Völker, das internationale Judentum.«

Am 9. Mai wurde endlich die bedingungslose Kapitulation unterzeichnet. Hunderttausende deutsche Soldaten gerieten in Kriegsgefangenschaft.

Deutsche Kriegsgefangene marschieren auf der Autobahn in Gefangenschaft. 29. März 1945.

Wir wurden an diesem Tage, als wir von der Arbeit auf den
Feldern zurückkamen, nicht in unsere Unterkünfte entlassen,
sondern mußten auf dem Hauptplatz des Lagers warten, bis
alle Arbeitskommandos eingerückt waren. Dann trat der ame-
rikanische Captain vor die Front und sagte nur einen Satz:
»The war is over in Europe.« (Der Krieg in Europa ist zu
Ende.)
Haben wir gejubelt? Ich weiß es nicht, ich weiß nur eins, ich
dachte an meine Mutter und an meinen Vater. Lebten sie
noch? Doch der Captain hatte bewußt nur von Europa ge-
sprochen, denn für Amerika war der Krieg noch nicht zu
Ende. Erst der Abwurf der Atombombe am 6. August auf
Hiroshima und am 9. August auf Nagasaki beendeten den
Krieg in Ostasien gegen Japan.
Nach und nach erfuhren wir in Amerika, was für scheußliche
Verbrechen die Deutschen an Juden und anderen Völker
begangen hatten. Es verging kaum eine Woche, in der wir
nicht zu einer Filmvorführung befohlen wurden, wo wir
Bilder zu sehen bekamen, die amerikanische oder sowjetische
Kamerateams in den KZ's gedreht hatten.

Viele meiner Mitgefangenen weinten und gingen hinaus. Andere aber verließen nach dem Film das Kino und lachten den amerikanischen Soldaten ins Gesicht, weil sie alles für Greuelmärchen des Feindes hielten, so wie es ihnen Goebbels mit seiner raffinierten Propaganda jahrelang eingeimpft hatte. In tagelangen Diskussionen versuchten sie das Unvorstellbare zu begreifen, daß auch deutsche Soldaten Grausamkeiten und Unmenschlichkeiten hatten ausführen können.

Ein deutscher Soldat erschießt eine polnische Jüdin und ihr Kind.

Millionen Menschen waren von Deutschen in den Tod getrieben worden. Einer der Schlimmsten, Rudolf Höß, war Kommandant des Konzentrationslagers Auschwitz, der bis zu seiner Hinrichtung als ordentlicher, disziplinierter und bürokratischer »Befehlsempfänger« auftrat.

Ich, Rudolf Ferdinand Höß, sage nach vorhergehender recht-
mäßiger Vereidigung aus und erkläre wie folgt:
1. Ich bin sechsundvierzig Jahre alt und Mitglied der NSDAP
seit 1922; Mitglied der SS seit 1934; Mitglied der Waffen-SS
seit 1939. Ich war Mitglied ab 1. Dezember 1934 des SS-
Wachverbandes, des sogenannten Totenkopfverbandes.
2. Seit 1934 hatte ich unausgesetzt in der Verwaltung von
Konzentrationslagern zu tun und tat Dienst in Dachau bis
1938; dann als Adjutant in Sachsenhausen von 1938 bis zum
1. Mai 1940, zu welcher Zeit ich zum Kommandanten von
Auschwitz ernannt wurde. Ich befehligte Auschwitz bis zum
1. Dezember 1943 und schätze, daß mindestens 2 500 000
Opfer dort durch Vergasung und Verbrennen hingerichtet und
ausgerottet wurden; mindestens eine weitere halbe Million
starben durch Hunger und Krankheit, was eine Gesamtzahl
von ungefähr 3 000 000 Toten ausmacht. Diese Zahl stellt
ungefähr 70 bis 80 Prozent aller Personen dar, die als Gefangene nach Auschwitz geschickt wurden; die übrigen wurden
ausgesucht und für Sklavenarbeit in den Industrien des Konzentrationslagers verwendet. Unter den hingerichteten verbrannten Personen befanden sich ungefähr 20 000 russische
Kriegsgefangene . . . Der Rest der Gesamtzahl der Opfer
umfaßte ungefähr 100 000 deutsche Juden und eine große
Anzahl von Einwohnern, meistens Juden, aus Holland, Frankreich, Belgien, Polen, Ungarn, Tschechoslowakei, Griechenland oder anderen Ländern. Ungefähr 400 000 ungarische
Juden wurden allein in Auschwitz im Sommer 1944 von uns
hingerichtet.
6. Die »Endlösung« der jüdischen Frage bedeutete die vollständige Ausrottung aller Juden in Europa. Ich hatte den
Befehl, Ausrottungserleichterungen in Auschwitz im Juni 1942
zu schaffen. Zu jener Zeit bestanden schon drei weitere
Vernichtungslager im Generalgouvernement: Belzec, Treblinka und Wolzek. Diese Lager befanden sich unter dem Ein-
satzkommando der Sicherheitspolizei und des SD. Ich besuchte Treblinka, um festzustellen, wie die Vernichtungen
ausgeführt wurden. Der Lagerkommandant von Treblinka
sagte mir, daß er 80 000 im Laufe eines halben Jahres
liquidiert hätte. Er hatte hauptsächlich mit der Liquidierung
aller Juden aus dem Warschauer Ghetto zu tun. Er wandte
Monoxyd-Gas an, und nach seiner Ansicht waren seine Methoden nicht sehr wirksam. Als ich das Vernichtungsgebäude
in Auschwitz errichtete, gebrauchte ich also Zyklon B, eine

kristallisierte Blausäure, die wir in die Todeskammer durch eine kleine Öffnung einwarfen. Es dauerte 3 bis 15 Minuten, je nach den klimatischen Verhältnissen, um die Menschen in der Todeskammer zu töten. Wir wußten, wenn die Menschen tot waren, weil ihr Kreischen aufhörte. Wir warteten gewöhnlich eine halbe Stunde, bevor wir die Türen öffneten und die Leichen entfernten. Nachdem die Leichen fortgebracht waren, nahmen unsere Sonderkommandos die Ringe ab und zogen das Gold aus den Zähnen der Körper.

7. Eine andere Verbesserung gegenüber Treblinka war, daß wir Gaskammern bauten, die 2000 Menschen auf einmal fassen konnten, während die zehn Gaskammern in Treblinka nur je 200 Menschen faßten. Die Art und Weise, wie wir unsere Opfer auswählten, war folgendermaßen: zwei SS-Ärzte waren in Auschwitz tätig, um die einlaufenden Gefangenentransporte zu untersuchen. Die Gefangenen mußten bei einem der Ärzte vorbeigehen, der bei ihrem Vorbeimarsch durch Zeichen die Entscheidung fällte. Diejenigen, die zur Arbeit taugten, wurden ins Lager geschickt. Andere wurden sofort in die Vernichtungsanlagen geschickt. Kinder im zarten Alter wurden unterschiedslos vernichtet, da auf Grund ihrer Jugend sie unfähig waren, zu arbeiten. Noch eine andere Verbesserung, die wir gegenüber Treblinka machten, war diejenige, daß in Treblinka die Opfer fast immer wußten, daß sie vernichtet werden sollten, während in Auschwitz wir uns bemühten, die Opfer zum Narren zu halten, indem sie glaubten, daß sie ein Entlausungsverfahren durchzumachen hätten. Natürlich erkannten sie auch häufig unsere wahren Absichten und wir hatten deswegen manchmal Aufruhr und Schwierigkeiten. Sehr häufig wollten Frauen ihre Kinder unter den Kleidern verbergen, aber wenn wir sie fanden, wurden die Kinder natürlich zur Vernichtung hineingesandt. Wir sollten diese Vernichtungen im Geheimen ausführen, aber der faule und Übelkeit erregende Gestank, der von der ununterbrochenen Körperverbrennung ausging, durchdrang die ganze Gegend, und alle Leute, die in den umliegenden Gemeinden lebten, wußten, daß in Auschwitz Vernichtungen im Gange waren.

[Eidesstattliche Erklärung des KZ-Kommandanten Höß am 5. April 1946 in Nürnberg]

Es waren keine »Greuelmärchen«, es war die nackte Wahrheit – und wir haben damals in Amerika nur einen Bruchteil dieser Wahrheit erfahren. Doch selbst, als diese Verbrechen nach und nach der Weltöffentlichkeit bekannt wurden, behandelten uns die amerikanischen Wachen korrekt. Wir hatten im Lager unsere eigene Verwaltung, nach wie vor gutes Essen, Radios, Kino, Zeitungen und eine große Zahl Bücher.

Wir wurden für unsere Arbeit auf den Feldern der Farmer bezahlt und erhielten Kupons, mit denen wir in der Lagerkantine Zigaretten, Toilettenartikel, Briefpapier, Schokolade und alkoholfreie Getränke einkaufen konnten.

In Amerika habe ich begonnen, die deutsche Literatur zu lesen, die in Deutschland von 1933 bis 1945 verboten war. Ich lernte die Schriftsteller kennen, deren Bücher von den Nazis in die Flammen geworfen worden waren: Döblin und Kesten, Brecht und Werfel, Zweig und Thomas Mann, Heine und Tucholsky, Anna Seghers und B. Traven, ich könnte die Liste der Namen seitenweise fortführen.

Neue Hoffnung kam auf, und wir schmiedeten Pläne, was wir tun wollten, wenn wir nach Deutschland zurückkehrten. Der Krieg war verloren, aber in Amerika, weit weg von der Heimat, konnten wir uns keine Vorstellung machen, was sich in Deutschland wirklich abspielte. Auch die spärlichen Briefe, die nun von dort eintrafen, gaben uns keine Vorstellung von den Verhältnissen in der Heimat. Viele wußten überhaupt nicht, wo ihre Angehörigen sich aufhielten und ob sie überhaupt noch lebten.

Der erste Brief meiner Mutter, in dem sie schrieb, daß es ihr und meinem Vater gutginge, erreichte mich kurz vor Weihnachten 1945. Er war vier Wochen unterwegs gewesen. Über die Lage nach dem Zusammenbruch des Dritten Reiches äußerte sie sich vorsichtig. Da sie geschrieben hatte, es ginge ihr sehr gut, wußte ich, daß es ihr schlecht ging, aber mein Vater lebte.

Ich war bei Kriegsende noch keine neunzehn Jahre alt. Ich träumte von einer Karriere bei den Rosenthal Porzellanfabriken, bei denen ich eine gute Lehrzeit gehabt hatte. Vielleicht würde ich Prokurist, ja sogar Direktor werden. Ich fragte mich, ob der alte Prokurist noch lebte, der mir manchmal zugezwinkert hatte.

Tagsüber arbeiteten wir Gefangenen auf den Feldern endloser Farmen. Wir pflückten Baumwolle und Tomaten, schlugen Zuckerrohr, sammelten Erdnüsse und fällten hohe Bäume. Eigentlich war ich zufrieden, nur die treibhausähnliche Hitze machte mir zu schaffen. Aber auch daran gewöhnte ich mich.

Am 20. November begann in Nürnberg der Kriegsverbrecherprozeß gegen die führenden Nazis, die sich nicht durch Selbstmord aus der Verantwortung gestohlen hatten.

Die Bilanz des Krieges, von dem heute schon wieder manche Unbelehrbaren glauben, er sei ein Betriebsunfall gewesen und kein geplanter Angriffskrieg, wurde präsentiert.

Menschenverluste insgesamt	54 800 000
davon Tote an den Fronten	27 000 000
d. h. 24 Prozent aller zum Kriegsdienst einberufenen Soldaten wurden getötet	
getötete Zivilpersonen	24 500 000
Verwundete	90 000 000
In den einzelnen Ländern sind an Toten zu beklagen:	
Sowjetunion	20 300 000
Asiatische Staaten (insbesondere Japan)	13 600 000
Polen und Balkanländer	9 010 000
Deutschland	6 600 000
Westliche Länder	1 300 000
Italien und Österreich	750 000
USA	229 000
Vermißte	3 000 000
	————
Menschenverluste insgesamt	54 789 000

Kriegsausgaben und Kriegsschäden rund 1350 Milliarden Dollar

21 000 000 Menschen verloren durch Bombardements ihr Heim und ihr Gut

45 000 000 Menschen wurden evakuiert, eingesperrt, deportiert und aus ihrem Geburtsort entfernt

2 429 475 t Bomben wurden auf Europa abgeworfen

Kurz bevor ich im Februar 1948 wieder deutschen Boden betrat, traf ich Männer meines Alters, die glaubten, der Krieg wäre gewonnen worden, wenn Hitler über alles, was im Reich passierte, unterrichtet worden wäre. Wie nach dem ersten Weltkrieg die »Dolchstoßlegende« aufkam, so bildete sich in Amerika damals schon wieder eine neue Legende heraus: »Wenn das alles der Führer gewußt hätte, dann ...« Leider gibt es diese Unbelehrbaren immer noch und schon wieder. Ich fürchte, sie haben sich nie informiert oder sie wollten sich nicht informieren lassen. Über alte und neue rechtsradikale und neofaschistische Kräfte liest man heute beinahe wieder jeden Tag in den Zeitungen. Viele nehmen das nicht so ernst, weil es, wie sie meinen, nur eine kleine verschwindende Minderheit sei.

Aber Hitler hat auch nur mit sieben Leuten angefangen.

»Hitler wollte den Kommunismus.« »... ohne ihn wäre Deutschland, glaube ich, nicht wieder aufgebaut worden.« Solche und ähnliche Sätze finden wir in der von Dieter Boßmann herausgegebenen Sammlung von Schüleraufsätzen »Was ich über Adolf Hitler gehört habe«. Aber nicht erst seit Veröffentlichung dieser Sammlung (1977) wissen wir, wie es um die Kenntnisse der Jugend über den Nationalsozialismus bestellt ist; sie deckt nur einen seit den Anfangstagen der Bundesrepublik chronischen Mangel auf, der natürlich eine Vielzahl von Ursachen hat. Sie liegen gewiß nicht bei dieser Jugend selber, sondern verdeutlichen ein Versagen der Erwachsenengenerationen, bei denen ein klarer Antifaschismus nie eigentlich populär geworden ist. Schließlich stammt das gesamte historische Wissen einer Generation von den jeweils älteren Generationen: was die Älteren nicht vermitteln, können die Jüngeren nicht wissen.

Das Problem begann, gleich nachdem die berühmt-berüchtigten zwölf Jahre beendet waren (und bekanntlich nicht von den Deutschen selbst beendet worden sind), damit, daß man das Unerhörte, an dem man selber aktiv-passiv beteiligt gewesen war, verdrängte oder so veränderte, daß man damit »leben« und »unbeschwert« an den Wiederaufbau des zerstörten Landes gehen konnte. Anflüge von Antifaschismus wurden schnell, vor allem vermittels »Entnazifizierung« und der weitgehenden Integration der alten Nazis in den neuen Staat, eliminiert. Berichte und literarische Auseinandersetzungen, welche die Erfahrungen aufzuarbeiten versuchten, wurden in der Breite nicht wahrgenommen und blieben politisch wirkungslos. Eine neue demokratische Ordnung und eine gewiß nicht geringe Menge von unmittelbar-aktuellen Problemen wurden nur allzu gern dazu benutzt, das Vergangene vergangen sein zu lassen: die Zeit des Nationalsozialismus wurde zu einem bloßen Betriebsunfall verniedlicht. Ein offenes Gespräch zwischen den Generationen über das, was geschehen war, fand nicht statt.

Die Jugendliteratur begann seit etwa 1960 mit Versuchen, das Gespräch in Gang zu bringen, sicher mit einigen diskutablen Anläufen, insgesamt aber unter dem Tenor der Selbstrechtfertigung und der spürbaren Erleichterung, den »Spuk« endlich los zu sein. Die »Sprachlosigkeit« zwischen den Generationen in bezug auf die Hitlerzeit konnte damit nicht überwunden werden. Offenbar hatte man, aus Ängstlichkeit, Unsicherheit und verdrängtem Schuldbewußtsein, nicht nur versäumt, die notwendigen geschichtlichen Kenntnisse weiterzureichen, sondern man hatte schon nicht die Bereitschaft zum Zuhören und zur Auseinandersetzung geweckt.

Wir dürfen auch nicht vergessen, daß im Streß des Wiederaufbaus und mit der Entstehung unserer Konsumgesellschaft Literatur mehr und mehr zu einem bloßen Unterhaltungsmittel herabkam, mit der man sich nicht befaßte, um Kenntnisse, Erkenntnisse und Problembewußtsein zu gewinnen. Kenntnis- und Erkenntnisstand in bezug auf die Zeit des Nationalsozialismus signalisieren ja bloß eine allgemeine Abwendung von Geschichte, die wiederum von den älteren Generationen den jüngeren und nachwachsenden vererbt wurde: das Tempo eines immer raffinierteren Konsums half mit, Geschichte und insbesondere die jüngste Geschichte zu verleugnen.

Max von der Grüns Buch, dem diese Worte gelten, ist meines Erachtens ein diskutabler Beitrag, dem abzuhelfen. Der Autor beschreitet darin einen neuen Weg: er verflicht seine eigene Biographie mit den geschichtlichen Ereignissen. Als 1926 Geborener hat er seine bewußte Jugend total in den zwölf Jahren der Hitlerzeit verbracht – verbringen müssen. Mit dem Ineinander von persönlicher Lebensgeschichte und allgemeiner, »kollektiver« Geschichte erreicht von der Grün eine Dichte und Eindringlichkeit geschichtlicher Darstellung, die weder allein ein autobiographischer Bericht noch allein ein historischer Sachbericht, noch eine bloße Dokumentensammlung erreichen würden. Der rein autobiographische Bericht kann zwar demonstrieren, wie eine einzelne Person die Dinge damals erlebt hat; was aber »tatsächlich« geschah, kann ein solches Verfahren nicht zum Vorschein bringen; dafür gibt es eine Reihe von Beispielen. Ein historischer Sachbericht läßt die Leser, und besonders jüngere Leser, in seiner abstrakten Objektivität kühl, reißt sie nicht mit. Deshalb ist die Verbindung beider Verfahrensweisen in der Tat eine Technik, die die Vorzüge beider Verfahren miteinander verbindet und ihre Nachteile vermeidet. Es kommt hinzu, daß Max von der Grün auf diesem Wege zeigen kann, wie der einzelne Mensch von den geschichtlichen Ereignissen betroffen ist und welche

Wechselbeziehungen zwischen beidem bestehen. Der einzelne: das ist der »kleine Mann«, der in der traditionellen Geschichtsschreibung immer gern vergessen oder übergangen wurde. Geschichte »machen« da ja bekanntlich die Großen, der Kleine ist bloß ihr passiver Empfänger; wenn man den übergeht, verändert sich nichts. In Wirklichkeit aber sind es die vielen Kleinen, die die Geschichte machen, sie ausführen und oft von den »Großen« gezwungen wurden, sie in ihrem Sinne auszuführen. Die Perspektive »von unten«, wie Max von der Grün sie einführt und konsequent durchhält, trägt sicher zu einer Demokratisierung von Geschichte bei: wer so von Geschichte betroffen ist wie der »kleine Mann«, der sollte als Erster sie auch mitbestimmen.

Der Verfasser zeigt außerdem, wie der einzelne während der zwölf Jahre in der Spannung zwischen Kritik und Abwehr auf der einen und Mitmachen auf der anderen Seite zu existieren vermochte. So gelingt es ihm, ein Klischee zu vermeiden: als hätte es damals nur hundertprozentige Nazis und hundertprozentige Antinazis gegeben – ein Eindruck übrigens, der vielfach in der Jugendliteratur vermittelt wird. Max von der Grün verbindet in »Wie war das eigentlich?« eine klare antifaschistische Position, die Ergebnis seiner geschichtlichen Erfahrung ist, mit Differenzierung und Verstehen. Die Wahrheiten, die er sagt, sind oft nach beiden Seiten unbequem. Nach Horst Burgers Erzählung »Vier Fragen an meinen Vater« (1976), als Taschenbuchausgabe (1978) »Warum warst du in der Hitler-Jugend« betitelt, eine Erzählung, die das Problem der Vermittlung historischer Erfahrung des Nationalsozialismus durch einen Wechsel von heute stattfindendem Gespräch zwischen Vater und fragendem Sohn und historisch-perspektivischer Darstellung löst, nach dieser Erzählung ist Max von der Grüns Bericht ein neuer, gelungener, höchst aufschlußgebender Versuch, zu zeigen, »wie es tatsächlich« war, und dabei die Wahrheit über die Zeit mit zu vermitteln. Dem Buch ist weiteste Verbreitung zu wünschen.

Malte Dahrendorf

Anrich, Gerold, Das Flaggenbuch, mit Bildern von Gudrun u.
Adrian Cornford, Otto Maier Verlag, Ravensburg 1978 (nur in
Bibliotheken auszuleihen)
[Kurzwort: Anrich]

Antifaschistischer Widerstand, der Deutsche, 1933–1945 in
Bildern und Dokumenten, hrsg. v. P. Altmann, H. Brüdigam,
B. Mausbach-Bromberger, M. Oppenheimer, Röderberg-Ver-
lag, Frankfurt/M. 1975
[Kurzwort: Antifaschist. Widerstand]

Brecht, Bertolt, Gesammelte Gedichte Bd. 2, Suhrkamp Verlag, Frankfurt/M. 1967
[Kurzwort: Brecht, Gedichte]

Brecht, Bertolt, Schriften zur Politik und Gesellschaft 1919–
1956, Suhrkamp Verlag, Frankfurt/M. 1974
[Kurzwort: Brecht, Schriften]

Das Dritte Reich. Seine Geschichte in Texten, Bildern und Do-
kumenten. 2 Bände. Hrsg. von Heinz Huber und Artur Müller,
Verlag Kurt Desch, München 1964
[Kurzwort: Drittes Reich]

Das sind unsere Lieder. Ein Liederbuch. Hrsg. v. Hein & Oss
Kröher. Mit Bildern von Gertrude Degenhardt, Büchergilde
Gutenberg, Frankfurt/M. 1977
[Kurzwort: Das sind unsere Lieder]

Die Ballade von den Säckeschmeißern. Textrechte: VEB Deutscher Verlag für Musik, Leipzig – siehe auch: Das sind unsere
Lieder.

Dokumente zur deutschen Geschichte 1924–1929, hrsg. v.
W. Ruge u. W. Schumann, Röderberg-Verlag, Frankfurt/M.
1977
[Kurzwort: Dok. z. dt. Gesch. 1924–1929]

Dokumente zur deutschen Geschichte 1929–1933, hrsg. v.
W. Ruge u. W. Schumann, Röderberg-Verlag, Frankfurt/M.
1977
[Kurzwort: Dok. z. dt. Gesch. 1929–1933]

Dokumente zur deutschen Geschichte 1933–1935, hrsg. v.
W. Ruge u. W. Schumann, Röderberg-Verlag, Frankfurt/M.
1977
[Kurzwort: Dok. z. dt. Gesch. 1933–1935]

Dokumente zur deutschen Geschichte 1939–1942, hrsg. v.
W. Ruge u. W. Schumann, Röderberg-Verlag, Frankfurt/M.
1977
[Kurzwort: Dok. z. dt. Gesch. 1939–1942]

Dokumente zur deutschen Geschichte 1942–1945, hrsg. v.
W. Ruge u. W. Schumann, Röderberg Verlag, Frankfurt/M.
1977
[Kurzwort: Dok. z. dt. Gesch. 1942–1945)

Eine Ziffer über dem Herzen. Erlebnisbericht aus 12 Jahren
Haft, aufgezeichnet von Michael Tschesno-Hell. Berlin 1957.
Rechte beim Autor; siehe auch: »Proletarische Lebensläufe«.
[Kurzwort: Eine Ziffer über dem Herzen]

»Es gibt keinen jüdischen Wohnbezirk in Warschau mehr.«
Stroop-Bericht. Hermann Luchterhand Verlag, Darmstadt und
Neuwied 1960 u. 1976 (nur in Bibliotheken auszuleihen)
[Kurzwort: »Es gibt ...«]

Frohes Lesen. Fibel für Stadt und Land, Hannover 1935
[Kurzwort: Frohes Lesen]

Geschichtliche Weltkunde Band 3 (Hrsg. W. Hug), Verlag Moritz Diesterweg, Frankfurt/M. 1976
[Kurzwort: Geschichtl. Weltkunde]

Graf, Oskar Maria, An manchen Tagen. Reden, Gedanken und
Zeitbetrachtungen, Frankfurt/M. 1961, jetzt: Paul List Verlag in
der Südwest Verlag GmbH & Co. KG, München und Deutscher
Taschenbuch Verlag, München 1994; entnommen aus: Wildermuth, Rosemarie (Hrsg.), Als das Gestern heute war, Erzählungen, Gedichte und Dokumente zu unserer Geschichte (1789–
1949), Ellermann Verlag, München 1977
[Kurzwort: Graf/Wildermuth]

Hillgruber, A., Die Auflösung der Weimarer Republik, Hanno-
ver 1960, S. 29; entnommen aus: Geschichtliche Weltkunde
Band 3, Verlag Moritz Diesterweg, Frankfurt/M. 1976
[Kurzwort: Hillgruber]

Hofer, Walther (Hrsg.), Der Nationalsozialismus, Dokumente
1933–1945, Fischer Taschenbuch Verlag, Frankfurt/M. 1957,
1994
[Kurzwort: Hofer]

Kästner, Erich, Kästner für Erwachsene, hrsg. v. Rudolf Walter
Leonhardt, Atrium Verlag, Zürich 1992
[Kurzwort: Kästner]

Kesten, Hermann, Die Kinder von Gernica, Ullstein Taschenbuch Verlag, Berlin 1981
[Kurzwort: Kesten]

Kogon, Eugen, Der SS-Staat. Das System der deutschen Konzentrationslager, Kindler Verlag, München 1974
[Kurzwort: Kogon]

Krautkrämer, E./Radbruch, E., Wandel der Welt, Bad Homburg
1976, S. 161; entnommen aus; Geschichtliche Weltkunde
Band 3, Verlag Moritz Diesterweg, Frankfurt/M. 1976
[Kurzwort: Krautkrämer/Radbruch]

Kühnl, Reinhard (Hrsg.), Der deutsche Faschismus in Quellen
und Dokumenten, PapyRossa Verlags GmbH & Co. KG, Köln
1987
[Kurzwort: Kühnl]

Langhoff, Wolfgang, Die Moorsoldaten, Verlag Neuer Weg, Tü-
bingen 1973, 1992
[Kurzwort: Langhoff]

Lieder gegen den Tritt, hrsg. v. Annemarie Stern, Asso Verlag,
Oberhausen 1974, 1978
[Kurzwort: Lieder]

Picker/Ritter, Hitlers Tischgespräche im Führerhauptquartier,
Bonn 1951, S. 116. Aus dem Gespräch vom 22. Juli 1942
abends. Ullstein Taschenbuch Verlag, Berlin 1992
[Kurzwort: Picker/Ritter]

Proletarische Lebensläufe, Autobiographische Dokumente zur
Entstehung der Zweiten Kultur in Deutschland, Bd. 2, 1914 bis
1945, hrsg. v. Wolfgang Emmerich, Rowohlt Taschenbuch Verlag, Reinbek 1975 (nur in Bibliotheken auszuleihen)
[Kurzwort: Prolet. Lebensläufe]

Reichsführer! ... Briefe an und von Himmler, hrsg. v. Helmut Heiber, Deutsche Verlags-Anstalt, Stuttgart (nur in Bibliotheken auszuleihen)
[Kurzwort: Reichsführer]

Sachsenhausen. Dokumente, Aussagen, Forschungsergebnisse und Erlebnisberichte über das ehemalige Konzentrationslager Sachsenhausen. Hrsg. vom Komitee der Antifaschistischen Widerstandskämpfer der DDR. VEB Deutscher Verlag der Wissenschaften, Berlin 1974 (nur in Bibliotheken auszuleihen)
[Kurzwort: Sachsenhausen]

Schoenberner, Gerhard, Der gelbe Stern. Die Judenverfolgung in Europa 1933 bis 1945, Bertelsmann Verlag, Gütersloh 1960, 1991 und Fischer Taschenbuch Verlag, Frankfurt/M. 1982, 1991
[Kurzwort: Gelber Stern]

Schönstedt, Walter, Kämpfende Jugend, Berlin 1932
[Kurzwort: Schönstedt]

Schütze, Alfred, Marschtritt Deutschland, Stuttgart 1939
[Kurzwort: Schütze]

Senger, Valentin, Kaiserhofstraße 12, Hermann Luchterhand Verlag, Darmstadt u. Neuwied 1978 und Deutscher Taschenbuch Verlag, München 1995
[Kurzwort: Senger]

Serke, Jürgen, Die verbrannten Dichter, Beltz Verlag, Weinheim u. Basel 1977, 1992
[Kurzwort: Serke]

Seydewitz, Max, Es hat sich gelohnt zu leben, Dietz Verlag, Berlin-DDR 1976 (nur in Bibliotheken auszuleihen)

»Der Tag«: 4. 9. 1928, entnommen aus: Geschichtliche Weltkunde Band 3 (Hrsg. W. Hug), Verlag Moritz Diesterweg, Frankfurt/M. 1976

Tausk, Walter, Breslauer Tagebuch 1933–1940, Siedler Verlag, Berlin 1978 und Reclam Verlag, Leipzig 1995
[Kurzwort: Tausk]

Tucholsky, Kurt, Gesammelte Werke Bd. 3, 1929–1932, hrsg. v.
Mary Gerold-Tucholsky u. Fritz J. Raddatz, Rowohlt Verlag,
Reinbek 1969
[Kurzwort: Tucholsky, Bd. III]

Weimarer Republik, hrsg. v. Kunstamt Kreuzberg, Berlin und
dem Institut für Theaterwissenschaft der Universität Köln, Elefanten Press, Berlin u. Hamburg 1977 (nur in Bibliotheken auszuleihen)
[Kurzwort: Weimarer Republik]

Weinert, Erich, Das Wunder vom 1. Mai 1929, aus: E. W., Das
Zwischenspiel, Berlin-DDR 1956, in: Rudolf Walbinger (Hrsg.),
Mit Spott gegen Kaiser und Reich, Aufbau Verlag, Berlin-DDR
1971 (nur in Bibliotheken auszuleihen)
[Kurzwort: Weinert]

Wildermuth, Rosemarie (Hrsg.), Als das Gestern heute war,
Erzählungen, Gedichte und Dokumente zu unserer Geschichte
(1789–1949), Ellermann Verlag, München 1977 (nur in Bibliotheken auszuleihen)
[Kurzwort: Wildermuth]

94	Kesten, S. 128/129
95/96	Hofer, S. 98
100/102	Hofer, S. 88
101	Geschichtl. Weltkunde, S. 110/111
106	Hofer, S. 147/148
106/107	Antifaschist. Widerstand, S. 127
107/108	Antifaschist. Widerstand, S. 105
110/111	Drittes Reich, S. 346–348
115/116	Drittes Reich, S. 354/355
118	Wildermuth, S. 244
120	Drittes Reich, S. 368
121/122	Reichsführer!, S. 65/66
123–126	Schütze, A. (Seitenzahl nicht zu ermitteln)
127	Drittes Reich, S. 380
132–134	Senger, S. 138–144
135/136	Gelber Stern, S. 12
136–138	Hofer, S. 291–293
138–140	Antifaschist. Widerstand, S. 126
142	Antifaschist. Widerstand, S. 148
144	Drittes Reich, S. 386
146–147	Brecht, Schriften, S. 269/270
149/150	Drittes Reich, S. 396/397
151	Drittes Reich, S. 399
153	Wildermuth, S. 245
155/156	Drittes Reich, S. 435
156/157	Dok. z. dt. Gesch. 1939–1942, S. 28/29
157–160	Boulanger: siehe »Eine Ziffer über dem Herzen« und Prolet. Lebensläufe, S. 381–383
163	Gelber Stern, S. 31
167/168	Kühnl, S. 328/329
168	Kühnl, S. 331
168/169	Drittes Reich, S. 686/687
170	Dok. z. dt. Gesch. 1939–1942, S. 51
171	Drittes Reich, S. 565
173–174	Gelber Stern, S. 49
175/176	Gelber Stern, S. 32
178/179	Hofer, S. 280/281
179	Dok. z. dt. Gesch. 1939–1942, S. 76/77
180	Dok. z. dt. Gesch. 1939–1942, S. 63/64
180	Picker/Ritter, und Geschichtl. Weltkunde, S. 157
181	Dok. z. dt. Gesch. 1939–1942, S. 91/92
182/183	Dok. z. dt. Gesch. 1939–1942, S. 83/84
183	Gelber Stern, S. 113
185/186	Drittes Reich, S. 610/611
188	Gelber Stern, S. 87

190	Dok. z. dt. Gesch. 1939–1942, S. 107/108
191/192	Drittes Reich, S. 682
192/193	Drittes Reich, S. 682/683
193/194	Dok. z. dt. Gesch. 1939–1942, S. 114/115
200	Brecht, Gedichte, S. 637
200/201	Wildermuth, S. 255/256
203/204	Hofer, S. 327/328
205	Dok. z. dt. Gesch. 1942–1945, S. 30
206/207	»Es gibt ...«, Nr. 59
208	Dok. z. dt. Gesch. 1942–1945, S. 54
209	Dok. z. dt. Gesch. 1942–1945, S. 38
210–219	Hofer, S. 300–303 u. S. 307–312
220	Sachsenhausen, S. 64/65
223/224	Dok. z. dt. Gesch. 1942–1945, S. 60
228	Drittes Reich, S. 720
229/230	Drittes Reich, S. 519
230/231	Dok. z. dt. Gesch. 1942–1945, S. 83
232/233	Kogon, S. 430/431
238/239	Gelber Stern, S. 136
241	Kühnl, S. 477

Nachweis der Abbildungen:

Bildarchiv Preußischer Kulturbesitz, Berlin: Seite 7, 18, 19, 53, 58, 59, 60, 61, 63, 70, 71, 73, 97, 99, 100, 164, 203, 207, 227, 234, 235, 236

Das Dritte Reich. Seine Geschichte in Texten, Bildern und Dokumenten. 2 Bände. Hrsg. von Heinz Huber und Artur Müller. Verlag Kurt Desch, München 1964: Seite 198

Faschismus. (Renzo Vespignani) Herausgegeben von der Neuen Gesellschaft für Bildende Kunst und dem Kunstamt Kreuzberg, Berlin, 1976 (Elefanten Press): Seite 96

Kunst im Dritten Reich. Dokumente der Unterwerfung, Katalog zur gleichnamigen Ausstellung, Frankfurter Kunstverein, Frankfurt/M. 1974: Seite 98

Mytze, Andreas W.: Seite 77

Schoenberner, Gerhard: Der Gelbe Stern. Die Judenverfolgung in Europa 1933 bis 1945. Fischer Taschenbuch Verlag, Frankfurt/M. 1982, 1991: Seite 50, 163

Ullstein-Bilderdienst: Seite 23, 83, 101, 203, 237

*Außer den Titeln, die unter den Quellenangaben genannt wur-
den, werden zur weiteren Beschäftigung mit dem Thema »Faschismus – Drittes Reich« folgende Titel empfohlen:*

Kinder- und Jugendliteratur

Almagor, Gila: Auf dem Hügel unter dem Maulbeerbaum. Carl
Hanser Verlag, München 1994

Asscher-Pinkhof, Clara: Sternkinder. Oetinger Verlag, Hamburg 1986

Bedürftig, Friedemann: Lexikon III. Reich. Carlsen Verlag,
Hamburg 1994

Berger, Peter: Im roten Hinterhaus. Arena Verlag, Würzburg
1994

Bergman, Tamar: Taschkent ist nicht weit von Lodz. Alibaba
Verlag, Frankfurt/M. 1992

Bruckner, Winfried: Die toten Engel. Otto Maier Verlag, Ravensburg 1976, 1994

Burger, Horst: Warum warst du in der Hitlerjugend? Rowohlt
Verlag, Reinbek 1978

Fährmann, Willi: Es geschah im Nachbarhaus. Arena Verlag,
Würzburg 1976, 1994

Frank, Anne: Das Tagebuch der Anne Frank. Fassung von Otto
H. Frank und Mirjam Pressler. Fischer Taschenbuch Verlag,
Frankfurt/M. 1995

Gehrts, Barbara: Nie wieder ein Wort davon. Deutscher Taschenbuch Verlag, München 1978

Härtling, Peter: Krücke. Beltz & Gelberg, Weinheim 1992

Herfurtner, Rudolf: Mensch Karnickel. Deutscher Taschenbuch Verlag, München 1992

Kerr, Judith: Als Hitler das rosa Kaninchen stahl. Otto Maier
Verlag, Ravensburg 1971, 1994

Lindwer, Willy: Anne Frank. Die letzten sieben Monate. Augen-
zeuginnen berichten. Fischer Taschenbuch Verlag, Frank-
furt/M. 1993

Nöstlinger, Christine: Maikäfer, flieg! Beltz & Gelberg, Weinheim 1973, 1994 und Deutscher Taschenbuch Verlag, München 1980

Ossowski, Leonie: Stern ohne Himmel. Beltz & Gelberg, Weinheim 1986

Pausewang, Gudrun: Auf einem langen Weg. Otto Maier Verlag, Ravensburg 1978, 1994

Procházka, Jan: Es lebe die Republik. Ich, Juliana und das
Kriegsende. Oetinger Verlag, Hamburg 1987

256 Reiss, Johanna: Und im Fenster der Himmel. Deutscher Taschenbuch Verlag, München 1978

Richter, Hans-Peter: Damals war es Friedrich. Deutscher Taschenbuch Verlag, München 1974

Schmuckler, Malka: Gast im eigenen Land. Emigration und Rückkehr einer deutschen Jüdin. Verlag Wissenschaft und Politik, Köln 1983

Tetzner, Lisa: Erlebnisse und Abenteuer der Kinder aus dem Haus Nr. 67. Die Odyssee einer Jugend. Sauerländer Verlag, Aarau 1956 und Deutscher Taschenbuch Verlag, München 1990

Romane, Erzählungen

Andersch, Alfred: Die Kirschen der Freiheit. Diogenes Verlag, Zürich 1971 und: Sansibar oder der letzte Grund. Diogenes Verlag, Zürich 1979

Apitz, Bruno: Nackt unter Wölfen. Mitteldeutscher Verlag, Halle 1958 und Deutscher Taschenbuch Verlag, München 1995

Becker, Jurek: Jakob der Lügner. Suhrkamp Verlag, Frankfurt/ M. 1976 und: Bronsteins Kinder. Suhrkamp Verlag, Frankfurt/M. 1986

Brecht, Bertolt: Flüchtlingsgespräche. Suhrkamp Verlag, Frankfurt/M. 1967

Brecht, Bertolt: Furcht und Elend des Dritten Reiches. Suhrkamp Verlag, Frankfurt/M. 1976

Claus, Hugo: Der Kummer von Flandern. Klett-Cotta, Stuttgart 1986 und Deutscher Taschenbuch Verlag, München 1991

Czerniaków, Adam: Im Warschauer Getto. Das Tagebuch des Adam Czerniaków 1939–1942. C. H. Beck Verlag, München 1986

Edvardson, Cordelia: Gebranntes Kind sucht das Feuer. Carl Hanser Verlag, München 1986 und Deutscher Taschenbuch Verlag, München 1989

Feuchtwanger, Lion: Exil. Fischer Taschenbuch Verlag, Frankfurt/M. 1979, 1983 und: Die Geschwister Oppenheim. Aufbau Verlag, Berlin 1993

Fallada, Hans: Kleiner Mann, was nun? Rowohlt Taschenbuch Verlag, Reinbek 1950, 1986 und: Bauern, Bonzen und Bomben. Rowohlt Taschenbuch Verlag, Reinbek 1964, 1986

Fénelon, Fania: Das Mädchenorchester in Auschwitz. Deutscher Taschenbuch Verlag, München 1981

Frank, Leonhard: Links, wo das Herz ist. Ullstein Taschenbuch Verlag, Berlin 1991

Graf, Oskar Maria: Gelächter von außen. Aus meinem Leben
1918–1933. Süddeutscher Verlag, München 1977 und Deutscher Taschenbuch Verlag, München 1983

Hofmann, Gert: Veilchenfeld. Carl Hanser Verlag, München 1986 und: Die Denunziation. Carl Hanser Verlag, München 1987

Horvath, Ödön von: Ein Kind unserer Zeit. Suhrkamp Verlag, Frankfurt/M. 1973

Kantorowicz, Alfred: Exil in Frankreich. Fischer Taschenbuch Verlag, Frankfurt/M. 1986

Kästner, Erich: Notabene 45. Atrium Verlag, Zürich 1961 und Deutscher Taschenbuch Verlag, München 1989

Keilson, Hans: Das Leben geht weiter. Fischer Taschenbuch Verlag, Frankfurt/M. 1985, 1994

Keun, Irmgard: Nach Mitternacht. Claassen Verlag, Hildesheim 1980 und Deutscher Taschenbuch Verlag, München 1989

Klüger, Ruth: weiter leben. Wallstein Verlag, Göttingen 1992 und Deutscher Taschenbuch Verlag, München 1994

Levi, Primo: Wann, wenn nicht jetzt? Carl Hanser Verlag, München 1986 und Deutscher Taschenbuch Verlag, München 1989

Mann, Heinrich: Ein Zeitalter wird besichtigt. Fischer Taschenbuch Verlag, Frankfurt/M. 1988

Mann, Klaus: Der Vulkan. Roman unter Emigranten. Rowohlt Taschenbuch Verlag, Reinbek 1981, 1991

Mann, Thomas: Tagebücher 1933–1946 (5 Bände). S. Fischer Verlag, Frankfurt/M. 1977, 1978, 1980, 1982, 1986

Mehring, Walter: Müller. Chronik einer Sippe. Ullstein Verlag, Berlin 1980

Merz, Konrad: Ein Mensch fällt aus Deutschland. Aufbau Verlag, Berlin 1994

Mühsam, Erich: Fanal. Aufsätze und Gedichte 1905–1932. Impuls Verlag, Bremen 1979

Mulisch, Harry: Das Attentat. Rowohlt Taschenbuch Verlag, Reinbek 1992

Novac, Ana: Die schönen Tage meiner Jugend. Rowohlt Verlag, Reinbek (nur in Bibliotheken auszuleihen)

Ossietzky, Carl von: Rechenschaft, Publizistik 1913–1933. Fischer Taschenbuch Verlag, Frankfurt/M. 1972, 1984

Ottwalt, Ernst, Denn sie wissen, was sie tun. Verlag Klaus Guhl, Berlin 1978

Regler, Gustav: Das Ohr des Malchus. Eine Lebensgeschichte. Werke in 15 Bänden. Stroemfeld Verlag AG, Basel (in Vorbereitung)

258 Remarque, Erich Maria: Arc de Triomphe. Verlag Kiepenheuer
     & Witsch, Köln 1988
Rinser, Luise: Gefängnistagebuch. Fischer Taschenbuch Ver-
     lag, Frankfurt/M. 1973
Scholl, Inge: Die weiße Rose. Fischer Taschenbuch Verlag,
     Frankfurt/M. 1976, 1995
Sahl, Hans: Memoiren eines Moralisten. Hermann Luchter-
     hand Verlag, Darmstadt und Neuwied 1985 und Deutscher
     Taschenbuch Verlag, München 1995
Seghers, Anna: Das siebte Kreuz. Aufbau Verlag, Berlin 1994
Steiner, Jean-François: Treblinka. Die Revolte eines Vernich-
     tungslagers. Gerhard Stalling Verlag, Oldenburg 1966 (nur
     in Bibliotheken auszuleihen)
Tucholsky, Kurt: Gesammelte Werke in 10 Bänden. Rowohlt
     Verlag, Reinbek 1975
Wander, Fred: Der siebente Brunnen. Hermann Luchterhand
     Verlag, Darmstadt und Neuwied 1985 (nur in Bibliotheken
     auszuleihen)
Weyrauch, Wolfgang: Bericht an die Regierung. Fischer Ta-
     schenbuch Verlag, Frankfurt/M. 1983 (nur in Bibliotheken
     auszuleihen)
Wolf, Christa: Kindheitsmuster. Hermann Luchterhand Verlag,
     Darmstadt und Neuwied 1977 und Deutscher Taschenbuch
     Verlag, München 1994
Zuckmayer, Carl: Als wär's ein Stück von mir. Fischer Ta-
     schenbuch Verlag, Frankfurt/M. 1976, 1994
Zweig, Arnold: Das Beil von Wandsbek. Aufbau Verlag, Berlin
     1953, 1994
Zweig, Stefan: Die Welt von gestern. Erinnerungen eines Euro-
     päers. Fischer Taschenbuch Verlag, Frankfurt/M. 1975, 1994

Sachbücher

Becker, Josef und Ruth (Hrsg.): Hitlers Machtergreifung. Deut-
     scher Taschenbuch Verlag, München 1983
Benz, Wolfgang: Dimension des Völkermords. Die Zahl der
     jüdischen Opfer des Nationalsozialismus. Oldenbourg Ver-
     lag, München 1991
Broszat, Martin: Der Staat Hitlers. Grundlegung und Entwick-
     lung seiner inneren Verfassung. Deutscher Taschenbuch
     Verlag, München 1969
Broszat, Martin (Hrsg.): Kommandant in Auschwitz. Autobio-
     graphische Aufzeichnungen des Rudolf Höß. Deutscher Ta-
     schenbuch Verlag, München 1973

Die »Dachauer Hefte«: Heft 1: Die Befreiung; Heft 2: Sklavenarbeit im KZ; Heft 3: Frauen, Verfolgung und Widerstand;
Heft 4: Medizin im NS-Staat. Täter, Opfer, Handlanger; Heft
5: Die vergessenen Lager; Heft 6: Erinnern oder Verweigern.
Deutscher Taschenbuch Verlag, München 1993, 1994
Friedrich, Jörg: Die kalte Amnestie. NS-Täter in der Bundesrepublik. Piper Verlag, München 1994
Gilbert, Martin: Endlösung. Die Vertreibung und Vernichtung
der Juden. Ein Atlas. Rowohlt Verlag, Reinbek 1982
Haffner, Sebastian: Anmerkungen zu Hitler. Fischer Taschenbuch Verlag, Frankfurt/M. 1985, 1993
Kogon, Eugen/Langbein, Hermann/Rückerl, Adalbert: Nationalsozialistische Massentötungen durch Giftgas. Eine Dokumentation. Fischer Taschenbuch Verlag, Frankfurt/M. 1986
Langbein, Hermann: ... nicht wie die Schafe zur Schlacht-
bank. Widerstand in den nationalsozialistischen Konzentra-
tionslagern 1938–1945. Fischer Taschenbuch Verlag, Frank-
furt/M. 1985, 1994
Loewy, Ernst: Literatur unterm Hakenkreuz. Das Dritte Reich
und seine Dichtung. Eine Dokumentation. Beltz Athenäum,
Weinheim 1990
Rosh, Lea/Jäckel, Eberhard (Hrsg.): »Der Tod ist ein Meister
aus Deutschland«. Deutscher Taschenbuch Verlag, Mün-
chen 1992
Rothfels, Hans: Deutsche Opposition gegen Hitler. Manesse
Verlag, Zürich 1994
Rüthers, Bernd: Entartetes Recht. Deutscher Taschenbuch
Verlag, München 1994
Shirer, William: Berliner Tagebuch. Verlag Kiepenheuer &
Witsch, Köln 1991
Steinbach, Peter/Tuchel, Johannes (Hrsg.): Widerstand gegen
den Nationalsozialismus. Akademie Verlag, Berlin 1994
Weisenborn, Günther: Der lautlose Aufstand. Bericht über die
Widerstandsbewegung 1933–1945. Röderberg-Verlag, Frank-
furt/M. 1974 (nur in Bibliotheken auszuleihen)
Wiesenthal, Simon: Krystyna. Die Tragödie des polnischen Wi-
derstands. Nymphenburger Verlagshandlung, München
1986
Wistrich, Robert: Wer war wer im Dritten Reich. Anhänger,
Mitläufer, Gegner aus Politik, Wirtschaft, Militär, Kunst
und Wissenschaft. Ein biographisches Handbuch. Fischer
Taschenbuch Verlag, Frankfurt/M. 1987, 1993
Wüllenweber, Hans: Sondergerichte im Dritten Reich. Samm-
lung Luchterhand, Frankfurt/M. 1990 und Deutscher
Taschenbuch Verlag, München

Inhaltsverzeichnis